参与式发展干预中的权力与制度

POWER AND INSTITUTION
IN THE PROCESS
OF PARTICIPATORY DEVELOPMENT INTERVENTION

毛绵逵 著

社会科学文献出版社
SOCIAL SCIENCES ACADEMIC PRESS (CHINA)

自　序

　　基于经验的研究和分析，本书呈现了一个参与式发展干预项目在实施过程中各利益相关方的参与情况。本书旨在通过对小群体内部公共参与的经验研究，探讨基层民主面临的困境。

　　追求民主并不为西方所独享，也是中国自近代以来百年奋斗的重要目标，并且已经取得了实质性的巨大进步。民主的核心是人民当家做主，要求最广泛的人民参与，体现最广泛的人民利益。但实现民主的方式和过程，并不应该追求标准化，而应该是多元化的。学术界在讨论民主议题时，多数还无法跳出基于西方历史和文化建构的话语体系与逻辑框架。构建基于中国历史和文化传统及现实的话语体系和分析框架，依然是学术界面临的重大挑战。

　　在公共服务供给和公共事务管理中，参与是实现民主的重要手段和工具。但参与了，并不代表就自动达成了所谓理想中的民主状态，且目前对于到底怎样的状态属于理想的民主状态，学术界依然存在巨大争议。公众参与的过程和效果问题，事实上并不仅仅是一个技术问题，更是一个权力分享与制度建构的问题。

　　对一个参与式发展干预项目而言，项目目标实现与否，是评价项目成功与否的最重要的标准。但在项目实施过程中，是否构建了充分参与及理性表达的机制，并在项目过程中付诸实施，既达成项目目标，又实现各方利益均衡，则是评价项目成功与否的最重要的指标之一。每个发展项目的实施，都基于不同的社会文化环境和权力结构，既包括项目区域和目标群体内部的，也包括外来资源和力量与内部区域和目标群体之间的权力结构及互动形态。

　　大量发展项目的实践经验表明，外来的项目资源掌控者往往理所当然地居于权力结构中心，而包括项目目标群体在内的其他利益相关者往往位于权力结构的边缘，并小心翼翼地试图拥有更多的利益和资源。在此过程中，尽管可能会出现标榜以多元参与为核心的运作模式，但更多的时候，参与只是作为一种话语工具，给发展项目披上崇高的道德外衣，很难完全实现充分参与的目的。随着项目的结束以及包括项目专家在内的外来干预力量的撤出，在项目过程中建构的参与模式，也往往很快分崩离析而不可持续。

在项目中建构的参与过程和参与模式是否能够一直持续下去，关键在于它们是嵌入项目区基于历史文化传统与现实而形成的既有权力结构和制度安排之内，还是试图重建一套所谓理想的权力结构和制度安排。既有的权力结构和制度安排，往往都是利益均衡状态的平衡点，而不是民主参与的结果或产出，民主参与在这一结构中主要是工具意义上的存在。而在项目过程中试图重新建构的权力结构和制度安排，则面临两种可能。其一，在外来者的强力干预和理想主义的理念支持下建构的权力结构和制度安排，在外来干预力量撤出后便立即面临内部利益分配和权力结构再调整的问题；其二，在没有外来者干预的情况下，由项目目标群体自组织形态下建构的权力结构和制度安排，必然是嵌入在历史和文化传统与现实基础上的利益均衡状态的平衡点。

参与作为工具意义上的存在，是权力结构均衡状态下的利益表达手段和制度安排。因此，许多参与式发展干预项目希望通过外部干预来推动理想状态的民主参与和充分参与目标的实现，而对这一目标的合理性和可行性就需要进一步讨论。

追求社会民主，是包括中国社会在内的人类社会的共识之一。但民主在许多时候却演变为民粹主义的核心话语，民主的程序和形式被过度重视，民主的实质反而被忽略。事实上，追求和推进民主，是诸多发展项目设计和实施过程中强调充分参与的基础性与合法性来源；但民主的民粹化，也同时对项目过程产生影响，以至于在部分发展项目的设计和实施中，植根于项目区和项目目标群体历史和文化中的其他价值观与结构性特征被部分或完全地忽视或挤压，出现为了参与而参与的项目逻辑，基本的项目目标反倒显得不重要了。发展项目作为促进社会转型和社会进步的重要手段之一，强调项目设计和实施中的参与和民主，这本无可厚非，但过于强调参与和民主的程序和手段，而弱化发展干预的基本目标，则参与的合理性基础就值得怀疑了。

发展干预的过程，是资源和利益转移与再分配的过程。无论项目设计和实施是依托旨在追求参与最大化的新规则，还是基于项目区和目标群体的历史和文化特征的已有规则，决定资源和利益再分配的最核心的因素，依然是最核心的权力结构。稳定的权力结构的形成，从来就不是纯粹的参与和民主程序的产物，而是利益冲突与妥协的产物。这一特征，不仅体现在几乎所有的发展干预过程中，而且在基层民主或其他小群体民主建设中，体现得尤为突出。黑恶势力、宗族、派系等力量在乡村基层组织中的广泛渗透，体现了乡村基层社会中权力结构的最真实的状态，而以选举、一事一议等为基本形体的乡村治理制度安排，虽然体现了尊重和促进村民参与公共治理的制度目标，但事实上经常成为获得权力合法性的工具。

本书是基于笔者的博士论文修改而成的，鉴于研究主题所牵涉的理论与实践问题过于庞杂，笔者只选取了权力与制度的视角进行分析。尽管如此，笔者由于生活阅历和学术积累不足，依然时刻感到无法完全驾驭这一主题的痛苦。及此，不论其中有何纰漏，唯感学界前辈做学问之艰巨和不易以及作为后学末进者对学术追求的无畏精神之重要。

在此，感谢本书中涉及的研究对象和学界前辈的大力支持，尤其是贵州省农科院的孙秋老师、贵州财经大学的周丕东老师；感谢笔者的博士导师中国农业大学李小云教授和齐顾波教授；感谢笔者现在单位的所有领导和同事的鼓励、鞭策和包容；感谢父母、妻子、儿女对笔者的爱护和奉献。

是为自序。

2015 年 9 月于南京

目　录

第一章 导论

1.1 研究综述

1.1.1 传统发展思想及其演变

"发展"作为一个学术概念比发展思想本身的出现晚得多。沃勒斯坦认为，无论是政治家还是知识分子，其所使用的"发展"概念都是第二次世界大战（以下简称"二战"）后世界体系内地缘政治的产物，作为信条、教义，"发展"的概念比此前任何时候都被更广泛地运用，并带来更大的社会合法性（沃勒斯坦，2001）。而现代化意义上的"发展"思想，最早可追溯至启蒙运动时期。

以"自由、民主、博爱"为核心思想的启蒙运动和笛卡尔等思想家所开启的近代哲学的理性主义传统，直接改变了传统经院哲学的神秘主义和形而上学传统，使实证主义和理性科学思维开始主导技术发展和科学进步（赵敦华，2001）。牛顿力学的出现，是对理性主义和实证方法论的有力印证，并进一步从根本上改变了传统形而上学的神秘主义认识论（赵敦华，2001）。认识论的改变所带来的根本变化是科学和理性成为新的基本思维框架，认识论的改变并直接导致科学主义思潮的产生，主要表现为以"唯技术论"为代表的机械认识论成为主流，这也成为现代意义上的传统发展思想的核心，并构成了被哈贝马斯称为"现代性计划"的核心（奥斯威特，1999）。在此思想影响下产生的发展行动策略和话语体系被称为"发展主义"，现代性的获得首次清晰地成为发展的核心目标，而实现目标的手段被称为"发展干预"，路径被称为

1

"发展模式"（Escobar，1995）。因此，"发展"就是通过有计划的发展干预实现社会变迁，从而实现社会的现代化。

在科学主义思潮的影响下，"唯技术论"成为传统发展思想的核心，强调以经济增长为核心的"唯增长论"成为占主导地位的发展模式（许宝强等，2001）。"唯技术论"的影响表现在两个方面。首先是思想层面，认为科学和技术是万能的，只有科学和技术的进步才是真正的发展；其次，科学和技术是理性主义和实证方法论的产物，具有无条件的可复制性，因此，成功的发展模式必然同样具有这种属性。这是科学主义思潮影响下工具理性认识论形成的根源。在"唯增长论"的指导下，保持经济稳定增长就成为发展的核心任务，其代表性理论如新古典主义经济增长论、结构主义经济增长论等，都强调了资本积累、技术创新、劳动力投入等核心生产要素对经济增长的作用，尤其着重强调技术创新的作用，从而从技术层面呼应了思想层面对"唯技术论"的推崇。

但传统发展理论对于增长和技术的重视，使得增长和技术的作用在现实中被无限夸大甚至被异化，人的能动性、社会文化背景的多元性和差异性被忽视，技术统治一切，人的欲望战胜理性和道德，"生产的不断变革，一切社会状况不停的动荡，永远的不安定和变动……一切等级的和固定的东西都烟消云散了，一切神圣的东西都被亵渎了"（《马克思恩格斯选集》第一卷，2012），增长取代发展，成为人类活动的唯一目标。为此，对传统发展理论的反思和批判，在思想和理论两个层面同时展开。

在思想层面，科学主义思潮影响下的机械认识论受到猛烈批判，传统发展思想认为增长就是发展、技术进步就是发展，这种线性认识最为人们所诟病。反思和批判的首要成果是反科学主义思潮的盛行，后结构主义、后现代主义大有成为主导性发展思想之势（夏光，2003）。而理论层面的反思，则表现为"协调发展论"取代"唯增长论"受到大力推崇。"协调发展论"并不否认经济增长的极端重要性，但同时也认为单纯的增长并不是万能的。"协调发展论"认为任何社会都是一个复杂系统，具有高度异质性，经济增长是现代化的基础，但只有当社会系统各部分协调发展时，才能最终实现现代化，而充分发挥人的能动性则是其中的核心。

1.1.2 "参与"概念的提出：对传统发展思想及实践的反思与批判

伴随着传统发展思想的演变和不断的反思与批判，传统发展实践的指导理论也从早期的以纯经济增长为中心向关注增长效率、公平分配和结构改革转变，如结构主义经济增长理论、新古典主义经济增长理论、依附论，到后来强调人的发展及后发展主义时代，发展转向回归到作为主体的人本身的发展，及至 20 世纪 90 年代，在发展过程中纳入目标群体并对其赋权的方法逐渐成为主流的发展思想。与发展理论同时发生变迁的是发展战略的改变，由早期单纯强调经济增长和技术进步向强调政治和社会现代化转变。而从 20 世纪 70 年代开始，现代化进程导致社会急剧分化，强调社会发展、社区发展和对发展目标群体的能力建设和权利保障等开始受到重视。

"参与"概念在发展话语中的出现，最早可以追溯到现代发展话语的开始时期，也即"二战"结束之后第三世界大规模发展浪潮兴起之时。在一个以西方资本主义文明为主导的二元世界中，西欧模式在"二战"后的发展浪潮中毋庸置疑地成为众多发展中国家现代化的模板，机械唯物主义认识论下的全盘照搬和移植成为早期发展思路的核心。部分理论家和实践者认为，只要能维持发展中国家的经济持续增长，就能够实现现代化的目标。按照经济增长理论，如果基本生产要素如资本积累、技术进步和劳动力投入达到理想状态，那么发展将是可持续的，为此，在发展中国家还不具备这种理想状态所需的条件的情况下，发展干预被认为是最有效的手段。但是人们很快就发现这种全盘照搬的发展干预模式，不但没有取得预期效果，反而产生了更多的社会和经济问题，最突出的如贫富差距急剧拉大、技术转移失败、严重的债务危机等，成为阻碍发展更棘手的问题，并进而引发大规模的社会动乱。

在对全盘照搬的发展模式的不断批判和反思中，部分发展研究和实践者认为干预失败的关键并不是发展理论和干预方法本身的问题，而是因为发展中国家不具备现代化发展的条件，包括传统文化、价值观、制度模式等。但这种被标榜为"欧洲中心主义"的带有明显殖民色彩的观点很快就遭到强烈批判，以依附论为代表的激进主义思潮尤甚。在中心边缘的国际地缘关系中，处于中心地位而掌握发展话语权的西方国家所推行的发展干预模式，其理论预设是，发展中国家传统社会的价值观只有被现代价值观取代，才能实现现代化，而现代价值观在他们看来就是西方价值观。批判的结果是这种发展干预模式的假设和定义，从一开始就排斥了作为发展目标的第三世界人民的参与。而掌握了现代知识和技术的西方国家则掌握了发展话语的主导权，在缺乏本土居民参与或参与不够的情况下，外来干预者所带来的所谓现代化理念和模式必然会不断地与本土价值观发生冲突，外来者在代替本土居民说话的同时，也将他们自己的观点翻译成符合现代化标准的语言，并指导发展干预的实施，其直接结果是持续不断的动荡及超乎想象的愤怒（班努里，2001）。

推动"参与"概念成为发展话语中的核心概念之一的直接原因，主要体现在两个方面，分别是对传统技术转移模式失败的反思，以及对发展项目实施过程的反思。技术进步作为促进经济增长的核心要素，在早期发展干预中的直接体现就是国际技术转移，如绿色革命，但由于发展中国家或者不完全具备新技术的使用条件，或者新技术根本就不适用，或者因为技术使用者在技术转移过程中的参与缺失而使得转移之后不能消化，等等，大多数直接技术转移并不成功。在反思的基础上，强调以使用者为中心的技术转移和开发模式逐渐成为发展干预的主要思路。如在农村发展领域先后出现的"农事系统研究""农民参与式研究""以农民为中心的参与式发展"等，始终强调作为技术使用主体的农民不但要参与技术开发过程，还要在一些重要决策中成为决策者。

推动"参与"概念产生的第二个方面是对传统发展干预中"自上而下"集权式操作方法的反思。早期的国际发展实践中，无论是"马歇尔计划""四点计划"，还是国际单边和多边援助，一个共同的特点是作为外来者的项目执行人员主导整个发展干预过程，而干预的目标群体只能被动接受（李小云，2001）。从20世纪70年代开始，随着社区发展模式逐渐被淡化，参与式发展取而代之成为发展干预的主流模式，它强调对目标群体的赋权和能力建设，培养内源发展动力；强调彻底改变传统的自上而下的方法，要求发展研究者和实践者能够真正地了解干预对象的生活世界，了解其切实需求，通过各利益相关方的共同参与、平等沟通合作解决他们面临的问题。

1.1.3 参与概念的多层次性与参与式发展

"参与式发展"作为一种新的发展模式源于对"二战"后失败的国际发展援助的反思和批判，在思想层面继承了对"唯技术论"的反思和批判，在理论层面则成为"协调发展论"的具体体现，延续了对"唯增长论"的批判。"参与式发展"理论认为，"唯技术论"所隐含的问题在于忽视了具体发展环境的复杂性和异质性，任何一种成功的发展模式并不能直接复制或移植到不同的环境中，而必须因地制宜、实事求是（Mohan，2002）。这就构成了"参与"的第一层含义，即在发展干预过程中必须认真考虑各个社会独特的历史、文化、政治、经济等背景因素，采取符合实际的干预模式，而不是脱离复杂的现实环境，简单地复制或移植某一种模式。

"参与"的第二层含义，是摒弃传统发展模式中过于追求增长和强调技术的作用，而忽视人本身的发展这一缺陷，要求发展干预过程中各利益相关者，尤其是干预的目标群体，能够充分地参与到发展干预的全过程中（Sache et al. , 1992）。"参与"的第二层含义，除了源于实现第一层含义的目标外，更重要的是在发展的认识论上，不再单纯地把发展理解为增长，而是认为要实现现代化这一发展目标，最重要的是要实现人本身的发展。要实现人的发展，就需要使发展干预的目标群体真正参与到整个发展过程中来，而不是成为被动的干预对象。

如果把参与的第一层含义理解为广义的参与，那么可以把第二层含义理解为狭义的参与。目前众多发展研究中对于"参与"概念的阐释，大多以狭义的理解为主，但对于具体特征则又各有所侧重。李小云等（2001）通过对若干早期发展研究者关于参与及参与式发展的概念、内涵和外延的界定的总结，提出"参与式发展"中的"参与"主要包含如下基本特征：①目标群体能够参与发展干预的全过程，并且能够通过自身积极主动的参与，在发展干预过程中做出自己的贡献；②目标群体通过积极参与项目过程，达到个体和群体能力建设的目的，并最终具有实施项目的能力，能很好地利用和控制各种资源以实现发展目标；③要求外来干预者能够重视乡土知识和目标群体的创新，强调发展过程中的公平性，保护弱势群体的利益，并建立能确保发展过程中各利益主体公平参与的机制。

上述概括中，提出了对被干预者（干预的目标群体）的参与要求，也提出了对干预者的要求。干预者和被干预者的划分，从操作层面显示了隐藏在"参与式发展"模式背后的逻辑，即提出"参与"概念的重要原因是传统发展模式多为干预者主导的发展，被干预者只是被动接受，而很少能积极主动参与到干预过程中（Kiely，1999）。"参与"原则的提出，使"参与式发展"模式成为一种确保被干预者充分参与干预过程的制度安排。这使得"参与"的概念具备了制度属性。

参与式发展使发展干预的过程由传统发展模式下的由干预者主导，向各方平等参与形态转变，这意味着干预者不再具有独立控制发展过程和配置发展资源的权力，而必须把一部分权力转移给干预目标（Nelson and Wright, 1995）。在学术上这被称为"赋权"，也构成了"参与"概念的政治属性。

因此，实现有效"赋权"和建立确保各方充分参与的制度，便成为参与式发展模式所追求的外在形式，而"参与"本身便成为实现这种外在形式的重要手段。因此，开发一套有助于各个利益主体更有效参与的方法和工具，就成为"参与式发展"模式的重要内容，但这也使"参与式发展"模式在实践中被符号化和模式化（Geobel, 1998）。这是"参与"概念的工具属性。

任何发展都是政治问题（Nelson and Wright, 1995），参与式发展模式同样如此，只不过与传统发展模式更强调集权不同，参与式发展模式追求分权，要求发展干预中的弱势群体拥有其本该拥有的权力，即"赋权"。制度是权力结构和权力关系的产物，同时制度又影响权力结构和权力关系的形成。参与式发展干预中对权力的再分配，决定了体现和维持各利益主体充分参与的制度安排，既是实现有效赋权的保证，也是达到赋权目标的标志性成果。而具体的参与工具，如参与式快速评价（PRA）工具、参与式监测评价等，只是实现赋权目标的技术手段。

因此，"参与"概念的多层次性，体现在"参与"作为重要的发展话语，体现了特定的意识形态和价值观，而且具备一整套使赋权的理念可操作化的程序和工具。如表1-1所示，可分别从意识形态、价值观、理念、范式、方法、工具、实践、经验，再到理论升华的多层次视角理解参与的内涵和外延。

表1-1　"参与"概念的多层次解读

概念层次	具体内容
意识形态	民主思想
价值观	以人为本
理念	赋权、合作、平等协商
范式	善治、公民治理
方法	自下而上

概念层次	具体内容
工具	PRA、RRA*
实践	参与式社区规划、参与式监测评估、目标群体分析、参与式性别分析等
经验	利益群体共同参与发展过程、尊重乡土知识和乡土人才、目标群体的能力建设、重视弱势群体等
理论提升	农民是农村发展的主体；农村发展干预是非线性的过程等

*PRA、RRA 是国际发展研究和实践过程中总结出来的一整套收集资料并进行快速评估的工具包。PRA 通常的全称为 participatory rapid assessment（参与式快速评价），有时候也指 participatory rural assessment（参与式农村评价）。RRA 和 PRA 的具体含义和内容类似，通常指的是 rural rapid assessment（农村快速评价）。

资料来源：李小云，2001。

"赋权"是参与式发展的核心，不仅体现在使发展的目标群体具有狭义的知情权、参与权、选择权、决策权、监督权等，更重要的是强调通过参与式发展的过程能够建立一套规范的、可持续的、具有可操作性的制度规则，从而保证目标群体能够拥有其在发展过程中本应拥有的权力和平等的发展机会。为实现目标群体参与目标，参与式发展理论开发出发展干预的一系列程序、方法和技术手段，如参与式规划、参与式决策、参与式监测评估、参与式快速评价等，从程序和技术上保证目标群体的参与。而隐藏在这些程序和技术背后的假设是，参与式发展理念的贯彻及发展目标的实现，是嵌在作为技术手段的设定程序和方法之中的，只要干预过程能真正按照设定程序和方法执行，则预设目标就一定能实现。因此，如表1-2所示，可以把参与式发展划分为理论、制度、社会、经济、伦理、实践六大基本范畴（李小云，2001）。

表1-2　"参与式发展"的范畴

所属范畴	具体内容
理论范畴	以赋权为核心、人的发展为中心、平等协商为手段、自下而上为原则、PRA为工具、多学科综合为特点
制度范畴	促进产生良好治理的制度结构，强调社会力量和非政府力量的作用

续表

所属范畴	具体内容
社会范畴	达到社会发展的公正、公平，使目标群体受益
经济范畴	对参与式成本和效益的长期和全面的认识
伦理范畴	公平公正的发展，重视弱势群体
实践范畴	快速有效地动员目标群体，这是重新调整传统社区权力结构的过程

资料来源：李小云，2001。

1.1.4 参与式发展的权力、制度与文化批判

作为一种旨在重构发展干预中的权力结构和资源分配的干预模式，参与式发展自其出现并在国际发展实践中大量应用以来，所得到的批判和赞誉几乎一样多。其代表性批判话语如"参与失灵""参与霸权""参与式迷思""参与式苛政"等，典型的批判话语如参与和赋权在发展干预中只是一个不可能实现的信仰和幻象，外来者（干预者）仍然是所有发展干预过程的实际主导者，而参与式方法不过成了一种标榜先进的象征和骗取项目资金的手段（Kiely，1999）。所有关于参与式发展的争论中，"参与"的有效性和可持续性始终都是被关注的焦点，而权力、制度和文化则成为所有讨论中最主要的三个视角。

之所以形成参与式发展的理论预设，是因为传统发展模式中参与主体的参与程度不够。这里所指的参与主体，一方面为广义的参与主体，泛指当地特殊复杂的政治、经济、文化和社会因素等，其逻辑认为传统发展干预的失败，很大原因在于对发展目标所处的复杂背景考虑得不够，因而制定的很多干预措施与现实相脱节。另一方面为狭义的参与主体，主要指发展干预的目标群体在干预过程中参与得不够，其隐含的逻辑是，传统发展干预模式的重要特征是外来干预者主导或当地精英主导下的干预过程，而普通的干预目标群体并没有参与进来，或者没有真正参与进来，因此很难实现公平的发展，或者干预过程中忽视弱势群体的需求而导致发展目标无法实现。

当前针对参与式发展的众多反思和批判中，大多数人从狭义的参与主体角度入手，主要的批判视角集中在权力和制度方面；也有很多人从更深层次的广义的参与主体入手，反思和批判视角则集中在文化角度。

从狭义参与主体的角度考察，争论的首要问题是参与式发展的目标到底是要实现赋权还是促进发展，以及促进"谁"的发展。参与式发展强调发展干预中的赋权，其遵循的逻辑是，只要改变传统发展模式中干预者主导的权力结构，实现发展目标在发展过程中的权力分享，就能实现更平等和高效的发展（Cooke and Kothari，2001）。如果这一逻辑假设是成立的，那就意味着实现充分赋权就是发展干预过程的首要目标。同理推论，只要实现了目标群体在发展干预中的充分参与，就意味着实现了赋权的目的。在这种逻辑下，实现"参与"和"赋权"就取代了"发展"本身而成为发展干预的目标。

但问题在于，很多参与式发展干预中，社区取代了人本身，成为真正被干预的对象，当社区作为一个同质性或均质性的整体而成为干预目标时，参与式发展干预（分权模式）与传统的干预者（官僚或精英）主导模式（集权模式），在本质上就没有任何区别，社区精英凭借其优势地位，成为首先的受益群体，而弱势群体则往往被排除在外（Mosse，1994）。即使社区中的"人"被当成干预对象，但对"人"的"赋权"已经成为发展干预的首要追求目标，而忽视了他们真正的发展需求，其最终结果可能是社区和人本身实际的持续不发展状态（Chambers，1997）。

但反对者认为，并不是因为"赋权"取代了"发展"，成了发展干预的目标而导致发展本身的迷失，也不是因为充分赋权必然导致发展目标的实现这一假设的逻辑错误，问题在于现实的发展干预中，真正的充分赋权很难实现（Hickey and Mohan，2004）。这既是权力本身的排他性所致，同时也与特定的制度和文化背景息息相关。

参与，本质上意味着权力的重新分配。在一个被假设为干预者主导或精英统治的权力结构中，发展干预过程中的任何资源分配方案，本质上就是权力的配置方案。从社会行为主体的理性经济人假设出发，在失去部分权力的一方无法获得相应回报的情况下，要在掌握权力的精英和作为被干预对象的目标群体之间，实现更有利于目标群体的分权行为，这几乎很难发生。这是权力本身的排他性特征决定的。在这种情况下，实现参与式发展中"赋权"的目标，在理论逻辑上并不成立。

在认定传统发展干预中存在参与不充分的情况下，解决问题的转机在于，参与式发展模式认为，从伦理的角度出发，发展干预者应该努力实现发展干预中的充分赋权，即使这样损害了部分精英的既得利益，但从发展的公平性角度出发，也必须强制执行。而强制执行的手段，便是制度（Escobar，1995）。因此，参与式发展过程中旨在确保各利益相关者充分参与的制度，一方面来自发展干预者主导下的强制制度，另一方面则是在干预过程中逐渐形成的，并成为参与各方都自觉遵守的内生性制度，从而成为发展干预的重要产出。

在这种制度形成的背后，隐含着一个更加隐蔽的结构，即参与式发展的干预者与目标群体（被干预者）被先天性地分开了，干预者成为发展干预过程中权力结构变迁和制度形成的事实上的最重要影响者，也是真正的赋权者；而所有目标群体，都是发展目标和被赋权者。在这种结构下，干预者成为超脱于干预目标之外的权力拥有者和资源控制者以及确保干预目标能充分实现的发展过程的制度规则的制定者（Cooke and Kothari，2001）。那么，这种事实上由外来干预者最终主导的参与式发展过程，很可能出现的矛盾是，干预中的参与和赋权，往往并不是发展干预的目标群体最希望的，而只是外部干预者的主观意愿和目标。干预者的强权和对目标群体实现充分"参与"的要求之间，事实上出现了严重的逻辑矛盾，或者可以称之为"参与悖论"。所以，如果干预者的主观意愿与现实不符，其必然的结果，要么是干预者尊重现实，调整其主观目标，要么通过制定相关制度，强制性地达到实现参与和赋权的目标。这往往使得参与式发展干预变成"为了参与而参与",从而使参与式发展转变为"参与霸权"(Cooke and Kothari,2001)。

"参与悖论"的出现,体现了干预者与被干预者之间的权力结构,事实上依然是精英主导格局,赋权变成了掌权者(干预者)对目标群体(被干预者)的"施舍"。旨在促进和维持充分参与的制度,本质上是精英主导的权力结构的制度映像,表面上要求把赋权的过程由精英主导的主动"施舍"变成强制"施舍",精英的直接影响就转变为间接影响,从而使发展干预过程具备了伦理道德上的优势地位(Escobar,1995)。而制度规范下的参与和赋权,可能会加强干预者与被干预者之间的互动和协调,也可能会使部分非精英转化为精英,但这并不会从根本上改变精英主导下的权力结构的基本属性及资源分配方式。制度,只不过是体现权力意志的手段和工具。

文化视角是从广义的参与主体参与性不够的角度进行反思和批判的常用视角。此处的文化概念和范畴,并不是狭义概念的具体文化形态或文化寄存物,而是泛指不同的社会价值观以及由此产生的行为及反馈模式。众多发展研究者从文化视角进行反思和批判,所遵循的逻辑假设是,因为干预者与被干预者之间存在文化差异,双方对于某些发展干预问题的理解和采取的反馈可能完全相反,因而使发展干预行为走向失败(许宝强,2001)。总体上看,文化视角的反思和批判,可归纳为保守派和激进派两个方向。

保守派认为,参与式发展中广义主体的参与不够,源于干预者所代表的外来文化与被干预者所代表的本土文化之间的冲突,解决文化冲突的最完美方式是两者的妥协和融合。但如果两者之间存在着根本价值观上的文化差异,那么最终结果很可能是被干预者为了获得发展资源而进行形式上的参与和赋权,但本质上的行为规则和干预过程依然遵循被干预者本身的文化传统(Samuel Hickey and Giles Mohan,2004)。这种貌合神离的假融合所带来的结果是,赋权和发展的双重目标在发展干预过程中都不能实现。

激进者对于双方的文化冲突总体上持悲观态度。他们认为，尽管参与式发展强调对被干预者的赋权，但由于"参与悖论"的存在，干预过程很可能变成努力实现干预者主观追求的"参与"和"发展目标"，从而使参与式发展变成"发展霸权"或"参与霸权"。激进者认为，文化冲突的根本原因在于外来文明在被干预者所拥有的传统文明面前，被看作更先进的文明，先进文明必须取而代之。这种强制性的文明优越感，从本质上破坏了适应当地特殊环境的原生文明形态和生活模式，因而使"参与"和"赋权"成为一种"文化霸权"的象征（Samuel Hickey and Giles Mohan，2004）。在激进者看来，这种文化霸权对于被干预者本身及其所在的社区来说，很可能产生非常严重的负面影响。

1.2　研究框架

1.2.1　研究问题

综述部分已经非常明确地指出，"参与"的核心在概念层面是赋权，通过外部的强制干预或半强制干预，按照干预的预期目标，改变被干预对象的发展轨迹和发展模式，从而使"参与"概念在本质上变成对"权力"的改变。因此，参与式发展干预过程，本质上也就是改变和重构被干预对象的权力结构的过程。

因此，本研究的核心研究问题就是，参与式发展干预中，参与能否改变各权力主体（利益主体）之间的权力结构和权力资源的配置。

围绕着核心问题，次级研究问题包括：①各权力主体（利益主体）之间权力结构的表现形式和基本特征是怎样的？②参与式发展干预中，各权力主体之间是怎样互动的？③干预过程中参与程度的变化是如何对既有权力结构产生影响的？

1.2.2　研究对象

本研究由加拿大国际发展研究中心（IDRC）资助，以贵州省农科院农村经济与发展研究中心主持并在贵州省胜利乡实施的"中国贵州省山区社区自然资源管理研究"和"推广社区自然资源管理方法，促进贵州省农村可持续发展"项目（简称为"参与式项目"，第二章将详细介绍）作为主要考察对象，重点考察胜利乡以及羊山村、牛背屯和新村屯等几个村寨 13 年参与式项目的过程。[①]

鉴于本研究的主要内容既包括对参与式理论和方法本身的阐述，也涉及对参与式发展实践的探讨；既包括对发展实践中各利益主体的探讨，也包括对参与式发展实践所处的社会整体环境的思考；既包括对参与式发展理论与实践内部因素的考察，也包括对其外部因素的探讨等（具体细节将在下文的研究内容部分阐述）。因此，从学术研究的角度看，本研究的主要研究对象包括：①参与式理论及方法本身；②胜利乡参与式发展项目；③参与式项目中涉及的主要利益相关者，包括省农科院课题组、胜利乡政府、所涉及村寨社区、社区内的农民以及在某些具体项目或案例中的其他利益相关者。

1.2.3　研究方法

在社会研究中，目前国内学术界最常用的两种研究方法论是实证主义方法论和人文主义方法论（风笑天，2001）。实证主义的哲学传统源于科学主义，认为社会科学的研究应该像自然科学那样，其方法和结论是可以检验和可重复的。因此在操作层面强调通过非常具体、客观的经验、观察和概括，得出结论。人文主义的哲学传统源于机械主义，该学术传统认为，由于社会的极端复杂性和社会行动者行为的不可预测性和非连续性，社会现象并不如自然现象一样具有完全的客观性，而是充满了主观性，并不具有完全的可复制性和可移植性，因此需要研究者自己主观地去理解社会现实和人的行动。在操作层面，强调通过对复杂社会现象

---

① 本研究对涉及的部分地名、人名进行了学术匿名处理。

的深入细致的探索，去理解社会现象背后的逻辑。因此，基于本研究的性质，笔者将人文主义方法论作为基本的方法论。

本研究的主要学科视角是社会学，着重强调对参与式发展干预过程中的社会事实以及此过程中社会行动者的社会行为进行描述和分析。此外，本研究也涉及一些其他学科的相关理论和概念，如对于权力的分析，尤其是治理、分权等概念的分析，涉及政治学的范畴；对于制度及信息的分析，涉及制度经济学的范畴；对于发展思想的起源及演变的分析，涉及哲学的内容；而从农村发展的视角，把上述所有概念及问题放在一个研究中考察，则涉及发展学的综合思维。

本研究属于定性研究，通过大量的案例分析和文字描述，对胜利乡参与式发展干预过程进行分析。从研究内容看，对参与式发展过程中不同权力主体之间的参与以及相互之间的权力博弈和互动，制度安排及其变迁，不同的话语形态及相互关系，等等，很难通过定量的方法进行非常清晰的指标划分和数据收集。

基于本研究的主题和内容，冲突范式将被作为本研究的理论范式。但本研究中所涉及的冲突，并不仅仅指通常意义上的个人或团体之间的冲突，而更多指的是结构之间的冲突。因此，结构冲突论就成为本研究最重要的理论视角。本研究的逻辑过程主要属于归纳式理论建构，即通过对胜利乡参与式发展干预过程的观察研究，发现其中的规律性特征，并通过建构相应的概念或概念体系，对事实进行描述，深入分析事实背后的逻辑。

从研究分析方法来看，主要应用了"过程－事件分析"法。在本研究中，通过对胜利乡整个参与式发展干预过程的考察，尤其是对其中一些重点案例及案例村的考察，通过深描、统计分析、案例分析和比较分析等手段，详细阐述了其中各个重要事件的过程，并在此基础上进行概念提炼和理论建构。

本研究的资料收集总体上分为实地资料收集和文献资料收集两部分。实地资料收集在实地研究阶段完成，主要使用的方法和工具包括参与观察、深度访谈以及如社区资源图、季节历、大事记之类的 PRA 工具，并通过实物取证或者照相等手段，获得一手实物资料，通过录音获得完整的一手信息等。本研究正式的实地研究工作开始于 2007 年 3 月 15 日，实地研究时间累计超过 4 个月，在 2007 年底结束，累计访问关键人 100 余人，涉及胜利乡全部 4 个行政村的 20 余个村寨，其中以羊山村、牛背屯、新村屯、朝山、基昌、花边、团坡、小寨、滚塘等几个典型村寨为重点（关于这部分内容在实地背景介绍部分将重点阐述），同时对大量普通农户进行了有针对性的访谈和信息核对工作。此外，深入研究对象所生活的社区体验生活，从所处的环境和他们自身的现实情况对所研究的问题进行深入思考和资料收集，这也是实地资料收集的重要方法。

相互印证资料收集法是本研究在实地资料收集过程中的另一个重要方法。在实地研究中，总是会发现在对同一件事情的阐述中，不同利益主体所提供的信息和观点并不完全相同，有时甚至差异很大，如牛背屯村民、村组干部、乡镇干部、课题组成员等对于牛背屯牲畜银行项目的看法就不完全一样（笔者将在后面的背景介绍和案例分析中重点阐述）。因此，在不带任何价值偏见的原则下，笔者尽可能客观地分析并尽可能多地访问不同利益相关者，以获得对同一件事情的完整信息，从而确保尽可能真实地对信息进行还原。

文献资料收集则发生在整个研究阶段，并随着研究的进展而进展。主要的方法包括文献查阅和二手资料收集。本研究的文献资料收集工作从 2006 年 5 月开始，一方面与笔者参加的"中国以农民为中心的研究网络"（FCRNC）① 项目的相关理论和实践工作同时进行；另一方面笔者根据研究进展中随时出现的各种问题，查找相关文献，尤其是理论文献。二手资料收集，包括对二手文

---

① 该项目受到加拿大国际发展研究中心（IDRC）支持，由中国农业大学人文与发展学院主持，全国 20 多家农业科研院所参加的"中国以农民为中心的研究网络"项目，旨在通过推动"以农民为中心的研究"方法在农业应用技术开发中的应用，达到参与式理论和方法主流化的效果。

献的收集，但主要是指在实地研究阶段，对胜利乡及各个村寨在政治、经济、文化、地理、历史等方面的二手资料的收集以及对胜利乡参与式发展干预项目和在各村寨进行的子项目的二手资料的收集和整理工作。二手资料收集的对象，涉及几乎所有的被访谈对象，二手资料则通过笔者本人的深入观察和了解来获得。

1.2.4　研究视角及分析理论

参与式概念的多维性决定了参与式发展干预中的"参与"同时以多种形态表现出来。"赋权"是参与概念的政治维度，也是其概念核心，在现实操作中表现为对"权力"的重新分配，也即对资源的重新配置。因此，研究的核心也就由参与失灵等表面现象转向更深层次的权力配置问题。目前学术界对于"权力"的研究视角有多种（笔者将在后文中详细阐述），参与式发展干预中的权力重新配置，并不是个体利益相关者之间简单的权力争夺，而更多地体现为以利益共同体形式出现的利益相关者之间的权力及资源的重新配置过程，这一过程体现为权力结构的变迁和动态平衡。

参与概念的制度维度是参与式发展干预中的另一个重要研究视角，指的是参与式发展实践中的具体操作流程、方法、工具和技巧等制度性规定，是维持权力均衡配置的技术手段，也是一种制度手段。权力结构从根本上决定制度结构，而制度结构事实上又对权力结构产生重要影响。因此，通过实证案例，分析权力与制度之间的相互关系便成为本研究的重要研究视角和内容。而对于制度的分析，本研究将涉及制度经济学的一些基本理论和分析思路。

在综述部分，笔者还分析了参与概念的文化维度，参与式发展作为一种新的发展模式，其思维模式和行为逻辑与社区及相关利益者的传统思维模式和行为逻辑之间的差异，是一种更深层次的文化差异。权力博弈、制度结构以及文化差异，三方面相互影响而成为一个整体，同时又相互分开而自成体系。在理论框架层面，权力、制度和文化，是分析参与式发展干预过程的三个最重要的分析视角。但对于将三者综合在一起进行研究的理论要求和操作难度都很高，且在权力、制度和文化三大视角中，文化角度的研究无论是在理论层面还是在实践操作层面，也是最难把握的。因此，综合上述原因，本研究只选取了权力和制度两个视角作为主要的分析视角。

在贯穿本研究始终的理论视角方面，笔者主要采用结构冲突论的观点，认为社会首先是以整体系统的形式存在，整体系统之下的若干个子系统都是一个完整的子结构，每个结构都有其特殊的功能，通过所有子结构之间的协调运作来维持整体结构的均衡。但不可忽视的是"同一社会系统中持续的权力争夺终将导致权力的均衡"（威廉姆·奥斯威特，1999）现象，这在社会学理论中以冲突论为代表。因此，作为整个研究的理论视角，本研究试图结合结构主义和社会冲突理论的思路和观点。

1.2.5 技术路线

按照研究步骤的时间先后顺序以及主要研究内容和研究视角，确定如图1-1所示的技术路线，即从确定研究主题、研究框架和研究内容，到开展实地研究和资料处理分析，到最后得出研究结论。本研究的主要内容可以分为横、纵两条思路。

从横向看，主要研究内容包括三部分，分别为对个体利益相关者的研究，对组织机构等集体利益相关者的研究以及对参与式项目本身内容的研究。在整个研究中，横向内容将是每一部分的讨论中都涉及的内容。

从纵向看，则着重从讨论参与式发展干预中的权力与制度及其相互关系这两个角度入手，权力和制度两个维度将是本研究贯穿始终的分析视角。而在权力和制度的分析中，本研究还重点对参与式发展干预中的话语表达和信息传递过程进行了研究，并通过对后两者的研究，进一步深入地探讨参与式发展干预中的制度结构和权力结构的特征以及各权力主体之间的相互关系和互动模式。

从纵横两条思路的相互关系看，本研究的整体研究思路和内容设置是以纵向思路为主线，将横向内容嵌入纵向内容。

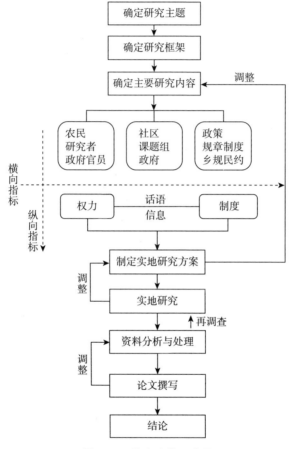

图 1-1 技术路线示意图

1.2.6 研究内容

根据主要研究问题和研究框架，本研究的主要研究内容紧紧围绕参与、发展干预、权力、制度、话语和信息对称等关键概念展开。根据全文的章节安排顺序，主要研究内容总体上分为七章。第一章为导论，主要阐述研究背景、意义及研究框架，根据对相关理论和文献的综述，阐述研究的整体思路和分析路径，提出了从权力和制度两个视角对参与式发展干预的过程进行分析的整体思路。在导论的基础上，第二章重点介绍实证研究案例、胜利乡参与式项目的背景以及项目的影响和面临的问题，从而为后面的详细分析提供背景信息。在第三、四章中，本研究提出"多中心"的概念，分别阐述了参与式发展干预中的多中心制度结构与多中心权力结构，对其中的具体特征进行了深入分析，详细阐述了参与式发展干预中权力流动的特征以及权力流动与制度变迁之间的相互关系。第五章则重点分析了参与式发展干预中权力的话语表达方式，作为上一章探讨权力与制度的相互关系的延续，把权力的话语形式从制度形态扩展到更宽泛的非制度形态。第六章则从参与式发展干预中信息的非匀质性对称这一特征出发，详细阐述了参与式发展干预中出现参与失灵及不可持续性等一系列问题的重要原因，从应用的角度阐述了权力与制度的互动关系以及对发展干预实践的可操作性影响。本研究的最后一章为结论与探讨，既是对前面所有章节讨论内容的总结，同时也是对仍然存在的但尚没有解决的问题所进行的讨论。

需要指出的是，在本研究主要章节的排序上，之所以把权力的话语表达和发展干预中的信息对称两章，放在对制度结构和权力结构的分析之后，主要有以下几个方面的考虑。首先，这几部分内容相互之间并不是平行关系，而是存在内在的逻辑关系。在参与式发展干预中，各种制度，无论是正式制度还是非正式制度，都是外在的且容易观察的，而对相互之间的权力关系研究则需要通过对制度及相关利益者的行为进行分析，才能体现和感觉到。因此，尽管权力关系是各参与者之间的根本关系，并且决定了制度安排及制度结构的属性，但从逻辑的角度考虑，先研究制度，再研究权力，则更具有逻辑连贯性，并且制度研究部分的结论，可以直接应用于对权力部分的研究。

其次，权力的话语表达，是反映权力主体之间权力关系模式的重要研究载体，因此从逻辑的角度考虑，这两章似乎放在权力结构章节之前更为恰当。但是从权力与话语之间的内在关系考察，虽然不同的话语表达形态体现了权力主体之间的权力关系及权力结构的特征，但更重要的是，在一个趋于固化的结构中，结构本身的特征决定了话语的形态，而话语形态只是在另一个侧面对权力结构进行了印证。因此，本研究中把权力的话语表达部分放在权力结构部分后面，正是基于这种考虑，分析多中心权力结构对发展干预中的话语形态及各权力主体之间话语权的争夺过程的影响，并进一步反证多中心权力结构及社区层面的多中心扁平权力结构的现实性。

关于信息对称章节的安排，也是基于上述类似的原因。不同的话语形态，表达了不同的权力关系和权力主体的权力诉求。而对信息对称程度的考察，则同时包含了对制度和权力两部分的印证。在制度层面对各参与方之间的信息对称的界定，与现实的信息对称状态之间的比较以及对不同村寨及案例中的信息对称状态差异的考察，一方面反映了发展干预中的权力结构的特征，另一方面也表明了权力结构对信息对称状态的影响和决定作用。

1.3 本研究的基本概念

由于本研究涉及的基本概念相对较多，也比较晦涩，因此有必要在此进行简明扼要的介绍，以方便阅读和理解，对于每个具体概念，在相应的论述部分，笔者还将进行详细阐述。

- 参与（participation）

本研究中的参与概念为广义的参与概念，泛指发展干预中各利益相关者为了自身利益而主动参与或不参与以及在外界影响或力量作用下的被动参与的行为。不参与也是一种特殊形式的参与。

- 参与式发展（participatory development）

本研究的参与式发展指的是各利益相关者充分参与，并对发展对象充分赋权的一种干预模式。

- 发展干预（development intervention）

本研究中的发展干预指的是通过一定的程序，对某一区域或某一群体的发展产生影响的行为和行为集合。

- 权力（power）

本研究中所指的权力，主要是指权力主体对各种资源的拥有和控制，拥有和控制的资源数量越多，质量越好，则权力越大。

- 权力主体（power-holder）

本研究中泛指广义的拥有权力资源的社会行动者。在本研究中，发展干预中的所有利益相关者都是独立的权力主体，在权力博弈中发挥其能动性从而维护自身利益。

- 权力结构（power structure）

本研究中的权力结构指的是各权力主体之间在权力资源配置或权力博弈中的关系模式。

- 权力均衡（power balance）

本研究中的权力均衡指权力资源配置或权力博弈过程中，最终达到各权力主体认可并接受的权力配置状态。

- 权力流动（power flowing）

本研究中的权力流动指的是发展干预中权力资源在各权力主体中的转移和流动。权力流动的路径反映了权力结构的基本特征。

- 权力边界（power boundary）

权力主体所拥有的一种或几种权力资源，并不是在任何权力结构或权力博弈中都能发挥作用的，而是存在其作用的范围和边界，本研究中把这种权力主体发挥特定权力的环境和范围称为权力边界。

- 制度（institution）

本研究中的制度指的是狭义概念上的制度范畴，泛指能影响和规范社会行动者行为的规则或约束。这其中包括正式的规章制度和条文等，即正式制度，以及非正式的风俗习惯和行为方式等，即非正式制度。

- 制度安排（institution arrangement；policy；regulation）

制度安排指的是一种专门的资源配置方式。

- 制度结构（institution structure）

制度结构是指各种制度安排的集合。

- 制度变迁（institution change）

制度变迁指的是制度安排和制度结构的变化。

- 话语（discourse）

本研究中的话语指的是广义概念上对某一事实或现象的各种表达方式，包括言语表达方式、制度表达方式以及各种行为表达方式。

- 信息（information）

本研究中的信息指的是广义的能对发展干预过程及各权力主体的行为产生影响的各种信息的总和。

- 信息对称（information balance）

信息对称指的是在信息传递过程中，信源与信宿之间，或者某一特定环境下参与各方对某一特定信息或信息集合的掌握和知晓情况。

- 匀质性信息对称（uniformity information balance）

本研究中所指的匀质性信息对称，指的是在充分考虑各种不可避免的现实因素之后，在发展干预中各权力主体所能达到的最理想的信息对称状态。

- 非匀质性信息对称（non-uniformity information balance）

本研究中的非匀质性信息对称概念，指的是发展干预过程中各权力主体介于信息完全不对称和匀质性信息对称之间的实际的信息对称状态。考虑到各种主观和客观因素的影响，非匀质性信息对称状态是发展干预中信息对称状态的常态。

1.4　社区背景介绍

胜利乡位于贵州省中部，在贵阳市西南方向 50 余公里处，全乡所辖总面积 66.89 平方公里，平均海拔 1295 米，属于亚热带季风性湿润气候区，冬无严寒夏无酷暑，年平均气温 14℃，最热月（7月）平均气温 21.8℃，最冷月（1月）平均气温 4.2℃。在以喀斯特地貌为主的地形地貌中，胜利乡属于水土资源禀赋较好的乡，是当地的鱼米之乡和重要的农业生产区。1990 年，贵州省政府和其所在县政府把胜利乡列为"农业综合开发试点乡"。

据胜利乡政府统计，截止到 2006 年底，全乡共辖 4 个村民委员会①，37 个村民小组（如图 1 - 2 所示），总人口 9493 人②，其中布依族 4675 人，苗族 553 人。全乡共有稻田面积 5800 大亩③，约 1 万标准亩，旱地 2820 亩。全乡经济以农业为主，根据 2006 年政府统计数据，全乡农民人均年收入 2089 元，人均粮食占有量 520 公斤，传统种植业与养殖业在农民收入结构中所占比重很大，随着近几年外出打工的兴起，打工收入所占比重开始逐渐上升并成为农民的主要收入来源之一。据乡政府统计，2007 年全乡共有 1500 余人常年外出务工，以青壮年劳动力为主。胜利乡的主要粮食作物有水稻、玉米、豆类、薯类，其中水稻占粮食总产量的 70% 以上，玉米约占 20%，其余为豆类、薯类及其他作物。主要经济作物有经果林、烤烟、油菜等。

---

① 在 2008 年初的村委会合并中，原胜利村和洞山村合并为新的洞山村，对于两村合并，大多数老百姓并没有什么看法。合并后的新村仍命名为洞山村，这是因为其原来为国家二类贫困村，每年可以向上级政府部门申请一定的支持资金，而胜利村则无此政策优惠。此外，由于本研究调查时间主要在 2007 年，从研究连续性的角度考虑，本研究中依然以原有的 4 个行政村进行划分，同时在一些基础数据方面，则以截止到 2006 年底或 2007 年底时的数据为准，下同。

② 在笔者所获得的关于胜利乡的人口、收入、资源等基本数据中，其中从乡政府获得的总数据与分别从各个行政村获得的分数据之和往往并不一致，即使是同一年的人口数据，两者之间相差也较大。在此笔者并不意在强调以上数据的精确性，只是作为一般背景资料，故未加更正，这是对数据提供者的尊重，也作为一种现实与文本之间的差异现象而对待。

③ 胜利乡农户通常习惯用"大亩"计量土地面积，为 1000 平方米，为此，在本研究下文所出现的"亩"，如果没有特殊说明为 667 平方米的标准亩，其余则都指大亩。

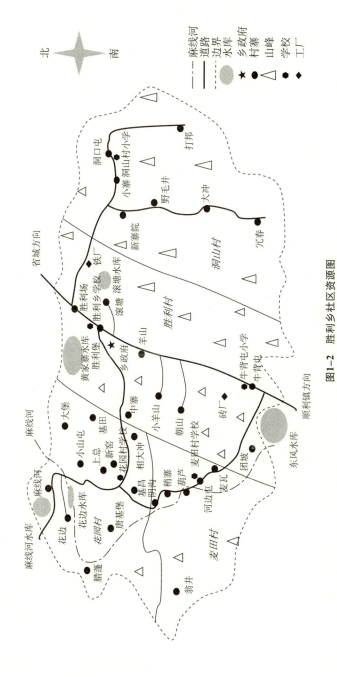

图1-2 胜利乡社区资源图

资料来源：由胜利乡政府办公室主任熊九妹供稿，笔者整理。（图中信息以2007年底村寨合并之前状态为准）

胜利乡下辖的 4 个行政村分别为胜利村、洞山村、麦田村、花园村。各村根据地势走向、交通情况以及河流水系的分布而划分。其中地处东北部分的洞山行政村以喀斯特石山区为主，水土资源较差，属于国家二类贫困村。洞山村共有 7 个村民小组，168 户，682 人，其中少数民族人口 425 人，劳动力 320 人，是胜利乡 4 个行政村中人口最少的。全村耕地面积 985 亩，其中稻田 52 亩，主要分布在水土条件较好的打邦组，其他村寨的稻田则都在靠近黄家寨水库地区的胜利场，远离村寨，村民耕种极为不便。

而胜利村、花园村和麦田村则水土条件较好，多水田和土丘，类似长江中下游丘陵地区，农民总体经济状况明显好于东北部的洞山村。其中胜利村共有 11 个村民组，596 户，2826 人，劳动力约 1500 人；耕地面积 1933 亩，其中稻田 1503 亩，旱地 430 亩，人均纯收入 1960 元。

花园村是 4 个村中水土资源条件最好的村，共辖 11 个村民组，有农户 721 户，总人口 3184 人，劳动力 1989 人，少数民族人口 1356 人。据村委会数据显示，截至 2006 年底，全村耕地面积 3240 亩，其中稻田 2230 亩，人均纯收入 2000 元，人均粮食占有量为 1000 公斤以上。除基田外 10 个村民组都修通了自来水，5 个组实现了道路硬化，并安装了路灯，小山屯、花边组建成了水泥篮球场。

麦田村下辖 7 个村民小组，共 598 户，2455 人，其中少数民族人口 1176 人，劳动力 1002 人。全村耕地面积 2361 亩，其中稻田 1853 亩。农民年人均纯收入仅为 1658 元，人均粮食占有量为 500 公斤。胜利乡境内唯一的河流，即麻线河，纵贯花园村和麦田村，自南边的团坡流入，从西北角的麻线河流出，途经 10 余个村寨。全乡共有 4 个中小型水库，分别为黄家寨水库、滚塘水库、麻线河水库、花边水库，前两个位于胜利村境内，后两个位于花园村境内。此外，紧邻胜利乡的还有东风水库，可灌溉麦田村和胜利村南部的部分农田。

胜利乡是一个由汉族和布依族及其他少数民族如苗族、彝族等组成的多民族混居区，少数民族总体上占多数，其中布依族居于主导地位。因此，在社会及文化形态上与汉族地区既有很多相同之处，又有许多独特的特点。根据当地民间传说，胜利乡居民的祖先大部分都是明朝初年从江西省吉安府移民至此，演变至今，形成了依然保留着浓重古朴民风和风俗习惯的布依族。随着周边地区汉族居民不断进入，双方融合及相互影响，截至目前，尽管在形式上还分汉族和布依族，但在生活形态、文化风俗和宗教信仰等方面二者几乎没有差异，汉族人会过布依族的传统节日，布依族也过汉族的节日。汉族认为布依族的传统服装好看，会佩戴布依族的头饰和穿同样装饰的衣服。在语言上，尽管布依族历史上有自己的传统语言和文字，但现在很少使用，也很少有人会用，无论是布依族还是汉族或区域内的其他少数民族，都使用同样的方言。从整体上看，胜利乡尽管为多民族地区，但现实生活中的高度同质性，使得本研究在具体分析方面几乎可以忽略民族因素的影响。

　　尽管处于社会急剧变迁的时代，但在胜利乡的社会生活中，传统社会形态的因素依然体现得非常明显，无论是劳动方式、生活习惯还是文化信仰，都保留了相对完整的传统农业社会的模式。各村寨农户，无论贫富及民族属性，每家每户的堂屋（主客厅）正中间墙上，都会非常庄重地在香案上摆上，或在正对大门的墙面贴上"天地君亲师"的香火牌①，这不仅表述了传宗接代的传统观念，作为一种文化形态，更是反映了中国传统的社会道德和社会秩序。这种具有强烈宗族等级伦理观的传统文化和价值观，对于人们认知及行为的影响，反映在日常生活的许多细节上。笔者在实地研究过程中每时每刻都能体会到，这对参与式发展项目的影响是不可忽视的。

　　随着打工经济的兴起，胜利乡也处于快速社会转型期。在笔

---

① "天地君亲师"作为儒家宋明理学的核心要义，其本意乃通过强调封建家国宗族等级观念，来维持传统社会的伦理秩序，在很多地方逐渐演变成"香火"的专有用语，用于祈祷家族兴旺发达、子孙满堂等，同时也非常严肃地表述了长幼尊卑之分的传统社会道德和社会秩序。

者所调查的各个村寨中几乎随时都能见到正在盖的新房子，而资金几乎都是来自外出务工的积累，如滚塘组仅 2006 年就新盖砖瓦房 20 余栋。在笔者所调查的各个村寨中，常年外出务工人员达到平均每户 1 个青壮年劳动力，有的户甚至全家都外出务工。如新村屯全组共 32 户，2007 年全家外出务工的有 3 户，常年在外务工人员约 55 人，约占全村总人口 170 人中的 1/3。随着农业生产季节变迁而短期外出务工者则更多，几乎涵盖村里所有的青壮年劳动力。随着农业比较收益率的快速下降以及劳动力成本的上升，打工收入逐渐成为农民主要的家庭收入来源。一个青壮年如果常年外出务工，年纯收入①约为 5000 元，而短期外出务工者或者在本地打零工者，劳动力价格也由 2000 年的人均 10 元/天上升到 2007 年的人均 30 元/天，如果是技术工种，则可达到 50 元/天。因此，笔者特意对胜利乡农业生产与外出务工的成本收益进行了比较研究，结果显示，外出务工与在家务农之间的收入比约为 3∶1 ~ 5∶1。这成为胜利乡近几年外出务工数量快速增长的重要原因。

案例 1 - 1　水稻种植的成本收益核算

2007 年 3 月 25 日，胜利村支书罗文兴以种植水稻为例对他家在 2006 年的成本收益进行了核算。按照一标准亩水稻为例，生产成本包括：

- 种子：1 斤，单价 4.5 元
- 化肥：尿素 50 斤，共 50 元；磷肥 3 包 150 斤，共 36 元；农家肥 20 挑，共 100 元（包括劳动力）
- 农药：除草剂及少量的农药，共计 5 元
- 农膜：半斤，共 6 元（育小秧苗用）
- 抽水：4 次，每次 2 小时，每小时 12 元，共计 96 元

---

① "年纯收入"指的是过年时能带回家的钱，该数据反映的是 2007 年的状况。

- 请人工：插大秧 1.5 个工，每个工 35 元，共 52.5 元；插小秧 8 两种子 1 个工，35 元
- 犁田：1 天，每天 45 元（包括牲口），共 45 元
- 收割：2.5 个人，1 天，每天每人 35 元，共计 87.5 元
- 晒谷子：3 天，每天每人 20 元，共 60 元

成本共计：577.5 元（计算劳动力成本）或 197.5 元（不计算劳动力成本）。

毛收入包括平均每亩 900 斤净干谷子，按照 2006 年的市场价，每斤干谷子的价格为 0.8 元，共收入 720 元。净收益为 142.5 元每亩（计算劳动力成本）或 522.5 元每亩（不计算劳动力成本）。如果将一个青壮年劳动力在家务农与外出务工之间的收入进行对比，其结果是如果外出务工，按平均每年工作 10 个月，平均月收入 1000 元计算，则一年的收入为 1 万元。若一个青壮年劳动力完全在家种田，如果请人工，最多可以耕种 10 亩田，养 4 头猪。除掉粮食和人工，一头猪喂半年，最高净收益为 100 元，则一个青壮年劳动力在家种田的年总收入为 1825 元。如果不请人工，则一个人最多可以耕种 5 亩田，养 4 头猪①，总净收入为 3012.5 元。因此外出务工与在家务农的收入比为 3.3∶1 至 5.5∶1。

1.5　融入社区

本研究的性质决定了实地研究在整个研究中的极端重要性，如何高效地收集真实的一手资料极为关键。从研究方法的角度考虑，快速有效地融入社区，与社区建立信任，是成功的实地研究

---

① 之以所请人与不请人都养 4 头猪，是因为农户养猪的数量并不单纯地基于劳动力数量，农户还要考虑市场风险以及粮食是否足够。对于普通农户来说，两个主要劳动力平均每年的养猪数量约为 8 头，如果再多，一方面是劳动力不够，这是主要因素，另一方面则是市场风险等因素。

的良好开始。行文至此，笔者脑海中浮现的不是如何进入社区的逻辑思路和清晰路径，而是像播放幻灯片一样，许多的故事、许多的人物、许多的景物，在脑海中一一闪过、眼花缭乱、色彩缤纷，而笔者似乎在这缤纷之中逐渐迷失了自我而不知从何谈起。

从 2005 年 3 月笔者第一次和胜利乡亲密接触开始，到逐渐地深入了解这里的山、水、人、事，融入这一环境，笔者将这些融入自己的个人感情，似乎不能以客观中立的态度看待这一切。每每这时，笔者总是一边告诫自己要保持冷静的头脑，独立地思考，去观察和理解，但又总是发现，自己已经不知不觉成了所有故事中的重要角色之一。从第一次亲密接触，到正式进入社区，再到真正和当地人交朋友，笔者试着以一个当地人的心态去观察、体验并理解这里所发生的一切，在感叹自己能如此幸运地获得许多宝贵的人生阅历和纯真友谊的同时，也感受着当地人对于发展的渴望，感受着农民的勤劳、淳朴、坚韧和无奈，也感受着他们对于未来的美好憧憬。

1.5.1　进入社区

早在 2005 年 4 月，笔者就作为中国农业大学人文与发展学院"以社区为基础的自然资源管理"（CBNRM）课程的一名学员，在胜利乡进行了为期 5 天的课程实习调研，对这里曾经发生、正在发生和即将发生的事情都产生了浓厚的兴趣，并产生了对其进一步深入研究的想法。2006 年 3 月，笔者有幸和 2006 年度 CBNRM 课程的 10 余位同学再次来到胜利乡项目点。由于有了前一年的经验，尽管这次走访的村寨与上次并不相同，但已经有了轻车熟路的感觉。与第一次为很多感人事例所触动不同，第二次则是为淳朴而热情的农户所深深感动，并与他们成为无话不谈的好朋友，这两段经历为后来正式开展实地研究做了非常好的前期铺垫。

相关研究工作开始后，从 2007 年 3 月开始，笔者则真正以一名研究者的身份深入胜利乡。2007 年 3 月 15 日，随着 CBNRM 课程实习的开始，笔者再次随同课程实习小组来到胜利乡，也就是从这一天开始，笔者开始以研究者的身份进入社区，来了解、审视、理解和关心胜利乡以及这里所发生的故事，而不再像之前两次那样更多的只是带着旁观者的好奇心态进入社区。

从 1995 年开始，贵州省农科院在胜利乡开展"以社区为基础的自然资源管理"的参与式农村发展项目，并取得了很好的效果，胜利乡农户对于农科院的感情非常深厚，对于课题组老师也是高度认同。因此，考虑到作为一个陌生的外来者融入社区的难度，笔者曾经在刚开始的很长一段时间里，在得到课题组默许的情况下，以"我是从农科院来的"这样一种身份符号自我介绍，这往往能立即获得被访谈对象的高度认同。从学术伦理的角度考虑，这种做法可能存在一定的不妥之处，但课题组在胜利乡十几年的扎实工作确实为笔者更快地进入社区提供了很大帮助。

由于本研究是以参与式发展项目为研究载体，因此，在实地工作之初，需要先对整个胜利乡的众多村寨逐个考察，而不能只局限在一两个固定的村寨。这一特征，使进入社区的过程变得很长，在整个胜利乡 37 个村寨中，需要重点考察的村寨近 30 个，而即使是只对其中一半村寨进行粗浅的了解，全程下来也需要将近一个月。为此，笔者采取的策略是先走访主要的关键知情人，如胜利乡项目实施领导小组负责人杨书记、羊山村妇女小组组长罗二芬、原胜利村村支书吴登学等。关键人物访谈采取滚雪球法，即先找到一个关键人，再通过他的介绍，找到更多的人，如此循环。

如此进行了大概 20 天的基础调查之后，笔者对项目和各村寨有了大致了解，选择了其中几个典型项目和村寨作为研究重点。典型项目如羊山村的修路、修水（人畜饮水工程、灌溉工程）、经果林种植、托牛所、滚动资金等。这些典型项目，不仅包括成功的项目，也包括失败的项目。典型村寨中，新村屯是一个移民新村，内部情况错综复杂；牛背屯社区内部存在激烈的派系之争；羊山村则因为内部非常团结而相当突出。此外，不同村寨都开展了同一类型的项目，这也是考察的重点，如滚动资金项目，这类项目可以进行横向和纵向的比较研究。经过第一轮的基础调查和筛选之后，最后在项目层面笔者选择了滚动资金项目作为主要考察对象，对于其他典型项目如经果林项目、基础设施项目等，则根据研究需要进行重点关注；在社区层面以开展滚动资金项目的羊山村、牛背屯和新村屯作为重点，其他村寨如基昌、朝山等则根据研究需要进行重点关注。

进入社区的另一重要环节是和乡政府的接触。在整个实地研究过程中，笔者都住在乡政府大院宿舍内，这为笔者和乡政府人员近距离频繁接触创造了条件，对于整个实地研究的作用非常重要。但从研究方法的合理性和方法伦理看，住在乡政府大院，对于笔者和农户之间建立信任关系和更深入地了解社区，在某种程度上会产生一定的负面影响。

但这种安排，也存在积极的一面。如在和乡政府工作人员的接触了解过程中，有几件事情对笔者更快地熟悉项目关键人物起了重要推动作用。其一是胜利乡项目领导小组的定期会议，讨论和总结一段时期内的工作并制订下一步工作计划。会议的参加者除了课题组主要成员之外，还包括乡政府的主要领导和具体项目负责人。因此，每次开会时，笔者通常会被允许以观察者的角色列席会议。在和课题组及乡政府的各种形式的频繁互动中，双方逐渐加深了了解。这种机会有助于笔者熟悉乡政府的主要领导，尤其是与被研究项目紧密相关的乡政府领导。但这种安排，并不能更好地帮助笔者了解乡政府的普通工作人员。不过，这一问题很快得到了解决。2007 年 4 月底，课题组为胜利乡政府工作人员及各村组干部开展了一次专业培训会，笔者很荣幸地被邀请作为这次培训会的培训老师之一。正是这次培训会议，使笔者与普通乡政府工作人员有了进一步相互了解的机会，同时为熟悉各村寨组长等村组干部，也提供了一个非常难得的机会，这为笔者后来顺利开展实地研究工作奠定了很好的基础。

1.5.2 建立信任

与社区建立良好的信任关系，是保证实地研究成功的关键。

信任建立的过程从进入社区的时候就已经开始，并且伴随着整个实地研究过程。本研究中指的建立社区信任，主要包括与农民、乡政府和课题组成员建立信任关系。这三大信任关系中，与农民建立信任关系最需要时间和精力，与乡政府建立信任关系最为关键，与课题组之间建立信任关系则是基础。由于课题组与乡政府具有多年的合作基础，以及笔者之前来过胜利乡两次，因此，信任关系的建立总体上比较轻松和高效。

取得村庄内村民的认同是进入社区的首要工作。首先是尽可能迅速地了解当地的风土人情、乡风民俗、历史故事等背景知识，确保和不同农户交谈的时候都能够尽快找到共同话题。如笔者刚开始和吴登学接触的时候，泛泛地和他讨论关于项目的问题，他也是尽可能简练地把他认为重要的且可以跟我说的信息告诉我，而隐藏一些敏感或者他认为不宜告诉一个陌生人的重要信息。对此，笔者先避开项目这个话题，而是转向他的家庭以及他过去的经历，他对这些问题既熟悉又愿意和笔者分享，这样经历过两三次之后，他将笔者作为陌生人的不信任感逐渐消除，从而把笔者当成朋友并逐渐信任笔者。总结凡此种种不同经历，笔者认为本研究在实地研究建立社区信任的过程中，有以下几个方面的因素起着重要作用。

首先是尊重地方文化。调查地是少数民族聚居区，当地人的热情好客令我印象尤其深刻，最具代表性的便是当地的酒文化。由于地处高原地区，特别是高寒山区，冬天十分寒冷，喝酒成为御寒和强身健体的重要手段，因此，和辣椒一样，酒成为胜利乡人日常饮食中最重要的组成部分，无论男女老少，或多或少都能喝一些。当地人招待客人时，可以没有菜，但不能没有酒，否则就不算待客，而如果客人不喝则表示对主人的不尊重。因此，这酒中便融入了当地人的淳朴、热情，表达着丰富、深沉、久远的传统地域文化。正因如此，笔者后来竟似乎成了"走千家、喝万户"的游方僧人。但千万不能小看农户自己酿制的米酒，其可谓是"温柔杀手"，无论何方高手都会在不知不觉之中"翻船"。当地人喝的本地产的米酒有个雅号叫"Biang-Dang 酒"（Biang-Dang 形容某种东西倒地时所发出的声音，在此形容酒客不知不觉中喝多了而醉倒的状态）。这一雅号传神地表达了这种酒的特色，似乎也传神地反映出当地农户特有的"外圆内方"的性格。

从笔者高效地进入社区这一事实看，喝酒成为增进笔者与当地农户和政府工作人员感情和信任的重要润滑剂。印象最深的是2007年4月5日清明节这一天，当地每个家族都会聚集在一起，祭祖扫墓、聚会议事、交流谈心，其重要和隆重程度丝毫不亚于春节。非常幸运，笔者被邀请参加其中两个大家族的清明聚会。在当地的传统风俗中，家族聚会通常是不邀请外来人员的，而笔者荣幸地获得了邀请，也正是这次聚会，使笔者认识了几个重要的关键人物并取得了他们整个家族成员的信任。

尊重当地文化还体现在很多细节，特别是一些风俗习惯中。如当地人吃饭时每个人的座位排序是很重要的，哪个座位属于年长者，哪个位置属于后辈，都很有讲究，这反映了当地传统文化中映射出来的社会等级和秩序结构，也与列维·施特劳斯的结构主义观点有着异曲同工之妙，而后者却没有嵌入如此多的传统礼俗文化。再比如，吃饭完毕，如果别人还没有吃完，那么你的筷子是不能直接放在桌子上的，而是要横放在碗上，表示等待其他人吃完，同时也不能随便提前离席。凡此种种，如果作为外来者能迅速了解并遵守，对于更快地获得相互信任及加强沟通，具有非常重要的作用。

其次，与当地人真心交朋友。这要求在与社区互动的过程中，真正重视每一件小事，在任何一次互动中都要尽可能地表现自己的真心和诚意，否则一个不起眼的失误就可能造成严重的信任崩溃。如当地农民通常都有吸烟的习惯，吸烟既可以作为一种社交手段和符号化的身份标志，同时也能缓解疲劳和调节气氛。因此，笔者通常会随身携带香烟，在访谈过程中随时给对方递上一根，一来表示礼貌和尊重，二来活跃访谈气氛，三来也是一种传递信息的手段。在当地的乡土文化中，相互递烟是一种常见且非常重要的社交方式，所递香烟的质量好坏和递烟的时机、方式都非常重要，这代表着递烟人对于对方的尊重程度。在被符号化的递烟行为中，嵌入了人与人之间的相互尊重和信任，而这种简单的行为本身也逐渐建构一种社会规则和文化符号。

在进村之前，笔者会尽量带上一些小礼品如洗衣粉、糖果等，对于打扰比较多的农户，则在商店里买上一瓶当地的好酒，作为礼物以示酬谢，同时还可以加深感情。在访谈过程中，笔者会尽可能帮着农户做一些力所能及的事情，把访谈的过程融入劳动过程，如与他们一起从事收割油菜、播种玉米、播种食用菌、插秧等农业生产劳动，倾听他们生活中的酸甜苦辣并适时提出自己中肯的意见或建议。通过这些细节，表现出与他们真心交朋友的态度，而正是这些看似不起眼或者可能对他们并没有任何实质性帮助的行动，使笔者很快融入社区。

与农户之间任何一个细节的成功处理都能增加社区信任的程度，但如果处理得不好，则可能带来很严重的负面影响。笔者在进行第一轮实地调查的时候，项目组刚刚启动了2007年的各村寨的项目申请工作。由于团坡组一直挑水喝，因此村民希望能申请项目支持以解决自来水的问题，而新上任的村组长也特别希望能办好自来水项目，从而获得村民的认同。对于笔者的到来，新任组长及村民都寄予了很大的期望，认为只要笔者愿意帮忙说话，他们申请的自来水项目就肯定能批下来。对此，尽管笔者详细说明了自己的身份和主要工作，但为了不使他们太过于失望，还是答应尽可能把他们的想法向项目领导小组和审批委员会如实转达，同时也提醒他们按照项目申请的程序尽快处理并递交申请材料。但事实是当时项目资金资助的范围已经由此前的以基础设施建设为主转变成以发展项目为主，因此，他们的申请很可能在第一轮审批中就被排除。尽管笔者在一开始就做了详细的说明，但由于最后他们申请的项目没有入选，笔者与团坡组之前建立的信任受到严重冲击。

实地研究中，外来研究者其实是一个索取者，而社区也希望从研究者身上获得一些他们希望得到的信息或帮助，因此双方类似于一种交换关系，只是这种交换关系很难成为公平交易，因为笔者索取的东西远远多于所能够付出的。因此，建立信任也成为另一种形式的付出，只不过所付出的是感情，而这恰恰也是社区最看重的。还记得新村屯组长何正福在酒后无意中说的一句话，"说真的，我很感谢你们这么抬举我，每次都到我家来，这是对我工作的最大支持，也是对我的信任"。在经历了和胡岗冈及其妻子蒋秋叶的多次接触之后，蒋秋叶的一句话让我们很感动，"我把你们当成是我的弟弟、妹妹，我信任你们，才和你们交朋友，我也觉得很高兴，能认识你们这么远的朋友，以前想都没想过"。正是因为这种感情的付出是最宝贵的，并且也是一以贯之的，因此实地研究期间让笔者感动的事情也是不计其数。胜利堡的阿姨们在笔者结束实地工作时，特意为笔者举行了一个充满民族风情的聚会，几箩筐都装不下的情感最后都在自编自唱的山歌中，从每一个人的心中飘向远方，飘向未来的人生。

1.5.3　资料收集

实地研究的最重要工作是资料收集，关键不在于能否收集到资料，而在于能否收集到真实的资料，能否敏锐地捕捉到重要的信息。笔者在实地资料收集过程中，主要采用了以下几种方法。

常规资料收集方法，如访谈、参与式观察、PRA 工具的使用、实物收集以及在必要的时候把问卷作为辅助工具等。深度访谈和参与式观察是使用最频繁的两种方法，其他方法则在需要时才作为辅助手段使用。资料收集是一个漫长的过程，随着了解的深入，对于同一个人可能需要多次访谈，同样的问题也需要经过多个不同访谈对象的相互印证。很多敏感而重要的信息，需要取得被访谈者相当大的信任之后，才可能在特定的环境中获得，如喝酒之后，等等。因此，资料收集中，笔者始终根据实际情况不断地调整工作方法，并尝试各种新方法，包括参与社区公共事务和社区文化活动等。

参与社区公共事务，通常有两种情况，一种是无意中碰到，另一种是受邀请参加。2007 年 4 月的一天，笔者很早就到新村屯了，原本希望找几个普通农户进行访谈，但是到了村寨时，发现大部分人都不在家，原来他们是到村寨后山上维修牛塘和自来水池去了。由于笔者当时想了解的几个重要信息就和牛塘、水池有关，于是在村民的指点下，跑到后山上，和村民一起干活，顺便了解所需要的信息。由于之前已经和部分村民有过接触并建立了初步的信任和友谊，因此笔者很快就和其他人熟悉了，并获得了大部分人的认同。在为他们的劳动场面拍照并开了一些轻松的玩笑之后，笔者很快就与他们一起劳动，尽管干得并不如他们熟练，但是和大家一起坚持到了最后。在这个过程中，除了对所需信息有了充分了解之外，还对所需信息的背景有了深入的了解，并增加了社区对笔者的信任。

受邀请参加社区事务，是获得资料的另一个重要手段。2007 年 8 月的一天，乡政府要到牛背屯召开村民大会，现场解决牛背屯长期存在的一些问题，包括村公共财物问题、新组长人选问题、重新启动滚动资金问题等（在后面章节中将详细介绍）。由于这时候笔者已经和乡政府及社区都建立了很好的信任关系，因此也获得了乡政府参加会议的邀请。村民会议从晚上九点钟一直开到子夜一点半，会议主题也从刚开始时讨论该村的项目，转变为对前任村组长账目的清查，整个过程尽管漫长，却没有一个人中途离去。笔者在这个过程中除了获得大量之前没有获得的信息之外，也直接地改变了对乡村民主的理解，这与单纯看文献或道听途说形成的主观印象具有本质上的差异。

参与社区文化活动是获取资料的另外一个重要方式。胜利乡是以布依族为主的多民族聚居区，其传统文化丰富多彩，经常开展如唱山歌、跳民间舞蹈等地域性文化娱乐活动，其中有政府组织的，也有农户自发组织的。在这里几乎每一个寨子都至少有一个舞蹈队，遇到逢年过节等重要日子，或者各种政府或民间组织的表演活动时，他们都会非常积极地参与，不需要太多的动员，需要的只是提供一次展示的机会。参加这种活动不但有益于社区信任的建立，而且也有利于相关资料和信息的收集。因此，每逢这样的活动，笔者通常都会尽可能地参与，并尽可能地以研究者的视角去观察和发现。

第二章　胜利乡的参与式发展干预

2.1　胜利乡参与式发展干预的历程

与附近乡镇相比，胜利乡的较快发展及社会转型，除了得益于较好的自然资源禀赋和宏观经济增长的涓流效应之外，贵州省农科院多年来开展的发展项目也起了较大的作用。由于较好的自然资源环境、离贵阳较近的地域优势，胜利乡于1990年成为贵州省农业综合开发试验区，由贵州省农科院主持的某大型国家农业科技攻关项目在此开展。

> 一开始只是农科院自己做项目，后来县农发办也参与进来，利用前面成功的项目方法和经验，做政府的项目。在1995年之前，农科院在胜利乡开展的主要工作是新品种、新技术的引进和试验，包括水稻杂交新品种的引进，水稻二次移栽、拉绳插秧、宽窄行等新技术的开发和试验，油菜新品种和油菜移栽新方法的试验和推广。后来是杂交玉米新品种的引进、杂交玉米的二次移栽技术、杂交玉米的营养袋、营养托生产技术等。（陈老三①）

---

① 陈老三是原胜利村村委会主任，做过两任，2005年退下来。陈属于乡村精英类人物，头脑比较灵活，在种田之余，家里开了一个种子代销点，平常也会到各地找生意做，因此家境在当地也算上等。陈为人较为直爽，能很快地接受外来事物，与笔者无话不谈，在当地农户中具有很高的个人威望。

新技术的使用，给原本非常贫困的胜利乡带来了重大变化，如"粮食产量最高的提高了1倍多，再也不用挨饿了"（王应洪①）。在引进新品种的同时，农科院当时还修建了很多以农田水利设施为主的基础设施，并在胜利乡政府驻地建了一个粮食加工厂。但由于后续管理不善等原因，"当年搞的那些东西很快就坏了，水渠现在已经都看不到了，粮食加工厂的机器现在还放在那里，早就坏了，已经不能用了"（陈老三）。

早期的农业综合开发项目在提高粮食产量、提高农民生计水平的同时，对于农民的传统认知同样带来巨大冲击。

> 那个时候我还是（胜利村）村主任，乡里让我配合搞水稻二次移栽技术的示范推广。当时大部分老百姓都不相信这些新技术，不愿意接受。最后我们想了个法子，谁按照农科院的技术要求用塑料大棚育小秧，搞二次移栽，我们就免费送种子和薄膜。大家一开始都不相信，不愿意搞。我们就抱着薄膜给老百姓，只要搞一个棚子，我们免费提供种子。结果第二年薄膜就不够用了，大家得了好处，相信的人多了，都开始抢着要。到第三年就对不起了，没有了，自己买去（笑……）！（吴登学②）

> 总的来说，农科院到胜利乡来之后的这十几年时间里，胜利乡的经济社会发展取得了很大发展和进步。我觉得有70%是新品种、新技术以及农科院很多项目的实施带来的。（王应洪）

---

① 王应洪是胜利村滚塘的一位农民，在村寨中具有很高的威望。王应洪从来没有当过村里的正式组长或寨老，但由于其为人正直、豪爽而且乐于助人，得到村民的广泛认可。滚塘是参与式试验项目第二期的试验点之一，当时王应洪是村项目管理小组中民选出来的唯一普通村民。

② 吴登学曾历任胜利村村委会主任和支书，前后主政胜利村长达15年时间，在当地具有深厚的社会资本，同时由于为人正派，也获得了大多数人的认可，个人能力很强，属于村里的致富能手，是典型的乡村精英。

　　1995 年初，省农科院结束了在胜利乡的综合农业开发项目，并把主要力量转移到顺利镇。由于胜利乡已有的项目基础较好及相对优越的自然条件和区位条件，贵州省农科院农村经济与发展研究中心课题组主持的"中国贵州省山区社区自然资源管理研究"项目以及"推广社区自然资源管理方法，促进贵州省农村可持续发展"项目继续把胜利乡作为项目点，并继而开始了长达 13 年的参与式农村发展试验（如表 2 - 1 所示）。

表 2 - 1　胜利乡参与式发展项目简介

　　"中国贵州省山区社区自然资源管理研究"和"推广社区自然资源管理方法，促进贵州省农村可持续发展"项目是省重点国际合作项目，由省农科院农村经济与发展研究中心主持实施，胜利乡人民政府协助实施。该项目得到省科技厅、加拿大国际发展研究中心（IDRC）和福特基金会的大力资助。

　　一、"中国贵州省山区社区自然资源管理研究"项目

　　该项目周期为 1995 年至 2001 年，项目实施地点为胜利乡（6 个自然村）。项目总目标为：通过研究，总结出一套适应贵州省少数民族贫困山区自然资源开发利用、有效保护的管理措施，逐步提高社区农村经济的可持续发展能力，确保当地社区食物安全，提高家庭的福利和收入。主要采用参与式社区自然资源管理研究方法，即当地社区群众作为主要的受益群体主动参与资源管理的全过程。在这个过程中，通过能力的培养、赋权和管理机制的建立，当地社区群众有机会、有责任管理他们赖以生存的资源，确定他们自己的需求、目标以及做出自己的决策，并为之做出贡献，实现社区资源的自我管理和持续利用。

　　主要项目活动包括：

　　——林地资源保护。主要包括落实林权林责，形成社区与农户两级管理的林地管理体制；制定林地资源管理制度，建立管理组织，落实管理人员；植树造林、退耕种果还林。

　　——耕地资源保护。主要包括修建水利设施，改善耕地灌溉条件；推广一系列旨在合理利用耕地、提高耕地生产力的农艺技术措施，大幅度提高耕地单位面积产量；新建或改造低质低产果园。

　　——水资源利用与保护。主要包括修建灌溉设施；修建自来水设施，解决了人畜饮水困难。

　　——制定水资源管理制度，建立管理小组，落实专人管理。

　　——荒地资源利用与保护。主要包括种果树，建果园；引进优良黑山羊试养。

　　通过 6 年的社会科学、技术科学、基础设施建设、卫生保健等方面的综合干预，项目试验区各种自然资源已初步得到合理开发利用和有效保护，生态环境恶化的趋向得到有效遏制，农畜产品产量大幅度增加，村民食物供应得到充分保证，食物结构开始向较高能级调整，村民居住环境、生活条件、卫生保健等方面有明显改善，社区组织管理功能进一步增强。

续表

其中项目的创新产出主要包括：第一，初步建立了一套"村规民约"式的自然资源管理制度和相应的管理机构，从源头上落实了对自然资源的有效管理；第二，初步形成了一套基础设施建设的参与式决策、实施、管理与监督机制，为提高扶贫资金的利用效率和效果，构建了一种高效可行的模式；第三，培养提高社区村民的参与能力，是实现自然资源有效持续管理成功的关键；第四，通过参与式的技术发展研究，组装、配套出多套适应黔中高海拔地区的、提高资源利用率的农艺技术措施，大幅度地提高了各种资源的利用率和产出率。

二、"推广社区自然资源管理方法，促进贵州省农村可持续发展"项目

"推广社区自然资源管理方法，促进贵州省农村可持续发展"项目周期为2002年至2008年，胜利乡是项目实施地点之一。

纵向推广：把社区自然资源管理的理念和方法应用到政府主导实施的扶贫开发、农业综合发展等项目中，使政府更多地了解和采纳社区的自然资源管理方法。项目实施以来，先后与县农办、林业局、水利局、畜牧局、农业局合作，实施了16个项目。目前正与县扶贫办合作采用参与式方法进行胜利乡洞山村的扶贫规划及开发。

横向推广：以村民为主体、胜利乡政府为协助者，把社区自然资源管理方法从原来的6个自然村推广到整个胜利乡37个自然村，使社区自然资源管理方法在当地机制化。目前开展的项目有水利设施建设、村级道路建设、村寨发展基金（种养殖）等。

到目前为止，主要成果包括如下。第一，小项目基金投资约50万元，采用参与式方法在全乡实施了30多个项目。从已完成和正在实施的项目看，明显表现出参与式方法"投资省，质量好，速度快，效益高，可持续"五大特点，政府和村民都比较满意。第二，乡政府和村民正在实现角色转变。村民积极参与到农村发展和自然资源的管理中来，变"要我干"为"我要干"，政府官员逐渐转变了服务意识，尊重村民决策，决策基于村民实际需求。只有实现了这种转变，参与式扶贫开发才能走上机制化的轨道。

资料来源：由课题组提供。

与此前实施综合农业开发项目时采取的行政命令式干预方式不同，此次项目组以参与式发展理论和方法为指导，把农民作为农村发展的主体，纳入所有项目活动，通过赋予农民充分的知情权、表达权、选择权、决策权、监督权和管理权，动员农民积极主动参与项目的实施过程，利用很少的资金实现了较大的社会和经济效应。

当时具体搞什么项目，都是老百姓一起开会，农科院参加，共同定下来的。有什么困难，大家讲出来，一起讨论，

要搞什么项目，先搞什么，后搞什么，怎么搞，都是大家一起讨论决定。（陈庭勇[①]）

　　第一期项目只是在羊山村和小寨进行，我（陈老三）当时是（胜利村）村主任，羊山村的项目都参加了。主要的项目活动包括修路、修水、经果林开发、森林资源的维护和管理、牲畜银行项目。主要的投入方法是农科院出资金，群众投工投劳。项目实施时，农科院的资金一般都是以物资的形式给付，不直接给现金。各个村寨农民自己先商量决定要做什么项目，然后农科院再带领村民代表到外面开展得比较好的地方，有针对性地参观学习，然后再开展项目。在第一期时，有些村寨的群众思想比较落后，对参与式项目认识不够，积极性不高。农科院就找村民，包括妇女开会，搞动员和宣传。我印象最深的是当时在羊山村搞经果林项目，一开始大家都不太相信，后来项目组保证提供技术支持和损失补偿，老百姓才慢慢相信。当时，整个项目过程都是由农科院和老百姓共同商量后决定怎么搞的。如栽果树项目，当时主要有以下几个步骤。

表 2 - 2　项目相关内容

步骤	主要内容及要求
1. 选点选农户	需要群众积极性高的村寨。对农户则要求家庭劳动力多，管理能力强，自觉性高，家庭经济条件较好的。主要由项目组来选
2. 考察	农科院组织村民代表到贵阳参观，当时要求羊山村每家每户去一人，要求妇女多一些

[①]　陈庭勇担任朝山组组长已经有十几年了，据其他村民讲，一方面是现在打工的多了，没人愿意当；另一方面是其公心较强，得到大部分村民的认可。朝山组所有的参与式项目都是在他的组织下进行的，总的效果很好，没出什么大问题，这也使其更得到村民的信任。

步骤	主要内容及要求
3. 技术培训，制定管理规则（村规民约）	项目组对村民进行经果林种植、管理方面的培训。一些果树方面的专业知识和技能，请果树专家来培训，如修枝、剪枝、防虫、施肥、除草、栽种等各个环节。此后，全村的老百姓需要在一起开会，商量讨论具体的村规民约，对经果林，以及其他的农作物进行管理和保护。村规民约的制定全部由村民自己商量完成，农科院只提出一些修改和调整的意见和建议，主要目的是避免与上面的政策相违背。违反村规民约者，需要进行经济赔偿，赔偿金充入村组集体资金中
4. 自筹资金	农户自筹20%～30%的资金，其余的由项目组出。此外，村民需要出工出力。当时第一期只有十多户农户参加了试验，都是羊山村的
5. 订树苗	项目组负责树苗的预定和购买，并保证质量，同时考察当地的气候、土壤等信息，为村民的决策提供依据和借鉴。具体的果树品种则由农户自己决定，当时种植的果树主要有杨梅、桃子和花红
6. 栽种	栽种主要工作是挖坑、施肥、浇水、除草等。项目组定好具体的栽种技术标准，选择几户进行技术培训和技术示范，然后由他们向其他农户传授。事后农科院需要对经果林的栽种情况进行检查和技术跟踪指导
7. 管理	主要是剪枝、施肥、防虫、除草等工作。重点是培训农民技术二传手，以日常培训为主

资料来源：由陈老三提供。

　　1997年时，我们朝山成为第二期项目试点村，当时的想法是把村里的道路硬化。我们先到县里请人来估算价格，他们说起码要10万，后来项目组按照1:3的比例给我们配套资金，我们集资1块钱，项目组支持3块钱，后来我们又到县里各部门化缘了一部分，总共才花了不到2万块钱，用了两个月时间，大家投工投劳，就修了一条宽3米，长1350米的水泥路，到现在用了10年，从来没坏过。胜利乡街上那条路和我们这个差不多长，花了几十万，用了不到3年就坏完了。后来我们这里修自来水，也是用这个方法搞的，到现在从来没坏过，隔壁的麦瓦也是和我们同时搞的，他们是政府出钱请施工队修的，不但钱比我们花得多很多，而且经常漏水，质量不好。（罗文兴）

单 1997 年我们牛背屯就搞了很多项目，那年大家一年都没闲着，我那个时候才十几岁，我哥是组长，天天忙，那个时候只要说个什么事情，大家积极性都很高，什么事情说干，很快就干了，大家很团结。（蒋家发）

从 1995 年开始到 2008 年，胜利乡参与式发展项目总体上可分为 4 期项目、2 个阶段（如表 2-3 所示）。其中前两期项目为第一阶段，属于试验阶段，主要为试验、摸索和总结经验教训，寻找到合适的项目运作模式。在第一阶段巨大成功的鼓舞下，2001 年之后梯次开展了第三期和第四期项目，这为第二个阶段，主要是推广第一阶段所取得的经验。

表 2-3　胜利乡参与式发展项目进程

第一期：1995.3~1998.2	
主要负责人	农科院项目组主导 以乡政府为辅，具体负责人为时任乡政府人大主席
主要项目活动	1. 了解项目点的自然资源、社会文化和政治环境等 2. 全面了解当地的自然资源分布和使用状况，进行问题诊断和确认 3. 可持续自然资源管理的制度建设
执行地点	小寨、羊山村
第二期：1998.3~2001.2	
主要负责人	农科院项目组主导 以乡政府为辅，具体负责人为时任乡长
主要项目活动	1. 扩大试验社区范围，推广和应用第一期项目的经验 2. 通过参与式监测和评估，加强当地的制度机制建设 3. 培养和提高项目点的自我管理能力
执行地点	小寨、洞口屯、羊山村、滚塘、牛背屯、朝山

第三期：2001. 12 ~ 2004. 12

主要负责人	以乡政府为主，主要负责人为时任乡纪委书记 以农科院课题组为辅
主要项目活动	1. 在制度和政策制定中体现并推广前两期的发展经验，实现宏观与微观的结合 2. 加强各相关利益主体之间合作与伙伴关系的构建，共同推动以自然资源管理为契机的机制建设 3. 促进以各相关利益主体的能力建设
执行地点	打邦、羊山村、朝山、牛背屯、基昌、花边、腊蓬、朝拜、新村屯、翁井

第四期：2005. 9 ~ 2008. 8

主要负责人	以乡政府为主，具体负责人包括时任乡政法委书记、时任副乡长、时任乡武装部长 3 人 以农科院课题组为辅
主要项目活动	1. 推广和扩大以社区为基础的自然资源管理经验，使其在贵州省和其他地区得到传播和应用 2. 增强地方性制度在当地政策制定过程中的融入程度 3. 建构并加强自然资源管理中各利益主体之间的联系纽带 4. 增强各利益主体推广以社区为基础的自然资源管理的有用经验的能力
执行地点	全乡所有村寨

资料来源：Qiu Sun. 2007. *Rebuilding Common Property Management*，p. 46.

第一期项目主要在小寨和羊山村两个村寨进行，所有项目活动均由项目组①负责执行，具体项目活动由项目组与村民运用参与式方法共同决定。乡政府则作为支持、协助和学习的角色，不参与具体项目活动，只是派一个主要干部作为协调人员，负责协调所有项目组不能解决的事情，如村际纠纷、土地纠纷以及涉及国家政策执行等方面的问题，项目组也按时与乡政府沟通项目进展

---

① 在前两期项目中，项目活动都是由农科院项目组独立操作，乡政府只协助处理一些相关事宜，因此并不叫作课题组，而称其为"项目组"，组成人员包括研究人员和部分后勤行政人员。从第三期开始，项目转而由乡政府主导、农科院协助，因此项目组改称为"课题组"，其组成人员也在研究人员的基础上增加了乡政府主要领导及事务负责人。

情况。

在前两期项目中，一方面农户的主要需求高度集中在公共基础设施供给方面，另一方面项目组也考虑到在没有基本的公共基础设施供给的情况下，集中精力进行制度管理和农户能力建设方面的项目活动，在实践中操作难度较大。因此，第一阶段的主要项目活动以基础设施建设、促进农民增收和保护生态环境类为主，如修水修路、栽种果树、植树造林等。如此既兼顾了农户的最基本需求，也为社区的综合发展奠定了较好的基础。

从第三期开始，项目从探索和试验阶段进入推广参与式发展的理论和经验阶段。与第一阶段相比，第二阶段具有几个突出的特点。

第一，为了更好地实现项目目标，项目组不再作为主要的项目推动者和执行者，而是把乡政府的作用凸显出来，使乡政府开始承担整个项目的日常管理和运行工作，项目组只扮演技术支持和协助者的角色。为此，"项目组"改名为"课题组"，课题组的核心工作不再是组织开展具体的项目活动，而是以研究工作为主。这种角色转变，一方面旨在提高乡政府理解和应用参与式方法的能力，另一方面也提高了乡政府在农户心中的威望，从而更有利于课题组与乡政府之间的关系定位和相互合作的开展。

第二，扩大了项目覆盖面，开展项目活动的村寨由第一阶段的6个试点村扩大到胜利乡所有村寨，实现在全乡范围内的横向推广目标。

第三，关于具体的项目活动，不再把重点放在基础设施建设上，增加了一些项目周期长、农民参与多、旨在增收和提高农民组织和管理能力的"发展项目"上，如成立农民学习小组、村级公共事务管理小组（或称"村务理事会"），开展参与式村寨发展基金项目①，组织农民培训等。

---

① "村寨发展基金"主要指的是来自胜利乡项目管理小组资助的项目资金，作为某个项目村所有农户共同使用的基金，资助农户申请使用该基金用于发展种植或养殖，并在规定的期限之内还本付息，如此循环，从而作为村级范围内所有农户都能使用的共同基金。

第四，为了使有限的资金能够最大限度地为所有村寨服务，在全乡范围内成立了"项目基金"，各个村寨以组为单位，在内部讨论并达成一致意见的基础上，向"项目基金"提出项目申请。

第五，成立胜利乡项目管理委员会，负责整个参与式发展项目的运行和管理。

在实施了13年的参与式发展项目之后，截止到2007年底，整个胜利乡所有村寨基本上都开展过至少一个参与式项目，有的村寨则开展过多个项目，如前两期项目的试点村寨。在项目活动成功展开的同时，农民对于参与式发展项目及项目组/课题组的认可程度也快速上升，以至于在前两期项目中甚至出现部分农户"只听农科院的，不听乡政府的"现象。

> 参与式项目好啊，我们村的路就是他们修的，我家的果树早就挂果了，收入比种田高多了……都是农科院帮我们搞的，老百姓都相信农科院说的，他们叫我们怎么干，我们就怎么干。（王应洪）

> 农科院帮我们这里做了不少事情，基础设施多，如自来水、修路、提灌站、牲畜银行、经果林、植树造林、妇女小组等。……现在果树除了樱桃之外，全部都挂果了。产量和效益最好的是杨梅，要是长得好，一亩可以挣7000多。我当时种得不多，现在后悔了。我家现在有桃子、花红、红樱桃、梨子，都是一点点，每年才挣600～700元。（陈庭勇）

由于项目实际执行和操作中总是不可避免地或多或少会出现"搭便车"行为，因此项目组在一开始的项目活动中，就与所有农户共同商量，制定各种简单而实用的乡规民约，对项目活动和后续管理加以规范。比如，具体项目的执行中，总是会要求农户在投工投劳之外，再集资一部分资金，以保障农户能真正具有拥有感，从而避免产生"只是为了完成任务"这样的思想而影响整个项目的效果。此外，在项目过程中，农户还一起协商讨论并专门设定了一些具体的措施，在保证公平的基础上运用激励机制。第二期项目中为滚塘组的进村道路硬化而制定的规章制度和方法，后来成为全乡类似项目的通用做法。

案例 2 - 1　滚塘进村道路修建过程

我们这条路是 1997 年底修的，约 1 公里长。当时项目组说我们拿多少他们就补助多少，先解决路这个问题。为此老百姓自筹了一万五，项目组资助一万五，总共花了 3 万元，群众自己出工出力，自己设计，项目组提供必要的协助。村里设立专门的管理小组，由老百姓选举出有代表性、有威信的 5 个人担任，包括组长、会计、出纳，两个协调员。具体事情的决策，采取少数服从多数的原则，有 3 个同意，2 个不同意的，同样要做。

管理小组在项目组的监督下工作，他们提供技术支持，进行质量检查，因为这是长远的事情，不能马虎。我们搞了将近两个月，就全部完成了，全组群众，无论是男的女的、老的小的，全部都上了，能干活的都参加了。我当时的职责主要是保管雷管、炸药、材料等，同时还要到处走到处看，防止出现安全事故，如放炮时不要引起问题。那个时候我们全组劳动力分成两个组，我每天都要到两个组去看。每天两个组都有工作量，要进行竞争，当天的没有完成，第二天要补上，两个组哪个先完成任务，可以先休息。所以进度很快。

那个时候大家干劲都很大啊，妇女也都参加了，妇女主要负责把小石头铺在路上，男的主要在山上开石头，以重体力劳动为主。整个修路工程的运作过程是很民主的。当时规定每家每户出一个劳动力，后来一些人看到别人做，也都加入进来，所以进度超前完成，整个过程基本上没出现什么波折。

当时在资金和物资管理上是很严格的。当时我是管理小组中的农民代表，负责花费的签字，另外还有两个人，一个人管钱，是出纳，一个人保管发票，是会计，每次拉来的水泥砂子的发票由会计拿到我这里来签字，然后给出纳看，出纳给人家付钱，如果发票上没有我的签字，到项目组那里是不能报销的。当时总共 3 万元，都是放在彭老师（当时项目组成员之一）那里，我们拿发票到她那里去报销。我们一般是从彭老师那里先借点钱出来，然会拿着发票到她那里去冲账。当时 3 万元还不够，后来村委会补助了 200 元，乡政府给了 400 元。

在管理上，我们制定了日常管理制度，谁家把路弄坏了，需要修理好，各家门前的路，都要及时进行打扫。不过现在来看，我们有一条没有做好。当时陈所长（时任项目组组长）提议我们每家每户每年拿出 1 块钱，对道路进行维修，但是这么多年一直没有做。主要是因为组长每两三年一换，没人来组织实施。还有一个原因是，我们当时没有制定一个条条框框来保护道路。（王应洪）

参与式项目总体上成功开展的同时，也出现了一些需要调整和反思的问题，特别是进入第三期之后的推广阶段，问题的复杂性也更加明显和关键。如几个村寨先后开展的村寨发展基金项目大多不尽如人意，而由于乡政府人员变动及项目人员管理不善，部分村寨项目管理出现混乱局面，课题组与乡政府的意见分歧也逐渐凸显。

乡政府和课题组的想法不一样，乡政府更想做基础设施项目，这样看得见摸得着，养殖（村寨发展基金的主要资助范围）你不给他们（指农民）钱，他们也要养啊。我是觉得不搞基础设施，没什么意思，你搞了养殖，钱又收不回来。……钱是他们（课题组）的，所以我们（乡政府）肯定也必须按照他们的意思来办，其实乡政府不愿意这么搞。……新村屯他们原来申请了一个项目，按照情况是可以批的，但是他们前面的滚动资金项目（村寨发展基金的别名）出了很多问题，我们要求他们

进行整改后才能批准。他们那里太乱了，没办法整改。牛背屯和基昌的滚动资金也是没有滚动起来。（黄乡长①）

　　在本地，用参与式方法是花小钱办大事，小范围内使用是很好的，但在大范围内使用则很麻烦。一个村组搞小项目容易，如几个组捆在一起搞小项目，就很难成功。从大范围来讲，参与式方法的主要障碍因素是部门利益，如能得到县里相关部门的配合，就好办多了。……其实执行参与式方法就是执行"三个代表"。现在很多时候是主要领导一个人说了算，感觉很不自然。（杨书记②）

2.2　重点案例选择

　　如表2-4所示，笔者列出了胜利乡参与发展项目的重点村寨

---

① 在实地研究期间，黄乡长时任胜利乡副乡长，但当时基本上处于闲置状态。他之前从县科技局调过来，尽管很不情愿过来，但并没有太多选择，因此几年来始终都在努力试图再回到县城，一直无果。据其自己说，在当年的新一轮换届中，县里是同意他回去的，但是调令始终没有下来，就只能一直在胜利乡等着，乡里也没安排什么具体工作，有事就叫一下。笔者在胜利乡调查的时候，黄乡长因为没有被安排正式的工作内容，出于个人爱好，就临时负责开车，被戏称为副科级驾驶员。黄乡长曾临时担任过胜利乡项目基金的负责人，但由于其工作态度和失职等而受到质疑，随后主动辞掉负责人职务。他性格较内向，加上多种其他原因，人缘不是很好，由于马上就要调离胜利乡而无后顾之忧，因而对笔者坦诚相对，说了很多其他干部认为比较敏感而不愿讲的话。

② 杨书记时任胜利乡纪检委书记，他于20世纪90年代初进入胜利乡政府，担任纪委书记十几年。杨书记是胜利乡干部中少有的实力派官员，比较务实，工作能力很强，在干部和农民中威望甚高。多年参与课题组的项目，受参与式理念熏陶而思想比较开放，官架子较小。据其自己评价，由于不善也不愿意沾染过多官场恶习，因而他是同年龄段干部中少有的几个还在乡政府的，也是全县所有乡镇单位中担任同一个职位时间最长的。随着年龄的增长，其已不存在仕途上再进一步的念头。从胜利乡参与式项目开展以来就一直参与其中，特别是从第三期项目开始，他负责乡小项目管理工作，中间有一段时间由于工作调动关系而由别人承担，但最终还是因为他对这块工作较熟悉而重新负责。

和重点项目，按照项目内容的性质，总体上可分成两大类：第一类项目具有时间短、见效快、集体参与、公共服务性较强等特征，如修水修路等基础设施项目，植树造林和经果林栽种等；第二类项目具有持续时间长、对参与农户能力要求较高、收益的风险性与不均衡性并存等特点，如在多个村寨分别于不同时期开始的村寨发展基金项目。[①]

根据每一期的项目目标和实际情况，前后四期项目中，每一期项目的侧重点都有所差别。在前两期项目中，围绕乡村自然资源管理，探索总结出一套行之有效的自然资源管理方法和经验成为核心项目目标。结合农户对项目选择的倾向，重点项目大多以基础设施建设、自然资源保护和开发以及农户管理能力建设为主。在后两期项目中，随着项目目标的变更以及整个项目运行管理方式的调整，前期项目中采用的集中在个别村寨投入项目资源的方式，逐渐转变为各村寨自由申请、统一审批的方式。项目支持的领域也从之前的以基础设施项目为主向发展能力建设转移，其中最重要的标志是村级发展基金项目的启动和推广。

表 2-4 分别对不同村寨所开展过的重要项目进行了初步的统计，并对其现状进行了简单评估，对于一些现在已经无法正常行使功能的项目，列出了主要的原因。在项目现状评估中，从可操作性的角度出发，采用简单的"三级评分制"，评估的依据包括笔者实地考察、关键人物访谈的材料以及村民的反馈意见。一级用"+++"表示，为"很好"，表明项目效果达到预期目标，并且具有可持续性；二级用"++"表示，为"一般"，表明项目效果基本上达到了预期目标，但由于一些不可预测或不可抗拒的客观原因，现在已经不能正常使用或不具有可持续性；三级用"+"表

---

① 通常也称之为"滚动资金"，由于大部分村寨把滚动资金都用于养猪或养牛的小额资助和滚动资金的使用上，因此这些项目也常被称为"牲畜银行"，而少部分滚动资金用于蔬菜种植或其他方面，则无此通俗称谓。为此，本研究所指的"牲畜银行"通常指的是以养殖为主要用途的村寨发展基金项目，而"滚动资金"通常指的是其他类型的村寨发展基金项目。

示，为"很差"，表明项目效果没有达到预期目标，并且已经不能正常使用或运行，也不具有可持续性。

由表 2 - 4 可知，在所统计的各个村寨共 40 个重点项目中，目前依然发挥功能和作用的有 26 项，占总量的 65%，而已经完全失败或不能发挥功能的有 11 项，占总量的 27.5%，失败的项目中，牛背屯等村寨占的比例较高，其中从项目类型的角度考察，村寨发展基金项目（滚动资金或牲畜银行）等第二类项目数量居多。

表 2 - 4　胜利乡主要村组所开展的参与式农村发展项目统计

村组名	项目名称	项目阶段	项目现状	备注
羊山村	村内道路	第 1 期	+++	
	自来水	第 1 期	+++	
	经果林	第 1 期	+++	
	牲畜银行	第 3 期	+++	
	妇女小组	第 1 期	+++	
	食用菌栽培	第 2 期	+	太费劳力，经济效益不高
	建娱乐室	第 1 期	+	无人使用，成为集体杂物存储仓库
滚塘	经果林	第 2 期	+++	
	植树造林	第 2 期	+++	
	进村道路	第 2 期	+++	
	自来水	第 2 期	+++	
	灌溉水渠	第 2 期	++	干旱，无水可灌
朝山	经果林	第 2 期	+++	
	植树造林	第 2 期	+++	
	村内道路	第 2 期	+++	
	自来水	第 2 期	+++	
	提灌站	第 2 期	+	变压器和提水泵被偷
	牲畜银行	第 4 期	+++	
	妇女小组	第 2 期	+	组织不起来

村组名	项目名称	项目阶段	项目现状	备注
牛背屯	自来水			
	第1次	第2期	+	水源不够、人为破坏
	第2次	第4期	+	水质差，不能饮用
	牲畜银行	第3期	+	管理混乱、市场波动
	引水渠	第2期	+	上游水渠堵塞，无水可引
	植树造林	第2期	+++	
小寨	自来水	第1期	+++	
	村内道路	第1期	++	管理维护得不够
	经果林	第1期	+++	
洞口屯	经果林	第2期	+++	
	自来水	第2期	+++	
	修山塘	第2期	+++	
	植树造林	第2期	+++	
	修路	第2期	++	管理维护得不够
花边	村内道路	第3期	+++	
朝摆	自来水	第3期	+++	
	村内道路	第3期	+++	
	经果林	第3期	+++	
新村屯	牲畜银行	第3期	+	管理混乱、利益分配不均
小山屯	修路	第4期	+++	
麦瓦	滚动资金	第4期	+	种大蒜，品种、技术、天气等原因导致产量太低，损失很大
基昌	牲畜银行	第3期	+	管理混乱、利益分配不均

资料来源：课题组提供和笔者实地调研。

这些重点项目中，特别是项目现状"很好"和"很差"的两类项目，将作为本研究的重点案例，前者如羊山村和其他几个村寨成功实施的修路、修水等基础设施项目，后者如牛背屯、新村屯等几个村寨失败的牲畜银行项目。这些项目的执行过程，原则上都是按照参与式理论和方法进行的，因此，在整个项目过程中，各利益主体之间的互动和博弈如何发生，干预所带来的影响是否和项目预期一致以及存在的问题和原因等，便成为这些案例分析中所需要解决的问题。而对于每项具体项目的介绍，除了在上述章节内容中做了总体概括性介绍之外，在下面的各个章节中笔者将根据内容进行详细的阐述，在此不再赘述。

2.3 重点案例及案例村介绍

根据典型案例的分布情况，本研究主要选择羊山村、牛背屯和新村屯为重点案例村寨。其中羊山村是参与式农村发展项目第一期和第二期的试点项目村，总体上是胜利乡执行参与式项目村寨中最成功的，也是目前村寨发展基金项目开展得最成功的村寨之一。牛背屯是第二期试点项目村，从最开始的试点项目到现在，有成功的项目，也有很多失败的案例，同时牛背屯是几个重要项目村寨中最复杂的一个，村寨较大，社区内部关系错综复杂，非常具有代表性和可研究价值。新村屯则是在 2002 年高山组和沙井组通过高山上生态移民搬迁后合并形成的新寨子，内部关系同样较为复杂，并且村民常把该村实施的一系列政府主导项目和参与式发展项目混合在一起而纠缠不清，同样具有很大的研究价值。

除了这三个村寨之外，根据下文论述的需要还将涉及一些村寨，如朝山、朝摆、滚塘、花边、小寨、基昌等，笔者将根据具体内容进行阐述。

2.3.1 羊山村

1. 基本情况

截止到 2007 年底，羊山村共有 65 户，294 人，其中布依族274 人，汉族 10 人，苗族 9 人，彝族 1 人，人口规模在胜利乡30 多个自然村寨中属于中等水平。羊山村所在区域总体上为半丘陵半高山特征，人均水田拥有量约 1 亩，在胜利乡属于平均偏上水平，旱地较少，人均约 0.5 亩。羊山村拥有的独特资源是村庄背后大片的天然高山草场，总面积有上万亩（如图 2-1 所示）。从经济发展水平看，羊山村在胜利乡并不是最突出的，农民的主要收入来源以种养殖业和打工为主，2006 年羊山村常年外出务工人员 39 人，在当地短期打工是外出务工的重要形式。尽管羊山村的整体经济发展水平并不是胜利乡最好的，但由于参与式项目的成功实施，以及良好的社区治理，羊山村总体上属于胜利乡最突出的发展典范之一，在 20 世纪 90 年代末期还曾因参与式项目的成功开展而获得"全国百大科技村"荣誉称号。从 1995 年开展参与式项目以来，农户生计状况得到了较大程度的改善（如图 2-2 所示）。

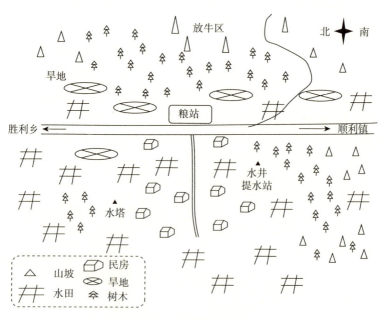

图 2-1 羊山村社区资源图

资料来源：由羊山村罗二芬供稿，笔者整理。

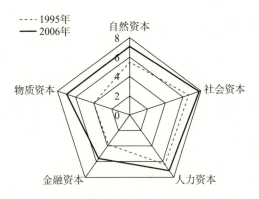

图 2 - 2　1995 年与 2006 年羊山村农户生计状况变化比较

资料来源：本图数据来自课题组 2007 年对胜利乡参与式项目进行的
比较调查，详细情况将在本章第四节中介绍，在此不重复阐述。

2. 发展历程

提起羊山村，无论是普通胜利乡人，课题组的各种研究报告，
乡政府的评论，还是大众媒体的相关宣传报道，总是会提到一个
人和三件事，一个人指罗二芬①，三件事指"妇女小组"、"托牛
所"②、"牲畜银行"③。

1995 年，羊山村被选定为第一期参与式项目试点村，项目组
按照参与式农村发展的理论和方法，对农民充分赋权，先后开展

---

① 罗二芬是羊山村项目中的核心人物，也是公认的社区领袖。她原本只是羊山村
　　最普通的妇女之一，但由于其为人处世的公正和无私，逐渐得到村民认可，并
　　在社区具有较高的威望，在社区公共事务的管理和决策中，具有重要的影响
　　力，同时也是少有的能参与社区公共事务决策的妇女之一。1995 年，参与式项
　　目开始后，罗二芬成为项目中的组织者和积极分子，并在 2001 年经海选成为
　　羊山村历史上首位女组长。目前，罗二芬不再担任羊山村组长职务，但仍然是
　　妇女小组组长，并依然在社区公共事务的管理和决策中具有重要影响力，同时
　　还是长顺县人大代表。
② "托牛所"是对羊山村集体放牛的别称，表示全村所有牛统一放养，就好像各
　　家各户把牛当作婴儿送进托儿所一样。
③ "牲畜银行"项目的正式名称叫村寨发展基金，作为一种干预模式，指的是通
　　过小项目的形式滚动使用，支持社区发展，因此也被称为"滚动资金"。由于
　　羊山村的村寨发展基金主要是用来养猪养牛，因此也被形象地称为"牲畜银
　　行"，表示通过饲养牲畜，建立一家农民自己的银行。

了修路、修水、经果林种植、黑山羊养殖、食用菌栽培、牲畜银行、"风水林"① 保护等项目活动，并组建了妇女小组相互学习和交流，建立社区娱乐室等，同时组织了大量有针对性的培训活动。这些项目除了少部分因为客观环境不适合等而没有继续之外，如黑山羊养殖项目，其余的都对羊山村的发展产生了积极的影响。如羊山村的自来水是胜利乡最好的供水系统之一；集体放牛制度为村民节省了大量的劳动力，在维持社区和谐团结方面起着重要作用，并成为农民自我组织和自我管理的典范；牲畜银行的顺利滚动和运行，在胜利乡众多村寨中具有示范作用；经果林的收入是农户收入的重要部分。这些项目成功的背后，除了羊山村社区内部团结合作的推动作用外，妇女小组的作用尤其突出，其中妇女小组组长罗二芬是羊山村参与式项目成功运作的关键人物。

羊山村妇女小组是实施第二期项目时在项目组的协助下建立的，同时建立的还有其他几个第二期项目试点村的妇女小组，例如牛背屯、朝山等地的妇女小组，但现在还能正常运转的只有羊山村妇女小组。其实早在项目开展之前，羊山村妇女就有许多类似的组织，多以结婚会、老人会等"合心会"② 的松散形态出现。

---

① "风水林"是当地的通俗叫法，通常把村寨周围上风上水的一片或几片林子叫作风水林，主要发挥水源涵养功能，在喀斯特地区，通常是村寨水源所在地，因此被重点保护而禁止破坏和砍伐。另外，由于传统乡土文化中对于风水的信仰，风水林被认为是一个村寨长远发展和兴盛的象征，因此从单纯的自然资源形态上升到精神和意识形态，从而在村民心中变得更为重要和神圣。

② "合心会"，当地也叫"扎会"，本意为捆在一起的意思。合心会是一些有共同目的或利益需求的人组成的互帮互助组织，通常以经济目的为主。如罗二芬所参加的一个合心会叫"结婚会"，是由十多个都有未婚儿女的家庭主妇组成的。在平时无事时，成员之间如平常邻居村民一样，看不出有什么特殊关系。但是如果结婚会的某个成员家里儿女要办婚事，其他成员需要根据结婚会成立时的约定，提供一定数额的经济援助，并要免费帮工。如此类推，直到所有结婚会成员家都办过一次儿女婚事之后，大家再商量是否继续或者解散，或者变成其他目的的合心会。通常合心会的参与者老少皆可，不过还未出嫁的年轻姑娘一般不参加，而年轻小伙子可以，这主要是因为年轻姑娘马上要嫁出去，因此总是处于不稳定状态而很难保证能履行责任和义务。随着合心会的（转下页注）

参与式项目开始后，一方面出于项目活动的需要，另一方面也是妇女们自己的需求，原来松散的妇女组织形态开始逐渐组织化和制度化，并成立了由罗二芬、班红艳、陈二娥、杨艳、罗林叶5个人组成的管理小组，罗二芬任组长。妇女小组的成员通常为每家每户的家庭主妇，小组的职能也由以前"合心会"的单一职能转变为学习技术、进行妇女能力建设、提高妇女地位、促进社区发展等综合职能。妇女小组与村小组互不干涉而单独存在，按妇女们的话说，"村小组是男人的，妇女小组是妇女的"，两者在财务上互不干涉，在社区公共事务管理上相互配合。平常有事情统一行动，闲时妇女们则聚在一起谈心、交流、做针线活、唱歌跳舞、组织出去旅游、共同出席吃酒活动等。前几年妇女小组还负责组织和管理集体放牛，但现在已经移交给村小组负责，妇女小组只负责牲畜银行资金的滚动和管理等工作。

羊山村妇女小组的成立，对于整个社区和谐团结气氛的营造起到了很大的作用，不但为处于弱势地位的妇女们提供了一个学习和交流的平台，而且为她们提供了一个展示自己才华和能力的舞台，对加强相互之间的了解和友谊，减少社区内部矛盾，缓解冲突都产生了积极的作用，也为原本精神生活贫乏的妇女提供了一个精神家园。

> 刚开始的时候，他们（指男人）不信任我们（妇女），说婆娘能干出什么事来啊。后来我们学习养殖、种蘑菇、组织放牛，都成功了，他们也慢慢地相信我们了，也不干涉了。后来搞滚动资金的时候，我们说这个钱由我们来保管，放在他

（接上页注②）发展演变，在开展本研究的时候，合心会已经由早期的纯经济互助组织，逐渐演变为功能多样化的非正式民间团体。平常合心会成员之间会组织各种娱乐活动，交流生产生活经验、技术和信息。当合心会中的某一成员需要参加酒席之类的活动时，其他成员会出一份礼钱，然后她们以一个团队的形式盛装出席，共同娱乐，对于本应一个人参加酒席的会员来说，她也会觉得自己很有面子，同时置办酒席的主人也会非常高兴。

们那里就被他们拿去喝酒了，他们也同意了，还说是给我们妇女找点事情做（笑声）。（罗二芬）

3. 托牛所

托牛所是集体放牛的一种模式，羊山村历史上的集体放牛可以追溯到大集体时代。当时生产队专门安排 3～4 个人负责全组所有牛的放养，负责放牛的多为残疾人，以此获得工分。但由于缺乏完善的激励和惩罚机制，牛损毁庄稼的现象很严重。分田到户之后，由于羊山村后山上的高山草场很大，因此每家每户都养了很多牛，除耕田种地之外，卖牛也赚钱。1995 年之前，每户每天都用一个劳动力（以妇女或老人为主）放牛，各管各的，被称为放"野牛"，即赶上后山就不管了，结果导致庄稼破坏严重。为了确保庄稼不被牛吃，大家又不得不砍树围田，这样山林又被大量破坏。早在 1993 年，羊山村也实行过一次"集中放牧、分散喂养"的放牛制度，但由于制度不健全、人心不齐、管理不善等原因，很快就自行解体了。参与式项目开始之后，针对牛的散养对自然资源和庄稼破坏严重的情况，大家首先想到的是把牛看住。由于放牛通常都是妇女的工作，妇女们便在放牛之余自发组织起来讨论对策，最后形成集体放牛制度。

那个时候村里的牛太散漫了，经常破坏庄稼，栽在路边的菜和庄稼等经常被牛吃，所以就得经常到山上砍树把田地围起来，但这又破坏森林，树木长得没有砍得快。项目组来了之后，又要保护自然资源，又要搞资源管理，我们总觉得当时砍树和这个主题不对。后来我们妇女坐在一起吹牛的时候就商量说，农科院要求我们把树和林子管好，我们就必须要先把牛管好，牛管好了，就不用砍树围田了。我就提出集体放牛建议，喊大家试验一下，大家都说可以。后来我就喊来每家每户的妇女开会，前后开了 3 个晚上的会，每次都开到晚上十二点多，最后才把这个事情定下来，具体的规则也定下来了。然后就开始集体放牛，放了一年，结果劳力也节约

了，庄稼也没有损坏了，山上的树木也不用砍了，这样大家就觉得集体看牛还是好。（罗二芬）

　　根据羊山村牛的数量以及后山草场的情况，每天 4 个劳动力即可满足看护所有牛的需求。因此形成的看牛规则是：一个人对应一头牛，把全村牛的总数量除以 4，得到看完一轮牛所需要的天数。在一轮中，如果一户有 4 头牛，则需要看 4 天，如果只有 1 头牛，则一轮之中只需要看 1 天，如此循环。同时规定，水牛和黄牛分开放，水牛每天 4 个人放，黄牛每天 2 个人放。如果全村共有100 头水牛，则完成一轮就是 25 天，如果一户只有 1 头牛，则意味着在这 25 天之中，他只需要花 1 天时间放牛，从而相比之前节省了 24 天时间。

　　由于牛的数量每年都在变化，因此看牛的轮流顺序每年都要进行适当的调整。在刚开始的几年，每年春节过后的某一个时间，罗二芬会把新一年的看牛名单贴在村头显眼的地方，后来几年大家相互之间都熟悉了之后，遇到牛的数量发生变化，只在原来的名单基础上进行适当微调。只要把增加的牛加进来，如果增加了10 头牛，就省略 2 头小牛，则一轮时间增加 2 天，如果增加了 12头，则一轮时间增加 3 天，以此类推。此外，如果一户有 6 头牛，则一轮之中要看 6 天，但由于时间关系，不可能连续 6 天放牛，或者临时有事情，那么在这 6 天中，就需要把轮值的日子调匀，隔几天轮一次。因此这又涉及每天放牛的组合问题。在第一年的时候由大家抽签决定，结果后来发现这种组合有时候相互之间会产生矛盾，或者相互之间不合心（合心，当地方言，意指相互之间合得来）而不能很好地合作。因此从第二年开始就全部打乱由大家自由组合，对那些不合心的人，大家就不愿意找他，他也就变得积极了。

　　羊山村的集体看牛制度从 1996 年开始之后，由于其独特的优越性和适应性而始终非常有规律地运行到现在，也正是因为这个原因，羊山村的养牛数量在 1995 年之后迅猛增长，最多的时候超过200头，多的人家有10多头。刚开始的几年，每年的看牛名单都是由罗二芬负责安排，后来考虑到可持续性和出于培养接班人的目的，现在改为由村小组负责安排。在这十几年的稳定运行中，村民都自觉遵守管理制度，如果因放牛人的责任导致牛死亡、失踪等，损失由当天看牛小组4人共同承担。对此村民认为"这是我们自己制定的，不是政府要求的，我们当然要严格执行啊"。

通过此次成功，羊山村妇女的组织管理能力得到了很大的提高，大家的自信心也极大增强，并在村级公共事务管理中获得了男人的认可和尊重。针对羊山村这种独特的放牛制度，项目组给它取了一个非常形象的名称叫"托牛所"，并一直沿用至今。表2-5是笔者2005年第一次到羊山村时看到的看牛名单。

表2-5　羊山村2005年集体看牛分组名单

1. 朝辉、小玉、小锋、初一	14. 小抓、小辉、辉超、立平
2. 小进、飞林、飞雄、应龙	15. 小江、小能、小少、小玉
3. 小江、飞车、小能、小少	16. 朝丽
4. 光明、长权	17. 伍平、怀义、小黑、加林
5. 小华、友才、富平、辉文	18. 小进、富平、飞雄、光明
6. 平强、平强、庆勇、真林	19. 世科、应辉、长贵、元洪
7. 世科、应辉、见华、光明	20. 小抓、小辉、辉超、立平
8. 辉文、辉超、伍平、友财	21. 初一、小见、国应、陈平
9. 初一、小见、国应、陈平	22. 飞州、飞车
10. 平强、平强、小能、方吉	23. 新国、怀林、小邦、见华
11. 小进、飞林、飞雄、庆勇	24. 飞雄、飞林、小进、小江
12. 光明、长权、万江、小锋	25. 伍平、应辉、小黑、方吉
13. 小华、友才、富平、辉文	

2005年正月二十，羊山村　宣

资料来源：来自羊山村村务公开栏。

4. 牲畜银行

在"托牛所"获得极大成功之后，牲畜银行项目成为羊山村另一个影响很大的项目。2002年底，随着第三期项目的逐渐开展，课题组希望在全乡开展村寨发展基金项目，重点资助养殖（如养猪、养牛）项目，通过资金的循环使用和自我管理，在取得经济效益的同时，提高农民自我发展、自我管理的能力，从而促进个体农户及社区整体的发展。项目采用参与式方法实施，群众积极主动地参与项目的设计、实施、管理与监督全过程，以保证资金使用的透明、公平、公正。但干旱导致当年粮食大面积减产，农户缺粮缺糠，大部分人家养不起猪。在这种情况下，羊山村经过内部讨论，决定首先申请该项目，并获得首批资助金额8000元，全村64户都参与该项目。

2002年底，羊山村牲畜银行管理小组正式成立，主要成员有7人，分别为妇女小组的所有5个管理成员，另加牛背屯组长和会计。牲畜银行项目总体上由妇女小组负责实施管理。牲畜银行项目采取自愿组合的方式，将全寨64户分为16个小组，每4户为一小组，每个小组获得500元滚动使用资金，4户轮流使用，每次为期10个月。10个月结束后，本轮资金使用者除了返还本金500元外，再另支付5%即25元的利息。利息可用于全村的公益事业，也可以集中起来放入滚动资金的本金中参与滚动，也可以由妇女小组集体决定其用途，如组织外出旅游等。所有滚动资金包括利息，为村民集体所有，由管理小组负责日常管理，同时滚动资金与村集体资金分开独立运作管理，村集体无权干涉。

> 每一个小组内部的资金使用顺序，在第一年刚开始的时候就抽签决定了，当上一年养猪全部滚完之后，今年开始第二轮，以养牛为主，滚动顺序就和养猪时顺序反过来开始滚。到现在一直滚动得很顺利，利息是你的，也是我的，是我们集体共同的钱，没有哪个私人能拿。4户一组，自由组合，这是看牛的时候（集体放牛）得出的经验。（罗二芬）

从2003年1月第一批资金开始发放，至今无一户拖欠本金和利息。到2005年第三次滚动结束时，管理小组掌握的非本金资金

已达 2500 元①。2005 年 8 月开始，管理小组采取集体抽签的方式
选择 6 户村民，每户村民获得 400 元的资金，同样以 10 个月为借
款期限，借款期结束后需支付 20 元的利息，使这部分钱也滚动起
来。10 个月项目结束之后，前面 6 户不再参加下一轮抽签。到
2006 年底，第一轮滚动资金的使用流程结束。由于 2006 年及之前
几年养猪不挣钱，且生病的很多，因此，妇女小组在开会之后
一致同意，在第二轮滚动中，改养猪为养牛，与集体放牛结合起
来，并向乡小项目基金申请并获得追加投入 1.2 万元，使每个组的
滚动资金增加到 1250 元，运行和管理方式维持不变。

2.3.2 牛背屯

1. 基本情况

牛背屯是胜利乡规模较大的自然村寨之一，截至 2007 年底，
全组共有 82 户，387 人，其中汉族 211 人、布依族 102 人、苗族
73 人、穿青族（贵州省当地的少数民族，并不在官方认定的 56 个
民族之列，但有自己独特的文化和风俗）1 人。村民以汉族为主，
但家庭主妇中布依族比例较高，全组 82 户的家庭主妇中，布依族
有 30 位、汉族有 38 位、苗族有 12 位、穿青族有 1 位。牛背屯共
有 23 个姓氏家族，主要的姓氏为蒋、吴、杨、陈、金，此外还有
一些小姓，如蔡、穆、胡等。与羊山村以单姓同一民族为主的相
对单一的组成结构不同，牛背屯的家族组成复杂得多，但从调查
结果看，村民中家族帮派关系并不突出，而横跨家族的关系网在
社区中发挥的作用却很突出。调查发现，牛背屯比较主要的关系
网至少有 8 个，每个关系网的纽带除了少量家族和血缘等因素外，
共同的务工经历或兴趣爱好是重要纽带。

---

① 这 2500 元钱中，有一部分是利息，还有一部分是一些外来机构在羊山村参观
访问时支援的资金。如中国农业大学人文与发展学院学生 2005 年 4 月在羊山
村实习后给的 500 元，就被放入了滚动资金中。当时村小组原本要充入村集体
资金，但被妇女小组阻止，妇女小组认为村集体资金已经有很多，不如放在滚
动资金中使用。

　　牛背屯分为东西两部分，中间由一条马路（省道，但路况很差）隔开，东面山少田多，西面山高田少，旱地主要分布在东面的矮山上，西面的高山多为牧场（如图 2－3 所示）。全组有耕地约 500 亩，多为"望天田"①，主要种植水稻和油菜。旱地较多，人均超过 2 亩，主要种植玉米。另外，全组共有经果林 120 多亩，最多的人家有 10 余亩，少的不足 1 亩，主要以种植梨树和板栗为主。

图 2－3　牛背屯社区资源图

资料来源：由吴登学、胡岗冈联合供稿，笔者整理。

　　在整个胜利乡，牛背屯是少数几个目前还在挑水喝的村寨，这一方面是因为村寨周围没有大的水源，另一方面是由于村寨内部矛盾较多，始终没有完成自来水工程的修建（参与式项目中前后两次支持该村修建自来水工程都失败了，具体情况笔者将在下

---

　　① "望天田"是当地对无法灌溉，只能依靠天然降水进行灌溉的耕地，意味望（看）天吃饭的耕地。

文中重点介绍)。由于牛背屯的自然资源相对较多，特别是土地资源，因此在胜利乡，其经济条件处于中等偏上。农民的主要收入来源，一是传统的种植养殖收入，二是打工收入，但牛背屯人本地务工者多于外出务工者。截止到本研究实地调查时，牛背屯里活跃着大约七八个建筑施工队，每队多则十几人，少则五六人。最近几年胜利乡及周边乡镇农民的经济收入提高较快，农民建房热情高涨，因此牛背屯的施工队收益一直不错。

2. 发展历程

牛背屯在胜利乡最南边，曾经是胜利乡最好的村寨，特别是集体时代，牛背屯人的团结和干劲在整个胜利乡是很著名的。1981年胜利乡实行"分田到户"时，只有牛背屯要求推迟改革，希望继续搞一年集体生产，如果效果好就坚持，如果不好再改革。但笔者在实地调查中发现，无论是乡政府还是课题组，或其他村寨的人，对于牛背屯当时的总体感受是"有点乱"，并且这种评价得到了许多牛背屯人的承认。

牛背屯的"乱"，可以从"几个人、几件事"谈起。"几个人"包括吴登学[①]、蒋家兴、吴大国、胡岗冈、胡贵友、郑志明等社区精英，"几件事"指的是自来水风波、查账风波、滚动资金事件等。

1998年，牛背屯成为胜利乡参与式项目第二批试点村寨之一，开展了许多影响很大的项目活动，且取得了很好的经济效益和社会效益，如植树造林、建立妇女小组、修建灌溉引水渠等。但也有一些不成功或失败的项目活动，如修建自来水工程、牲畜银行

---

① 吴登学从1990年开始进入胜利村两委，从一开始的村委委员，到村主任、村支部书记，2004年换届时主动辞职。其在任期间，经历了所有在牛背屯开展的参与式项目。吴登学在胜利乡总体上拥有很好的口碑，社会影响很大，社会关系网络发达，属于乡土精英。他自己介绍，主动辞职的原因主要有两个，一是担任村干部耽误太多私人时间，所获报酬却很少，家庭人口多，负担重，还有一个儿子没结婚，需要拿出更多的精力挣钱。二是自己在任时，要管的事情太多。辞职之后，可以在家专心务农，转包了很多外出务工者的土地，每年养十几头猪，年家庭收入非常可观。不再担任村干部后，他在社区内的威望依然很高，对社区公共事务的管理和决策，具有重要的影响力和话语权。

项目等。

牛背屯的后山煤炭资源较为丰富，且埋藏得不深较易开采，直到 20 世纪 90 年代中期政府禁止小煤窑之前，牛背屯的小煤窑开采一直比较普遍。但由于当时煤价不高，大多农户也只是在冬天农闲的时候挖一些作为家用，市场上销售得并不多，因此开采量并不大。尽管如此，但由于开采小煤窑需要大量木材作为支撑，牛背屯山上的树木被大量砍伐用于搭架子，加上平时砍树卖钱或者盖房子，因此当 1998 年项目组进驻牛背屯开展项目时，牛背屯的前山和后山基本上无树可砍了。

森林资源的大量破坏，导致水土流失严重，加之处于喀斯特地貌区，村里仅有的一口水井一到冬春旱季的时候就干了，村民必须到别的村寨或更远的地方挑水，每天挑水成为头等大事。因此，当 1998 年项目组进驻牛背屯时，解决人畜饮水和植树造林成为项目组和牛背屯村民的共识，而自来水工程被放在最急需项目之列。1998 年 4 月，在项目组和村民的共同考察下，选定了后山的一个泉眼作为自来水水源，项目组投资 8000 元，农户投工投劳，并从出租矿山的租金中拿出 6000 元，开始了第一次自来水工程建设。由于涉及每一个人的切身利益，因此几乎每个农户都积极投入到施工中。在项目组和乡政府的协助和监督下，项目过程采用参与式方法，老百姓自己管理，自己决策，自己监督实施，很快工程就结束了。

但水量不够的问题很快就来了。由于选择水源的时候是雨季，水量充沛，但在旱季时，水就不够用了。其主要原因有三个：第一，绝大多数农户当时太着急，"找到一个水源就赶紧搞"；第二，当时项目组也缺乏经验，大家都没有考虑到旱季枯水期的问题；第三，项目结束并且通水之后，没有及时制定切实可行的管理规则，浪费水的现象特别严重，这在枯水季节的影响更大。

除了水量不够之外，更严重的问题是人为破坏。由于牛背屯的地势中间低，两边高，因此低洼处的农户即使在旱季也能喝到水，但地势高的则不行，加上浪费水的现象比较严重，地势高的农户更得不到水，因此地势高的农户意见很大。由于"村霸"胡贵友①住在地势较高处，这也成为他破坏水管的主要原因。

虽然第一次自来水工程最终失败，但大多数牛背屯人并不认为这是项目本身的失败，因为项目的整个操作过程是成功的，并且体现了参与式发展的原则，失败的主要原因是项目设计时考虑得不够。因此，大家的积极性并没有受到太大打击。在第一次自来水工程实施约一年之后，牛背屯植树造林项目开始启动。借鉴羊山村妇女小组的成功经验，项目组开始在牛背屯推广妇女小组②的经验，明小二③被选为妇女小组组长，与蒋秋叶等另外几个能力较强的妇女，共同组成管理小组。由于当时栽树工作主要是妇女负责，因此植树造林项目也成为妇女小组负责实施的第一个项目。根据实际情况需要，还制定了所有村民都认可的新管理制度，笔者称之为"联组承包制"④。山林管理制度的变迁以及人力、财力、

---

① 胡贵友在胜利乡影响很大，但并不是由于其个人能力和声誉，而是由于其曾经的流氓经历和现实的"村霸"形象。实地调查时胡贵友42岁，年轻时由于多次违法而三次被判刑劳改。此后虽然不再违法犯罪，但其性格和行为方式并没有发生本质上的改变，"不愿安心过日子，很霸道，喜欢靠武力解决问题"（牛背屯村民）。为此，村民暗地里把他叫作"村霸"。

② 牛背屯妇女小组在刚成立初期非常活跃，不但促进了早期项目的顺利开展，而且对当时的团结、和谐、活跃的社区氛围的形成产生了积极影响。但由于缺乏像罗二芬这样能力强且深孚众望的领袖人物，因此，以2001年"奖金风波"为转折，牛背屯妇女小组开始出现内部分裂直至实质性解体。

③ 实地调查时明小二41岁，丈夫在十几年前因病去世，考虑到3个孩子还小以及夫家只有一兄弟，此后一直没有改嫁。在牛背屯，明小二是一个颇具争议的女强人。其特殊的遭遇和她好强的性格，获得了村民的同情和尊重，同时因为其个人能力较强，敢做敢说，因此成为牛背屯妇女小组的组长。但由于艰难的家庭环境和生计压力，其在很多时候被大家认为小气、贪小便宜。在开展实地调查时，她还是妇女小组的组长，但随着妇女小组的名存实亡，实际上她已没有什么事情可做了。

④ "联组承包制"是笔者对牛背屯当前的山林管理制度所下的定义，指的是介于集体经济时代纯粹集体所有和绝对承包到户两种状态之间的山林管理制度。"联组承包制"的总体原则是，农户之间以联组的形式承包集体山林，每个小组共同拥有一片山林的所有权、使用权和受益权，共同管理和决策，形成利益共同体，从而避免纯粹集体所有制度下出现的"公地悲剧"，同时也避免乡土人情社会中纯粹私人承包时候出现的"碍于面子，砍了也就砍了"的情况。

物力的投入，使植树造林项目取得了巨大成功，并且成为胜利乡参与式项目的典范之一。

> 植树造林项目是 1999 年底到 2000 年春搞的，主要是栽松树，总共栽 6 万多株，共 200 多亩，现在已经有碗口粗了。当时我是村支书，兼任牛背屯组长。在栽树之前，项目组来开群众大会，我当时就提出来意见，认为以前各家各户单独管理的办法，使偷砍现象比较严重，管理得也不好，不如打乱之后重新发包，采取几户一个联组的办法，统一管理。这一提议得到了大家的同意，群众大会商量之后，就决定按照 24 户一个大组，6 户一个小组的办法，统一管理，分片承包。这样 6 户的利益就连在一起了，以前有人偷砍，只要不是自己的就不管，或者即使是自己的林子被偷砍了也存在不想得罪人而不追究的情况。但 6 户在一起就不一样了。同时，这种新的承包方法，每个小组的农户数也不多，相互商量起来也容易，不至于造成大家都不管的局面。（吴登学）

植树造林项目成功之后，牛背屯村民的热情更高了。随后，担任胜利村党支部书记并兼任牛背屯组长的吴登学辞去组长职务，并推荐了牛背屯的另一个强势人物蒋家兴[①]为新组长，蒋家兴随后又开展了一些新的项目，如修建灌溉引水渠、栽种经果林、仔猪繁殖项目等。

3. 仔猪繁殖项目

牛背屯的仔猪繁殖项目从 2003 年初开始，当时的推动力量主要来自三个方面。其一，羊山村滚动资金项目的成功实施，为此

---

① 实地调查时，蒋家兴 54 岁，比吴登学大 2 岁，两人从小一起长大，既是好朋友，又是表兄弟。牛背屯人对于蒋家兴的评价总体上非常肯定，因为其公正和为集体办事情的责任感，这从蒋后来被查账时，"不但没有贪污还为集体倒贴了 5 毛钱"的查账结果可以很明显地体现出来。蒋家兴从家庭联产承包责任制开始，连续担任了十多年的组长或会计职务，在牛背屯公共事务管理决策中具有重要影响力。

类项目在全乡范围的开展提供了样板；其二，随着项目目标的转变，以滚动资金为主要模式的村寨发展基金项目成为重点；其三，当时仔猪的市场价格非常高，而胜利乡地区仔猪自产数量很低，存在很大的市场空间。在上述三种因素的共同作用下，时任胜利村村支书的吴登学及牛背屯组长蒋家兴等，开始积极向乡项目基金申请滚动资金，并得到了牛背屯村民及乡项目实施领导小组的双重支持。

> 以前我们这里人虽然每家每户都养猪，但奇怪的是全乡竟然很少有养母猪的，几乎所有仔猪都是从外地买来的，而附近市场上的仔猪则大部分来自四川等外省。在2001年时，县畜牧局看中了小寨那里的自然环境，觉得适合饲养母猪，就拉过来50头优质四川小母猪，以几乎免费的价格卖给小寨村民，让他们发展母猪生产。但一是整个胜利乡历史上就很少有饲养母猪的，缺少经验；二是当时畜牧局把小母猪拉过来之后，没有明确告诉老百姓这是种猪，结果没过多久，大部分都被老百姓阉了当肉猪养。
>
> 我那个时候刚刚中专毕业回到家里没事情做，一直在想怎么找钱。在这个事情之前，我曾经和几个人合伙到四川贩猪过来卖，结果因为缺乏经验而失败了。后来当我知道小寨这个事情之后，我决定把还未被阉割的小母猪尽快买几个回来。当时我用3头肥猪换了2头小猪，到2003年，经过两年的自学和摸索，我家的母猪就有了8头，每年出栏小猪一百多头，而且都是被抢购的，市场销路很好。我们家那个时候已经没有能力再多养了，别人家看到了，也想跟我家一样养母猪，当时我也愿意教他们，反正都是自己村的，所以大家对于农科院的养母猪项目都很支持。（吴光辉，吴登学的大儿子）

在项目申请得到批复后，牛背屯迅速召开了一次村民大会，商议制定资金滚动使用的具体规则。在吴登学和蒋家兴的主持下，村民大会很快讨论出一个大多数人都认可的方案，即农户自愿报名，按照报名顺序和个人意愿，所有农户分成若干批。第一批农户首先使用该资金，规定的使用期限结束之后，资金转入第二批饲养户。原则上支持每一户养两头仔猪，考虑到从仔猪长大到产仔周期比较长，因此规定两年为一个滚动周期，借款资金的利息为3%，利息的一部分用于对滚动资金管理小组成员的补助，另一部分用于购置常用药品。同时在这次大会上确定了7人管理小组，组长胡贵友、会计吴登学，成员为蒋家兴、明小二（女）、周燕珍（女）、马菊妹（女）。管理小组负责项目的日常管理、利息保存、组织滚动、日常药品购置等。

由于部分农户考虑到自己缺乏养殖母猪的经验，或者家庭比较贫困，害怕风险，因此尽管他们很关心并支持该项目，但刚开始的时候并没有报名，因此第一批报名参与资金使用的农户只有24户，而不是管理办法中预计的34户，最后真正使用的资金，也不是所有项目资金1.36万元，实际只用了9594.5元。[1] 在这次会议上制定了资金使用管理制度之后，项目很快就启动了。项目活动首先是购买仔猪。由于当时胜利乡只有两处可购买仔猪，分别是吴登学家和牛背屯砖厂对面杨梅山庄的外来户老葛家，因此大多数农户就在这两处直接购买[2]，只有极个别农户到其他乡镇的集市购买。

由于项目资金是由乡财政所代为保管[3]，因此报名参加养猪的农户和管理小组一起，直接到吴登学或老葛家挑选仔猪，管理小组和农户在购买仔猪的"条子"（非正式合同）上同时签字之后，可以凭该条子到乡财政所领钱。由于吴登学和老葛家的仔猪不是同时上市，两家的仔猪数量又都不能同时满足所有需求，因此，

---

① 详细信息请参看第六章对于滚动资金案例的深入分析部分。
② 调查显示，吴登学当时极力推动在牛背屯开展仔猪养殖项目，除了有促进社区发展的公心之外，也由于他家是整个胜利乡仅有的两个仔猪提供点中的一个，因此也存有一定的私心。
③ 这也是第三期项目对于资金管理采取的新措施之一，这与当时所有村组的集体资金都统一由乡财政所代管的机制一致。

第一批养殖者又被分成两部分，一部分从吴登学家购买仔猪，另一部分从老葛家购买仔猪。尽管在仔猪养殖管理规定中，原则上限定每一户获得的项目资助不能超过 400 元，但由于项目预算经费比实际使用的经费多，因此该限定在实际实施中并没有被严格执行。各农户只是考虑所选仔猪本身的重量以及各自家庭经济承受能力等因素，有的农户养 2 头，有的养 1 头，具体折算出来的受资助金额也各不相同。

由于大多数农户都是单独和管理小组去购买仔猪，因此除了管理小组之外，每个农户仅知道自己的受资助金额具体数目，很少知道其他农户的受助额度。而没有报名参加养殖项目的农户，对于此过程并不关心或不了解细节，对于项目操作流程和经费情况的了解也不太多。这种制度本身的缺陷以及制度缺陷和现实客观因素造成的信息不对称，都为后来的项目失败埋下了隐患。

导致牛背屯仔猪养殖项目失败的一个重要原因，是农户母猪养殖技术的欠缺。首批 25 户农户中，由于缺乏喂养母猪的技术和经验，乡政府主导下的项目管理小组也没有及时开展类似的培训，母猪非正常死亡现象很严重。到项目开始一年时，仔猪开始进入繁殖期时，已经有一小半母猪因为养殖技术不过关而非正常死亡。

导致项目失败的最重要原因，则是在项目开始后两年左右，也即第一批仔猪上市销售的时候，胜利乡及附近地区的仔猪市场价格急剧下降。项目刚开始时，仔猪市场价为 24 元/公斤，两年后，下降到 4 元/公斤，但猪饲料、粮食等养殖成本却并未下降，甚至还略有上升。在销售价格下降和生产成本上升同时发生的双重挤压效应下，仔猪繁殖的利润空间急剧缩小并变成亏本，"养殖仔猪成了赔钱的买卖"。这直接导致随后短时间内大量母猪被卖掉或被阉掉当肉猪养殖。

面对随后就开始的第一次资金滚动，第一批资金使用农户由于投资失败而没有能力拿出本金及利息，或者因为损失而不愿意还款。即使个别愿意还款，但当大多数农户拖欠不还时，也选择了同样的应对措施。面对第一批养殖户的失败和损失，第二批项目农户也大多失去了继续参与的意愿。

吴登学和蒋家兴两人都不担任村干部和组干部后，他们也不再参与管理仔猪养殖项目，尽管名义上他们都是管理小组成员。此后，郑志明任组长之后，自来水工程建设成为他首要关注的问题，由于仔猪养殖项目本身的复杂性和信息不对称，项目问题的处理和进展很困难，郑志明也不愿意推动新一轮资金的滚动并促进项目发展。在老组长和新组长都不愿意推动仔猪养殖项目的情况下，尽管郑志明任组长时期重新选举了一个 13 人社区管理小组，但这一举措对于项目的进一步推动并没有产生实质性影响。面对项目本身的复杂性，牛背屯仔猪养殖项目也进入了无限期的"冬眠状态"。

2.3.3　新村屯

1. 基本情况

新村屯是 2002 年高山组和沙地组村民在移民搬迁后合并形成的新村，截至 2007 年底，全村共 32 户，166 人。其中 9 户来自原沙地组，20 户来自原高山组，还有 2 户来自小寨组，1 户来自野毛井。来自原高山组的 20 户中，陈良美和张开飞是一家人，占了 2 个户头；小寨和野毛井的 3 户平常很少住在寨子里，还继续住在原地方，有事的时候才会到新村来，如群众大会等。因此村里的常住户只有 27 户（如图 2 - 4 所示）。

在胜利乡，新村屯的经济水平总体上属于中下等。全村土地资源少，人均旱地 1 亩左右，人均水田不到 0.5 亩，且都位于 3 公里外的黄家寨水库边上。新村屯周围都是陡峭的高山，属于典型的喀斯特地貌区，几乎没有水田存在的地质条件，即使分布着零星水田，也都是"望天田"。在没有搬迁之前，原高山组和原沙地组地处高寒山区，水土资源奇缺，交通条件恶劣，绝大多数农户处于绝对贫困状态。移民之后，随着生存环境的改善和外出务工的增多，现在大部分农户基本上能解决温饱，但还有少部分农户，或者因劳动力不够，或者因个人能力太差，或者因生病等，依然处于绝对贫困状态。

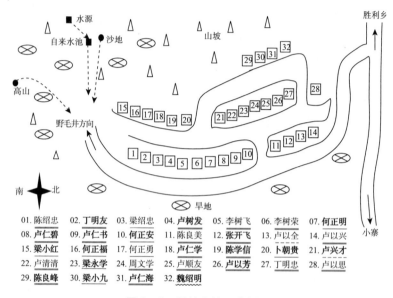

图 2 - 4　新村屯社区资源图

资料来源：由李树荣、何正福、WXM 等联合供稿，笔者整理。图中下画单实线者共 9 户，来自沙地组；下画双实线者共 20 户，来自高山组；下画虚线者，共 2 户，来自小寨；下画波浪线者，只有 1 户，来自野毛井。图中姓名加粗显示的农户为获得滚动资金的 19 户。

2. 移民搬迁与荒山承包

高山和沙地两个组的移民搬迁最早始于 1999 年，在地理位置上，高山和沙地分别处在相邻的两个山头上，中间隔了一个峡谷，谷口就是现在新村屯所在地。由于两个组面临同样的处境，且相互关系历来不错，因此长期以来存在共同移民的意愿。时任高山组组长卢仁碧①是村民中比较有声望的人，也是高山组的老组长，从家庭承包经营开始就长期担任高山组组长和会计。从 1999 年上

_____

① 实地调查时，卢仁碧 46 岁，原属于高山组，从 1978 年起先后担任高山组组长和会计，在 1999 年移民搬迁后，继续担任新村屯会计。由于为人和善，能力强，卢仁碧在社区公共事务管理和决策中具有重要影响力。

半年开始，在他和几个组里骨干的一起努力下，他们直接找到县政府和省相关部门申请生态移民。在他们跑了许多部门之后，2000 年上半年，关于合并高山组和沙地组，建立新村屯的决定确定了。2002 年下半年，由财政扶贫资金支持的统一住房，全部在新址修建完毕，大部分农户从高山和沙地原址搬迁到了现在的新居中。

整个移民搬迁过程总体上比较顺利，在经济财务和集体行动方面，相关工作人员都得到了大多数村民的认同。搬迁之后，为了更好地利用留在山上的空房子和荒山荒坡，新村屯时任组长和部分村民代表希望通过招商引资的方式，把空房子和荒山荒坡出租出去，同时这也可以增加村民和集体的收入。但这个过程中出现了许多波折和问题，最主要的是与行政村及乡政府之间的矛盾。

> 我们从 1999 年上半年开始跑移民的事情，到 2000 年上半年基本上定了下来。那时候我们经常往上面跑，村里（洞山村行政村）不知道，不过乡里是知道的。我们当时不是不和村里说，是村里总搞不清楚，也不相信我们能跑来移民搬迁项目。后来县计划局（县发改局前身）来我们这里划土地的时候，才请村里干部出面协调。现在新村屯所在地以前都是小寨的，原来是田（水田），我们就划自己的田和他们换，如果是土（旱地），就在新建的村子里给他们一间屋子。其实高山组还有 2 户没有搬下来，主要是因为没有田可以跟小寨人换，换了就没饭吃了，用土换，他们还不要。
>
> 搬下来之后，考虑到原来山顶上的房子和荒山也没什么用处了，放牛都不会上去，我们就自己引进了一个养野猪的老板。一开始没有通过乡政府，那个老板就直接和我们谈了，同意以 40 元/亩的价格，租我们组的荒山养野猪，结果乡政府不同意，最后没搞成。
>
> 第一个老板被乡政府卡走了以后，我们又通过熟人介绍，找到了一个山东老板。和山东老板谈好了之后，先把他带到

参与式发展干预中的权力与制度

国土局，把租用土地的税交了，再到乡政府和乡政府谈。一开始乡政府还是不同意，拖着。后来国土局说，税已经收了，那个山就归山东老板用了。不过乡政府还是不同意，合同上的章没盖上，事情还是不好办。其实山东老板也不买乡政府的账，我们就采取迂回战术，直接和行政村签协议了。由于是村民自治，需要组里先开群众大会，家家户户都按手印同意之后，村里才能和那个老板签协议。如果组里群众有一个不同意，这个事情就白费了。

后来经过做工作，组里群众都同意了，和行政村的协议也签了，最后乡政府没办法，也就同意了。但这个事情之后，就有群众开始说我们的闲话了，说如果没捞到什么好处，怎么会那么积极呢。不过虽然最后签协议了，可是我们拿到的钱却只有20元/亩了，一是山东老板的开价本来就比第一个老板低，二是本来给我们的租金有一部分被上面拿走了。（卢仁碧）

3. 修建沼气池和滚动资金项目

2002年移民搬迁后，新村屯开展了到目前为止唯一的一个小项目，即滚动资金项目。到笔者调查时为止，该项目是失败的，和牛背屯的失败相比，又不相同。

新村屯的滚动资金项目是在修建沼气池的基础上开始的。2002年移民搬迁完成之后，新村屯很快成为乡政府的重点关注地区，其目标是抓住时机，再向县相关部门申请若干新项目，"争取把新村屯搞好一点，成为洞山村的大门，成为胜利乡的新农村建设示范村"。

而新村屯沼气池项目和滚动资金项目之所以同时出现，有两方面原因。第一，当时县能源办正在大力推广沼气试点工程，并给胜利乡下达了推广指标。针对新村屯移民新村的情况，沼气池项目被认为是亮点工程之一，按照当时乡政府的想法，"这对老百姓是雪中送炭、对政府是锦上添花的事情"。第二，当时第三期参与式项目刚刚开始，乡政府正式成为具体项目的执行者和管理者。

根据参与式项目的定位，以滚动资金为主要形式的村寨发展基金成为主要的项目支持形式。由于大多数农户在经历了搬迁之后，已经无力承担修建沼气池和猪圈等需要支出的 3000 多元成本，因此，为了使更多农户参与沼气池项目，乡政府在没有经过项目实施领导小组的讨论和新村屯群众大会等一系列程序的情况下，提前把村寨发展基金项目放在了新村屯。作为一种变相的补助和激励，只是要求事后再补全相关项目程序以及制定规章制度。

而在社区内部，大部分农户也想修建沼气池，从而节省劳动力，但是由于资金不够，困难重重。时任组长张开飞和会计卢仁碧同样希望把沼气池修在新村屯，"这对大家有好处，我们代表老百姓，当然要争取了"。为此，在乡政府的紧急催促下，在没有召开村民大会讨论的情况下，他们就把项目申请书递交到了乡政府，并很快获得了批复。为此，卢仁碧事后认为，"这是为老百姓办好事，不需要商量嘛，回来说一下就可以了，为大家办好事，不存在商量不商量的。再说当时时间也紧张，来不及商量啊"。

导致后来滚动资金项目失败的另一个原因是县能源办在推广沼气池项目时的一个承诺。县能源办表示，如果新村屯每户都参加沼气池项目，并按时把沼气池修好，就帮助把村庄内部道路全部硬化，这对村民的行为选择产生了很大的影响。但事实上，尽管修建沼气池理论上拥有来自县能源办和参与式项目的双重资金支持，但很多农户还是因为经济困难、劳动力短缺或质疑沼气池能否有效发挥作用等而选择放弃，最后经过卢仁碧等人多次做工作，也只有 19 户修建完了沼气池和猪圈。

有些人根本就不相信沼气池有用，我跟他们说了很久都没用。本来最后有 20 户愿意修建的，但到最后，卢以兴他们家水泥材料都买回来了，请了几个亲戚来帮忙挖坑，坑都挖了一半，结果一个亲戚在喝酒的时候说这个东西没用，他们那里原来搞过，都失败了。结果他当天就停工不干了，让他的亲戚回家了，我们后来劝他接着搞，他死活都不干，能源

办补助的水泥材料等都浪费了。现在他看到别人家都用得好好的，得了好处，他又后悔了。（卢仁碧）

沼气池建完后，卢仁碧等代表全部 32 户村民向乡项目基金申请的资金，很快就拿下来了。当时乡政府同意给每一口沼气池补助 300 元钱用来修猪圈。但这个项目未经过项目实施领导小组的讨论，同时也未经过新村屯群众大会的讨论，这成为后来滚动资金项目失败的最大原因。到笔者调查时为止，这笔钱到底是无偿补助还是需要滚动使用，各方始终都各执一词。

当时刚刚搬下来，大家建了房子，建了沼气池之后，都没钱建猪圈买小猪。我们就和乡政府商量是否能支持一下。那天我和张开飞正好在胜利乡赶场，碰到杨书记，他就跟我说，让我们赶紧写个申请。我当时就在乡政府找个人帮我写了，写完就给杨书记了。由于写申请的时候也是在决定搞沼气不久，不过还没开始搞，还不知道有些人不愿意搞，所以就把 32 户全写进去了，申请里面写了要在什么时间必须完成沼气池和猪圈的修建。结果乡政府很快就批了。

写完申请之后我们就回来开动员会，为了这 300 块钱，我都不知道开了多少次会了，群众总是搞不清楚到底怎么回事。当时我就跟他们说，这个钱是农科院给我们发展养猪的，但是要赶紧把猪圈搞好了才能拿到钱。后来猪圈搞起来之后，我们又写申请到县畜牧局，畜牧局又免费给了我们一批种猪，只要搞了沼气的，每户两个。当时畜牧局也没说是种猪，结果大部分人都把那些小猪给阉了当肥猪养，只有几户留了，那个品种实在是好，可惜了。那时候大家也不懂，畜牧局也没有说清楚，后来畜牧局找到我就骂我，我也没有办法了（笑）。（卢仁碧）

但事情并没有就此结束。由于新村屯没有实现每户都修建沼气池的目标，县能源办也没有兑现硬化村内道路的承诺，新村屯人的期盼成为镜花水月，空欢喜一场。而从参与式项目基金中划出的资金，尽管在乡政府看来这并不是补助，而是用来帮助农户养猪并作为滚动使用的资金，但在农户看来是不用还的一次性补助金。课题组在不久之后获悉此事，要求新村屯必须根据小项目实施管理条例的规定，对此进行整改，制定完善的资金使用、滚动和管理的制度，使资金在全组范围内滚动使用，而不是只在修建沼气池的 19 户内部滚动。而乡政府为了顾及和课题组之间的合作关系，很快就放弃了之前的模糊态度，转而明确要求新村屯在对资金的使用和管理上，要按照课题组要求的方案进行整改。

4. 整改行动

虽然同时面对课题组和乡政府的双重压力，新村屯的整改行动却很慢，遇到的阻力很大。主要原因有以下几个方面，第一，已获得资金支持的 19 户农户认为，这些钱本来就是给他们的补助，不用归还（事实上并不是还给乡政府，但大多数都认为，只要从自己口袋里再拿出来，就是归还）；第二，获得资金支持的 19 户农户认为，当时自己愿意修建沼气池，主要是因为县能源办有帮助修路的承诺，现在村内道路还是泥土路，这是其他农户没有修建沼气池导致的，因此他们不能平等使用这笔钱；第三，向县能源办申请沼气项目及后来的建设过程中，为了送礼和招待，总共花了几百元现金，并花了 2000 元左右用来购买大米，这些都是修建沼气池的农户平摊的，其他农户并没有出钱；第四，2003 年自来水设施维修时，300 元维修费中有 250 元是从滚动资金款项中出的，最后导致给陈良峰和梁小红的钱就不够了（如表 2-6 所示）。

表 2-6　新村屯滚动资金分配名单

姓名	借款日期	金额（元）	应还款日期
何正福	2003.7.29	300.00	2004.10.30
卜朝贵	2003.7.29	300.00	2004.10.30
卢兴才	2003.7.29	300.00	2004.10.30

姓名	借款日期	金额（元）	应还款日期
梁小九	2003.7.29	300.00	2004.10.30
卢仁海	2003.7.29	300.00	2004.10.30
魏绍明	2003.7.29	300.00	2004.10.30
卢以芳	2003.7.29	300.00	2004.10.30
张开飞	2003.7.29	300.00	2004.10.30
何正安	2003.7.29	300.00	2004.10.30
梁永学	2003.7.29	300.00	2004.10.30
卢仁书	2003.7.29	300.00	2004.10.30
卢仁碧	2003.7.29	300.00	2004.10.30
卢树发	2003.7.29	300.00	2004.10.30
丁明友	2003.7.29	300.00	2004.10.30
卢仁学	2003.7.29	300.00	2004.10.30
何正勇	2003.7.29	300.00	2004.10.30
陈学信	2003.7.29	300.00	2004.10.30
梁小红		100.00	
陈良峰		250.00	

资料来源：来自卢仁碧的记事本。

没有获得资金支持的部分农户则认为，既然这个钱是要作为滚动资金使用的，并且在开始申请的时候也说了，就应该拿出来共同滚动使用，况且他们当时并不是不愿意修建沼气池，主要是由于缺乏资金和劳动力等客观原因。

在双方都争执不下的情况下，整个项目的重要推动者卢仁碧和张开飞由于被查账而辞去会计和组长职务，这也使得资金滚动项目的整改行动更加艰难。

其实在一开始申请的时候写的确实是滚动资金，是要滚动的，大家还写了协议书。一开始申请的是每户300元钱，最后没用完这么多。滚不起来，主要是因为有几户比较困难，不愿干；有的在外打工，家里没劳动力；有的思想落后，不愿建沼气池。当时申请滚动资金的时候，是以组为单位申请的，每家每户都有，但是因为没有搞沼气池和猪圈的，就养不了猪，所以后来就变成了只要搞了猪圈，就得一份钱。建一户，拿一份钱，这个是乡政府说的。最后就变成建了沼气池的就得钱。当时没修建沼气池的农户也没有意见，他们没搞，就不能得钱。

后来又开了几次会，商量制定协议，每年是多少利息。但还没到回收资金进行第一次滚动使用的时候，就有人怀疑我和张开飞在移民搬迁过程中得了钱，要查我的账，说不让我干了。他们要查就查，反正我没拿钱，也不怕他们。搞房子的时候，钱是不经过我们手的，我们就是想拿钱，也拿不到。当时人家上面的来我们这里，我们不可能让人家空着肚子回去，所以招待费用肯定有，如果多了，就向集体报点账，如果很少，都是我们自己出的。所以群众就说我们拿钱了，说我们不可能自己搭钱。（卢仁碧）

在各方的不断谈判和博弈以及课题组的多次强力干预之下，直到 2005 年，新村屯才通过村民大会确定了管理小组，勉强制定了一个可行性不高的资金使用管理办法（如表 2-7 所示）。而临时组建的管理小组也随着时任组长张开飞和会计卢仁碧的辞职处于瘫痪状态。到这时为止，新村屯此前几个项目中存在的问题，都在滚动资金项目中集中反映出来。

表 2-7　新村屯村寨发展基金管理条例

为使参与式项目基金在我村得到有利发展，让群众早日走上致富之路，经新村屯全体群众会议决定，新村屯成立"村寨银行"，将参与式项目基金用作"村寨银行"滚动资金，逐步壮大集体经济实力。为使小项目基金得到更有利的发展，会议决定成立"村寨银行"管理小组。组长张开飞，会计卢仁碧，出纳梁小九，成员×××*五人。将项目资金按扶贫贷款方式发放给群众，为防止农户用作他用，管理小组将项目资金集中使用。项目集资和农户需购买原材料，由农户签章办理，集体统一付款。为此特定以下条约。

　1. 借款户必须积极完成各级领导安排的各项任务，主动配合各级领导的工作。

2. 借款月利息按 1% 收息，必须在规定的期限内还清，否则，下次不给借贷。

3. 还款时间是当年的农历十月三十日，若需改变还款时间，必须在群众会上协议通过。

4. 逾期按月利息 5% 罚利息，超期两个月不还的农户，管理小组有权组织群众强行收回。有必要时请村、乡领导协助收回，所需费用由欠款户承担。

5. 由于资金有限，将我村农户划成两组，按抽签的方式轮流发放。

6. "村寨银行"资金重点扶持种植养殖和集体性的项目周转。

7. 当年所收利息的 70% 归"村寨银行"，30% 作为管理小组人员的补助费。

8. 管理小组要严格依照本条例办事，坚持公平、公正、公开的原则，定期公布账目。

9. 对管理小组中不称职的人员，村民有权罢免或撤换。

10. 本条例一式三份，乡、村、组各持一份，各农户共同遵守，从签字之日起生效。

新村屯定

2003 年 7 月 29 日

农户签字：陈学信、卢仁书、卜朝贵、卢兴才、卢仁碧、魏绍明、梁小九、卢树发、卢以芳、何正福、卢仁学、卢仁海、何正勇、张开飞

* 在当时召开群众会议讨论决定这个管理条例时，并没有完全确定管理小组的具体成员组成。据笔者调查了解，农户认为这在当时就是为了应付才搞的，也没有当真，到时候需要谁当管理小组成员，随便叫几个人就可以了。

资料来源：由课题组提供。

得到资金的 19 户认为，只有满足以下几个条件后，他们才愿意拿出那 300 元钱进行滚动。第一，其他农户修好沼气池，县里兑现承诺，把村庄内部道路硬化；第二，其他农户平摊修建沼气池时的送礼支出和修建自来水时的额外支出；第三，其他农户同样拿出 300 元钱一起滚动。

但没有得钱的部分农户则认为，对于当时修建沼气池能获得补助的事情，他们根本就不知道，后来还是在开整改会的时候才知道，况且当时他们不修沼气池，确实是因为没钱，而不是不愿意修建。而对于要求他们另外拿出 300 元钱，这更是没有道理的事情。

笔者通过调查得知，导致一部分农户愿意修建而另一部分不愿意修建沼气池的原因，除了农户自身的经济压力之外，还有沼

气池项目、村寨发展基金项目等，都没有在申请之前通过村民大会讨论，部分农户对此没有足够的了解和认识。尽管卢仁碧等认为这都是促进社区发展的好项目，但现实的复杂性远远超出他们的预期，并且许多农户在信息不对称的情况下，其生计的脆弱性使得他们更倾向于采取保守策略。

在笔者的实地研究中，社区内部各方对于滚动资金的定性和处理方案，私下里各执一词，但在公共场合则讳莫如深，谁也不主动提出来。现任组长推托说前任组长和会计没有把相关的材料移交给他而无法操作；而前任组长则说他已经不干了，这个事情他不管了，也管不了。而乡项目基金负责人杨书记则认为："这个事情乡政府一开始就跟他们说得很清楚了，他们也都签了名，打了手印的。当时写的是借条，还在我办公室里呢，如果无限期拖下去，乡里有权把钱收回来。"

卢仁碧和张开飞辞职之后，新村屯又进行了两次村组长改选，第一次是卜朝贵和何正安两人搭档干了半年，面对来自课题组、乡政府以及社区内部两部分农户的四重压力，他们主动辞职不干了。此后，何正福和李树荣接任组长和会计，但他们面对这些问题时，同样难以处理，在是否滚动以及如何滚动的争论和无形的压力之中，再一次萌生了辞职的念头。在笔者 2007 年 11 月进入新村屯时，李树荣已经辞职。事实上，李树荣不愿继续担任会计的另一个重要原因是，他当时并没有修建沼气池，也没有获得 300 元钱，而何正福却是这 300 元钱的受益者，因此双方在这件事情的处理上，基本上处于针锋相对的局面，无法统一立场和行动。

2.4　参与式发展项目的影响

13 年的项目干预，在胜利乡产生了不可忽视的影响，如项目区域基础设施得到改善，项目参与农户生计水平得以提高，社区治理模式有了新变化等。虽然笔者并未亲自经历整个过程，也无法阐述 13 年项目干预的全部影响，但笔者几乎在任何村寨都能"体会到农户对农科院项目的赞赏和对农科院老师的热情，一杯清茶、一句问候、真诚的笑脸、对生活的酸甜苦辣的倾诉，就已经足够让人体会到 13 年项目干预所带来的实际影响"。

2.4.1 对农户生计的影响

在前面章节中，笔者已经对胜利乡参与式农村发展的历程进行了框架性的描述和介绍，并针对重点村寨和重点案例进行了详细阐述，也对发展干预的影响进行了直接或间接的描述分析。为了更深入地分析项目干预带来的影响和变化，在征得课题组同意的情况下，本节选取了课题组在 2006 年 7～8 月针对胜利乡 8 个村寨进行的"1995～2006 年农户生计状况比较"① 调查数据，并对原始资料和数据进行了分析。

在这次调查中，课题组分别在 8 个村寨随机抽取了 25 户农户作为被调查对象，8 个村寨分别为朝摆、朝山、羊山村、滚塘、基田、胜利堡、胜利场以及小寨，总样本量为 200 户。主要采取被调查农户分别在 1995 年和 2006 年两个时间节点上对自己的生计状况进行自我打分的评价方法。打分标准以各农户自己的主观判断为主，通过前后两个时间节点上其所拥有的生计资源状况的对比，让农户在最高分 10 分和最低分 0 分之间进行选择。生计指标的选取以农户生计框架的五大生计资本为核心，分别为自然资本、物质资本、人力资本、金融资本、社会资本，表 2－8 为课题组调查时选取的调查指标。通过取平均值的方法，计算每一个生计类型的得分值并进行比较分析。

---

① 课题组进行此次调研的目的主要有两个，一是项目本身的需要，二是课题组的研究需要。笔者十分感谢课题组提供的宝贵的一手资料，也感谢参与本次调研的所有课题组成员！

表 2 - 8　农户生计状况调查主要指标

自然资本	·田土 ·水源	·林地 ·草场、荒山
社会资本	·寨内相互帮助 ·外界交往	·信任（面子、号召力） ·集体活动（文艺活动、公益活动）
人力资本	·健康状况 ·受教育程度	·技术 ·劳力
金融资本	·现金 ·借贷	·积蓄（存款） ·存物（可以卖的）
物质资本	·道路 ·住房 ·水利设施 ·生产工具	·能源 ·通信（电视电话邮政） ·市场信息

资料资料：由课题组提供。关于每一项生计内容的具体指标，课题组在确定之前，通过详细的访谈和试调查，从农户的视角，选取农户最关注的几个方面作为实际的调查指标。

　　图 2 - 5 是通过比较分析农民对 1995 年和 2006 年各自的生计资本的主观得分，得出的生计资本总体变化曲线图。需要着重说明的是，由于这些数据都是来自农户的主观判断，影响其主观判断的因素很多，比较的参照物并不完全是历史纵向的，也包括两

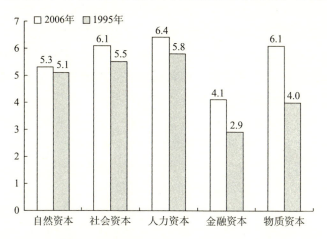

图 2 - 5　1995 年与 2006 年胜利乡农户生计状况总体变化比较

个相对宽泛模糊的独立时间点之间的横向比较，这就意味着同样得分的背后，可能是整体生计水平的提高，也可能是降低。

调查发现，农户对各类生计资源进行主观打分时的依据主要有三个。其一，不同历史时期相似时间点之间的横向比较，如被调查者10年前在社区内部的经济地位以及10年后其在社区的经济地位，两者是否存在变化，是升高了还是降低了。其二，两个时间段内的连续纵向比较，如过去10年自身生计状态的连续变化和比较。其三，农户对各个指标赋值时所考虑的因素，村庄内部的横向比较明显比两个时间点上的横向比较或某个时间段之内的纵向比较占据更大的权重。如陈老三对于金融资本的主观打分，他认为1995年他家应该打9分，因为当时他在整个胜利乡是最富裕户，但随着其他农户收入的提高以及他个人生意上的失败，他当前只处于中等偏上水平，因此，尽管2006年的家庭收入绝对数大大高于1995年，但他对2006年的打分则只有6分。

虽然这种依靠农户主观感觉的打分方法，并不能反映整个经济社会发展的绝对变化，却能真实地反映调查对象对于个人和社会整体生计状况变化的真实感受。调查数据也印证了这种变化，从图2-5可以看出，经过1995~2006年的发展变化，五大生计资本中，除了自然资本的变化比较微小，其他四方面都出现了或大或小的正向变化，尤其是物质资本和金融资本的变化较大，物质资本提高得最快。数据表明，人们对于发展的普遍印象和感受，首先体现在收入水平的提高和家庭物质资本的增加方面，而家庭社会资本和人力资本方面的增加则相对有限。在自然资源贫乏的情况下，自然资本得分稳定不变，这除了表明客观事实之外，也说明在大多数农户的思想中，他们并不注重资源使用效率的变化，而是重视所拥有资源的数量变化。同时，这一微小变化，也在数据层面证明了本节所使用数据的真实可靠性。

然而，单纯比较总体数据变化，并不能确定导致上述变化的具体因素以及每个因素的权重，同时也不能确定引起上述变化的原因，到底是由社会经济的整体发展带来的涓流效应，还是以参与式项目为主的连续十几年的外部干预，或者其他因素。

据《全县领导干部手册2007》数据显示，2006年胜利乡所在县的粮食总产量比2005年增长4.61%，其中胜利乡增长10.51%，排在全县20个乡镇场的第3位；全县农林牧渔服务业总产值2006年比2005年同比增长2.34%，其中胜利乡同比增长2.87%，排在全县第5位；全县2006年生猪出栏同比增长1.4%，其中胜利乡同比增长1.0%，排全县第9位；全县2006年大牲畜出栏同比增长3.8%，其中胜利乡同比增长0.0%，排全县最末位；2005年胜利乡人均地方财政收入29.43元，排全县第5位；2005年胜利乡人均地方财政支出42.39元，排全县第17位。

以上数据显示，相对于周边乡镇或地区而言，胜利乡的整体社会经济发展状况，并不是最突出的，因此可以认为，从1995年到2006年，农民生计状况的巨大变化，主要是由宏观经济整体增长的涓流效应产生的，而非单纯的以参与式项目为主的外部干预推动。笔者调查了2007年部分村寨农户的家庭收入结构，滚塘组的调查数据显示，2006年和2007年，全村新建楼房的农户中，超过80%农户的主要建房资金来自外出务工收入。新村屯全组32户，2007年常年全家外出务工农户为4户，家中主要劳动力常年外出务工农户占总农户数的2/3以上，农户家庭收入中，外出务工收入在2006年已超过一半。随着农资市场的逐步放开，农民可以通过市场获得新品种和新技术，以农家肥和精耕细作为主的传统耕作方式逐渐转变为农家肥和化肥农药结合使用，传统农耕与小机械耕作相结合，农业单产已经达到较高水平。

基于上述分析，总体上可得出这样的结论，宏观经济增长和市场化的技术获取等因素，是推动胜利乡过去十几年快速发展的主要力量。当然，这一结论的出现，并不意味着十几年参与式项目的影响可以忽略不计。原胜利乡雷书记[1]于2006年8月8日提交给胜利

---

[1] 本书中，出于对学术化名的考虑，把胜利乡与项目有关的历任乡政府领导和乡干部，以雷书记、王书记、钟乡长、李乡长、黄乡长、杨书记等代替。

乡第十三次代表大会审议的工作报告中提到，"在过去三年中，由于坚持实施项目带动战略，加大'跑上'和'跑外'力度，积极争取各类项目，把参与式扶贫理念应用到各个项目中，基础设施得到了进一步加强"。原胜利乡钟乡长于 2006 年 11 月 26 日提交给胜利乡第十二届人民代表大会第一次会议审议的工作报告中，要求"继续积极配合省农科院 IDRC 课题组在胜利乡推广实施第四期项目，力争通过参与式扶贫的实施，加快全乡新农村建设的进程"。报告中还提到，"在 2001 年至 2006 年的五年中，共投入 50 万元进行参与式扶贫开发，其中共培训农民 1000 余人次，投入资金 51000 元设立村寨发展基金，IDRC 课题组的模式有效地促进了全乡经济的发展，并为贫困地区的社会经济发展提供了有益的扶贫模式"。

上述官方话语中，尽管结论性语言多而论证性语言少，但在很大程度上可以感受到十几年参与式项目对于胜利乡经济社会发展的直接和间接影响。尽管笔者无法真实感受到刚开展项目干预时的社会经济发展状况，但从众多被调查者的只言片语中，还是能获得一个感性的认识。

> 那个时候大家生活哪有现在这么好啊，一年也吃不上几回肉，现在大家基本上温饱都没问题了。（王应洪）

> 以前我们下乡哪里有现在这么好，有小车子坐，那时有个自行车就不错了，而且上坡下坡的，一下雨，就是车骑人了，一般都是走路。（杨书记）

> 以前我们朝山最恼火的就是出村路，每年下雨的时候，路上的烂泥比稻田还深，根本进不了村，那个时候外地姑娘一看到这条路就不愿意嫁进来。（罗文兴）

> 农科院来之前，我们这前前后后的山上，树基本上已经被砍光了，现在大家看到的这些树，大部分是课题组来了之

后帮助栽的。（吴登学）

图 2-6 中，从横向和纵向两个角度，对胜利乡参与式项目的
影响进行了比较分析。时间纵向比较显示，相对于 1995 年，各得
分点在 2006 年集体上升，尤其是物质资本项。从横向比较看，
1995 年，在生计资本项得分靠前的村寨中，羊山村在社会资本、
人力资本和金融资本三项上第一，而滚塘、胜利场在各项得分中
也总体上处于前列，这说明相对于其他村寨而言，1995 年这几个
村寨的发展起点并不低。而到 2006 年，羊山村、滚塘和朝山总体
上处于各项生计资本的领先位置，而 1995 年位置靠前的胜利场则
在各项得分中都处于落后位置，甚至个别项的绝对得分相对于
1995 年有所下降。

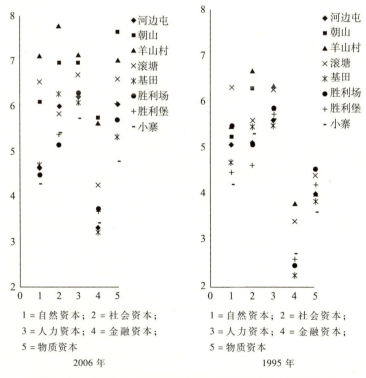

1 = 自然资本；2 = 社会资本；
3 = 人力资本；4 = 金融资本；
5 = 物质资本

2006 年　　　　　　　　　　1995 年

图 2-6　1995 年与 2006 年胜利乡各村组农户生计状况比较

资料来源：笔者根据课题组提供的原始数据整理。

上述总体性分析表明了参与式项目对各村寨农户生计变化所带来的明显影响，同时表明各村寨内部及内外环境的复杂性也是重要的影响因素，而这些无法准确定量和统计的因素，往往在参与式项目中共同产生影响。通过比较 1995 年和 2006 年各村寨生计资本得分情况可以发现，前两期项目的试验村羊山村、朝山、滚塘，无论是变化的绝对值还是相对值都居于前列，显示了项目干预对农户生计改善所带来的重要影响。

2.4.2 非生计影响

13 年的项目干预，除了带来生计改善这一直观影响之外，还产生了许多深远且意义重大的非生计影响，涉及对农户层面、社区层面以及乡政府层面的影响等。由于对不同层面的影响非常复杂，以至于很难用简短的篇幅完全描述清楚，但可以从两个角度进行概括，一是对个体参与者的影响，二是对组织层面的影响。

对个体参与者的影响包括两部分，其一是对参与农户的影响，其二是对村组干部及乡干部的影响。

对参与的个体农户的影响，可以从知识、态度和技能三个方面进行考察。个体农户能力的提高，既是参与式项目的直接项目产出，同时也是项目顺利开展的重要保证。项目首先为农户提供了一个了解新知识的平台，农户通过参与项目活动以及接受项目提供的各种培训和技术服务，掌握了一些新技术，如食用菌种植、水果栽培技术等，或者提高了自己的管理和协调技能，如罗二芬的经历。其次，通过参与项目活动，农户对于自身及社区整体发展的态度，也或多或少地发生了改变，如小羊山组村民在申请自来水项目过程中，就经历了态度的转变过程。由于小羊山的人口太少，只有不到 20 户，在主要劳动力大量外出务工的情况下，留守人口中青壮年劳动力更少，因此在自来水项目的申请过程中，一开始就出现了严重的信心不足和积极性不高的问题。后来在村组干部和乡项目实施领导小组成员的鼓励和帮助下，农户才改变态度，成功地申请到项目资金，并依靠有限的劳动力，高质量地完成了自来水修建工程。这一案例成为参与式项目中的典型之一。

调查显示，尽管个体农户的能力变化并不具有绝对的一致性，而是因人而异，但除了与不同农户本身的已有能力相关外，还与其参与项目的程度成正相关。如笔者对牛背屯普通农户的访谈显示，大多数参与过牛背屯若干项目活动的人都认为，尽管牛背屯的不少项目由于各种原因失败了，但在这些项目中的积极参与所带来的能力和态度的变化，是大多数农户积极外出务工的重要心理助推剂。而羊山村的调查显示，妇女小组中的主要管理人员，大多也是积极参与项目活动的妇女，尤其是一些原来很内向的妇女，通过项目活动变得开朗活跃。

对村组干部和乡干部的影响，是参与式项目在个体层面产生影响的另一重要部分。尽管参与式项目从项目设计、项目制度的设计和制定到项目实施的整个干预环节，都始终在原则和理念上强调各方参与和对农民赋权的重要性，并通过各种制度安排试图使这些理念得以实现，但村组干部和乡干部，自始至终都是项目顺利实施的关键（对于其中的原因，笔者将在制度和权力两章进行详细阐述分析）。

村组干部和乡干部的能力建设是整个项目的重要内容之一，主要通过参与项目活动以及开展各种实用技能讲座、培训、参观互访等活动实现。这些活动，一方面提高了主要项目参与人员的知识水平和操作技能，另一方面也在一定程度上影响了乡村干部的态度，原胜利乡钟乡长认为，"参与式项目实施以后，大家从以前的要我干，变成现在的我要干"，态度的转变为项目的顺利开展提供了较好的运行环境。

在社区层面，参与式项目最重要的是对社区公共事务管理与决策的影响，包括管理能力、效果和管理方式等，强调各方参与的民主管理观念逐渐渗透并产生实际影响。社区管理能力能否提高的背后，是能否因地制宜地形成行之有效的管理制度，这种制度可能是外部引入的，也可能是内生的，或者是内外结合的产物。由于个体农户在项目中充分参与，从而提高了个体能力，这为社区公共事务管理能力的提高和方式的改变，奠定了很好的基础。如滚塘组修建进村道路时的民主有序管理，牛背屯的植树造林项目及山林联组承包制度的形成，羊山村"托牛所"和滚动资金项目的顺利开展等，都是社区管理能力提高的典型案例。

部分个体农户能力的提高，并不意味着社区整体治理能力的提高。各个村寨的众多参与式项目中，在外部力量干预下形成有效的制度规范的概率，要远远高于在没有外部干预或弱外部干预下，由社区独立形成的内生性有效制度规范的概率。胜利乡项目干预的历程中，在项目前期，在社区层面起作用的项目制度，大多是通过项目组的强外部干预，通过与社区内部的互动而形成的正式或非正式的制度规范。这些制度规范的产生，对前期项目的顺利开展产生了很好的促进作用。但在项目后期，随着项目组/课题组等外部干预力量介入力度的减小，社区内部很难独立形成有效的内生性制度规范，这在新村屯和牛背屯滚动资金项目的失败案例中表现得尤为明显。无法形成有效的内生性制度规范，也成为后两期项目中部分项目不成功的重要原因。在后面的制度和权力两章节的分析中，笔者将重点对此进行深入剖析。

参与式项目对乡政府的影响，核心是影响乡政府在发展干预中的资源配置方式和乡村治理理念，希望通过在项目干预过程中嵌入"参与"和"赋权"的理念，乡政府能够从组织的角度，改变自上而下的行政集权式工作作风，纳入农民等发展干预的目标群体的视角，倾听农户的声音，而不是单纯依靠领导的个人意愿决定。在理论上，上述目标由于本质上涉及对权力资源的重新配置和机构的重新定位，因而在没有强大外部压力或内部动力的情况下很难实现，关于这一点，笔者将在后面章节从制度和权力的视角进行深入分析。但不可否认的是，13年项目干预过程中，许多乡干部个人逐渐接受"参与"和"赋权"理念，这也在一定程度上对乡政府产生了重要影响。对于这种变化，笔者在与原胜利乡雷书记、钟乡长①以及现任李乡长等人的访谈中体会得较深。

> 说实话，我个人很欣赏这种理念和方法，它使我们的工作变得更加轻松，气氛也更融洽。我原来在胜利乡工作的时候，就强调所有人在工作中要积极参与，集思广益，有什么问题都可以说，积极和农民谈心等，大家都觉得很舒服。我来县检察院工作后，也尽可能在我们单位内部这么干，他们都说以前从来没有现在氛围好，也没有了以前机关里面的死气沉沉。（雷书记）

> 我在胜利乡时，好多次开会都说过，乡里搞什么项目，只要是我们能够控制的，就尽可能用参与式的方法搞，虽然过程麻烦一点，但最后大家都舒服，效果也好。对于县里下来的项目，我们乡政府没办法控制，那就没办法，只能用老办法搞了。（钟乡长）

> 我来胜利乡工作已经半年多，感觉胜利乡与我以前工作的几个乡镇都不一样，这种差异很难简单说清楚，不过最明显的是这里的干部比别的乡镇的干部敢说话，胜利乡的农民也更敢说话。刚开始觉得不适应，但是后来发现这里其实工作起来更顺手。（李乡长）

参与式项目所强调的"赋权"理念和"参与"原则，在操作方式上，与政府部门自上而下的集权方式完全不一样。在本质上，涉及两种完全不同的权力分配模式，前者是分权模式，后者是集权模式。因此，尽管乡政府官员和历届领导从个人角度对参与式发展干预模式表示赞赏和认可，并且尝试在个人工作中运用，但

---

① 雷书记和钟乡长在胜利乡实施第二阶段参与式项目时分别担任乡党委书记和乡长，两人受项目影响较大，在个人思想和工作方式上，均比较开明，工作方式也比较民主。

在组织运作层面上，影响很小。即使个别领导凭借个人能力大力推广，但由于政府官员的频繁调动，这种推广很难具有可持续性。面对新的领导，课题组每次都必须重新与之建立信任关系，但这个关系建立并不是短期内就可以完成的。重新建立信任关系的过程，也是两种截然不同的乡村治理理念和方法以及权力分配模式碰撞、谈判和妥协的过程，关于这一点，笔者在与杨书记的多次访谈中深有体会。

> 王书记和李乡长他们来胜利乡工作已经大半年了，对于参与式项目也了解了不少，但我觉得他们还是没有真正理解，或者只是理解了一些，没有真正接受。我在这个项目里工作了十多年，真正了解到了这种工作方式的好处，它其实使我们的工作变得容易简单，和老百姓也更好相处，不过这需要我们有耐心，多听老百姓的意见，少点官僚作风。我多次跟两位领导汇报过参与式的问题，交流过个人的感受，不过我感觉他们的变化并不大。（杨书记）

第三章　多中心制度结构

制度是社会的游戏规则，更规范地说，它们是为决定人们的相互关系而人为设定的一些制约。制度构造了人们在政治、社会或经济方面发生交换的激励结构，制度变迁则决定了社会演进的方式。（道格拉斯·诺斯，1994）

无中心或多中心的制度结构能够减少策略成本和信息成本，而又在存在规模经济时保留大型生产机构的优点。多中心或无中心的制度安排把有局限的独立的规则制定和规则执行权分配给无数的管辖单位。所有的公共当局具有有限但独立的官方的地位，没有任何个人或群体作为最终的和全能的权威凌驾于法律之上。（埃莉诺·奥斯特罗姆等，2000a）

从制度的视角分析发展干预过程以及存在的问题，是本章的主要内容，同时也为下一章权力结构的分析奠定基础。在关于发展问题的若干研究中，制度作为一个影响发展进程及发展效果的重要因素，受到了极大的关注，并出现了大量重要的研究成果，这些成果分布在制度经济学、发展经济学、社会学、人类学、政治学等多个学科视角的研究中。无论各学科视角的研究相互之间的差异如何巨大，但共同的关注点，都是探讨制度在发展中的作用以及如何起作用。在第一章的文献综述部分，笔者已经详细地阐述了参与概念的制度属性，即参与式发展干预既是一种特殊的发展干预模式，同时也是一套特殊的制度安排，这些制度安排共同形成了以"参与"为核心原则的制度结构。因此，在本章中，笔者将重点针对发展干预中的各种制度安排，分析制度结构及其主要特征。

从发展的角度看，任何发展干预过程，本质上都是对各种发展资源的配置过程。资源配置的方式，在发展实践中体现为一系列的制度安排，不同的制度安排体现了也决定了资源配置的方式和效果。因此，各种制度安排共同形成的制度结构体现了发展干预的基本特征。在本章中，笔者通过对参与式发展干预中各主要制度安排及制度结构的分析，引入"多中心"制度结构的概念，并分析其中的结构性特征，以解释本研究主要案例及案例村寨发展干预的过程及出现的问题。

3.1 参与与分权：多中心制度结构理论综述

3.1.1 制度的概念及内涵

关于制度的研究几乎涉及任何一个社会科学领域，但关于制度的概念和内涵的界定，在不同的学科领域和不同的学者之间，并未达成一致。如哈耶克倾向于把制度理解为一种秩序，科斯则把制度视为一种"建制结构"，诺斯则倾向于把制度视作一种约束规则（韦森，2004）。在制度经济学中，制度被看作最重要的经济发展要素，在理性行为假设的基本前提下，制度被看成是规范人们以利益最大化为核心的个体理性行为的行为准则。如柯武刚等关于制度概念的界定，认为"制度是人类相互交往的规则，它抑制着可能出现的、机会主义的和乖僻的个人行为，使人们的行为更可预见并由此促进着劳动分工和财富创造"（柯武刚、史漫飞，2000）。柯武刚等在对制度概念的划分中，按照制度的起源，把制度分为"内在制度"（internal institutions）和"外在制度"（external institutions），或者称之为"内生性制度"和"外生性制度"。内在制度是从人类经验中演化出来的，它体现着过去曾最有益于人类的各种解决办法，如习惯、伦理规范、良好的礼貌和商业习俗等；而外在制度则是被自上而下地强加和执行的，它们由一批代理人设计和确立，这些代理人通过一个政治过程获得权威，外在制度的典型例子就是司法制度。柯武刚等认为，制度必须要有效能，因此，特定制度背后总是隐藏着某种对违规行为的惩罚，内在制度和外在制度由于制度起源的差异，对违规惩罚的形式也不相同，违反内在制度通常会受到共同体中其他成员的非正式惩罚，而违反外在制度则会受到强制的惩罚，这些惩罚措施以各种正式的方法强加于社会并可以依靠法定暴力的运用来强制实施。因此，内在制度和外在制度，通常也被称为非正式制度和正式制度。

与上述把制度理解为一种规则的定义相似，关于制度研究的许多学者大多也倾向于这种观点，如舒尔茨、拉坦、青木昌彦、诺斯等。舒尔茨还对制度的范畴进行了扩展和经典性分类（卢现祥，2003），他把制度从总体上分成四种形态，分别为：

（1）用于降低交易费用的制度，如货币、期货市场等。

（2）用于影响生产要素的所有者之间配置风险的制度，如合约、分成制、合作社、公司、保险、公共社会安全计划等。

（3）用于提供职能组织与个人收入流之间联系的制度，如财产，包括遗产法、资历和劳动者的其他权利等。

（4）用于确立公共品和服务的生产与分配框架的制度，如高速公路、飞机场、学校和农业试验站等。

如果把"制度是一种规则"理解为制度的狭义概念，那么舒尔茨对于制度范畴的扩展则可以看成是制度的广义概念。本研究中所使用的制度概念主要以狭义概念为主，主要研究发展干预中具体的项目制度以及对干预过程产生实际影响的各种规则，其中既包括项目中的正式制度规则，也包括能发挥现实作用和功能的乡规民约等非正式制度规则。

对于制度及其相关的研究，不同学者的关注重点不同，不同学科对制度概念的关注重点同样不一样。如制度经济学视角通常把制度看成是规制理性人的理性行为并试图达到帕累托最优的行为规范。而在社会学视角中，制度通常被看作在主流意识形态和价值观念基础上建立起来的、被认可和强制执行的一些相对稳定的行为规范和取向。这些行为规范和取向，被融于相应的社会角色和社会地位之中，用以保证人与人之间的社会互动，调整人们相互之间的社会关系，满足人们的各种基本社会需求（李汉林等，2002）。

3.1.2 参与：一种特定的制度安排

在制度经济学的研究范畴内，如何通过特定的制度安排实现资源配置中的交易成本最小、"搭便车"行为最少、正外部性最大而负外部性最小、社会运行效率最高、资源分配最公平等目标，从而实现资源配置的个体和整体帕累托最优，实现个体总福利和社会总福利俱优状态，乃是合理的制度安排的最重要目标。而所有为了实现上述目标设立的各种制度安排的总和，构成了特定的制度结构。如果说制度经济学的基础理论出发点是古典经济学的基本理论假设，即绝对理性人假设，那么从理论上有理由相信，任何理性人的理性行为本身，其原始出发点都是为了满足个体的"私"性。在一个没有任何制度规范的社会或团体中，资源总是稀缺的，无数理性人的理性行为必然导致对稀缺资源的激烈竞争。竞争的结果是形成一套所有个体理性人都接受或认可的行为规则，即制度安排，来规范资源配置的方式。在发展过程中，其被称为治理模式，即资源配置的基本方式，它可能是民主形式的，也可能是专制形式的，前者在制度上表现为所有个体的共同平等参与，后者表现为少数个体主导和控制资源配置。

抛开意识形态的影响而进行客观分析，很难非此即彼或一分为二地下结论认为，民主和专制两种模式的治理效果哪个会更好，而需要放在特定社会经济环境中综合分析。如社会团体成员面对共同的外部威胁时，所有个体的利益具有高度一致性，在这种情况下，专制的制度模式显然在短期内具有更高的效率。而当社会团体或共同体共同的外部威胁消失，所有个体面对团体内部稀缺资源的配置而发生激烈争夺时，专制模式在短期内通过强制性干预贯彻少部分人的意志时，尽管交易成本可能很小，但可能由于没有考虑多数人的意见而出现长期的隐性交易成本，如寻租、"搭便车"等出现的可能性更大。如果是民主制度，尽管可能在短期内由于参与主体过多而出现较高的交易成本，但所有个体共同参与制定并获得共同认可的资源配置方案，从长远看则会使隐藏的交易成本和内部损耗降到最低。

从概念相关性的角度分析，任何治理模式从根本上都表现为一种特定的权力资源配置模式，关于这一点，笔者还将在下一章详细阐述。从发展干预的角度分析，上述两种治理模式中的民主模式，正是本研究所涉及的参与式发展干预模式；专制模式，则被称为集权式发展干预模式，也是参与式理论批判性产生的理论依据。

从手段和方法角度看，发展的过程也是对发展主体的治理过程。无论何种制度结构下的治理，本质上都反映了社会权力的运作。从制度结构属性看，以自上而下为主要治理特征的政府科层制治理结构，属于前面阐述的专制模式，即集权式发展干预模式。这种模式下，公共资源的配置权和公共事务的处置权，最终只掌握在少部分决策者手中，而不是由所有个体共同决定，或者缺少所有个体真正参与决策的制度性安排，这正是参与式发展干预理论从理论和实践两方面需要解决的问题。

胜利乡参与式发展干预中，各利益主体的充分参与，被作为项目的首要原则，并通过一系列正式和非正式的制度安排使之固化执行。如在滚塘组、朝山组等村寨进村道路硬化的案例中，乡政府、项目组、村组所有成员都全力参与、相互协调，并制定了严格的规章制度，保证任何项目的重大决策中所有相关人员都参与和保持信息对称，并安排专人负责制度执行的监督等。其直接的产出是，项目组在最短的时间用最小的成本完成，并达到了可能达到的最好质量和效果，而且制定了一套行之有效的后期管理制度。因此，无论是从理论的角度还是从实践的角度，参与都是一种特定的制度安排，体现的是民主原则下的治理模式。

3.1.3 多中心制度结构：参与与分权治理的制度路径

发展干预在理论上，属于公共治理的范畴，而发展思想和发展干预模式的演变过程，也可被归为公共治理思想和治理模式的演变过程。自从哈定提出著名的"公地悲剧"之后，关于公共治理的研究，始终都是学术界关注的焦点问题之一。而对于治理问题的讨论，制度与权力始终都是非常重要的两大分析视角。奥斯特罗姆等在研究公共池塘等若干公共资源和公共事务的治理结构及治理效果之后，详细阐述了"多中心治理"模型（埃莉诺·奥斯特罗姆等，2000a），该模型通过对集权治理和分权治理两种治理模式的对比分析，认为多中心治理或无中心治理模式，无论在理论还是实践中，都是高效的，在很大程度上能有效地避免"单中心"集权治理或专制治理模式下，因权力、资源过分垄断所造成的政府失灵、低效、负外部性、"搭便车"等问题。迈克尔·麦金尼斯在对各种制度结构和治理模式进行宏观研究的基础上，认为"大量学术研究成果已经得出结论表明，中央集权的、等级制的、官僚制的行政管理模式已经失败，对于很多人来说，它至多是一种徒劳的事业，而从更坏的角度考虑，它是一种严重依赖乡村居民和穷人的、以城市和财富为取向的政治经济的首要工具"（迈克尔·麦金尼斯，2000）。

在对集权与分权治理模式的分析中，奥斯特罗姆等（2000a）通过对两者的比较分析认为，分权与集权结构相反，多中心治理结构为公民提供了组建多个"治理当局"的机会，每一个"治理当局"可能会在特定地理区域的权限范围内行使重要的独立权力，并去制定和实施规则。在多中心体制中，不同"治理当局"行使权力的本质差异极大，其中一些具有一般目的的权力向一个社群提供内容广泛的公共服务；另外一些则是特殊目的的职权，可能只是提供一些专门的或特殊的服务，如灌溉系统和道路系统的运营和维护等服务。在多中心制度结构中，各个治理中心的多样化功能意味着个人可以同时享受多个权力中心提供的治理服务。奥斯特罗姆等（2000a）的研究认为，与多中心治理结构相比，在以集权治理为主要特征的"单中心"治理结构中，科层制结构使得每一个治理中心在行使治理职能时，向直系上级领导负责的动机远大于向被服务群体负责的动机，而集权治理结构下的权力垄断和信息垄断，使信息失灵成为可能。

关于多中心治理结构的多中心到底都包括哪些，目前国内外学术界的普遍共识是，除了把各级政府部门作为其中最重要的一个中心之外，还把市民社会作为另外一个重要中心，其中尤其强调NGO（非政府组织）的作用。如果说政府和市民社会在宏观上可以看作多中心治理结构中的两个一级中心，那么在每一个一级中心范畴之内，依然可以根据实际情况分成若干个次级中心。如政府部门本身作为一个"纵向层级制、横向科室制"的纵横交错结构，每一个治理部门都专注于某一项或几项具体功能，因而就形成了若干个不同层次的次级治理中心。在市民社会这个一级中心内部，这种属性依然存在，只是市民社会作为一个松散的概念体系，并不存在严密组织化的层级纵向结构，而体现为平行而松散的多中心分布格局。奥斯特罗姆等人详细阐述的"多中心治理结构"，正是基于上述宏观层面的多中心格局。

多中心治理结构是分权治理的核心，这一点在治理实践中通过多中心制度结构表现出来，也就是说，多中心制度结构具有多中心分权治理的结构属性，并且通过各种特定的制度安排表现出来。这些不同的制度安排，一方面体现了分权治理和多方参与的基本要求，另一方面也从制度上保证分权治理和多方参与治理模式得以真正可持续实施。因此，在理论层面上，可以将多中心制度结构看成是参与和分权治理的制度路径，它既是多中心治理结构的制度性体现，同时也反映了治理过程中的多中心权力结构，只有这样才能真正实现各权力主体之间的权力均衡，从而有效地避免因权力的过度集中而产生的治理危机。关于这一点，笔者在前面的内容中已经进行了详细阐述，而关于多中心权力结构，在下一章中笔者还将进行理论与实践相结合的深入阐述。

3.2 参与式项目的多中心制度结构与参与空间变化

胜利乡参与式项目中的制度安排，总体上可以分为两个层面，分别为项目层面和具体小项目实践中的制度安排，在后者中，发生作用的各项制度安排又包括正式制度和非正式制度两种类型。

项目层面的核心文件之一是《胜利乡第四期 IDRC 小项目实施条例》（如表 3-1 所示），详细规定了整个项目的主要目的、性质以及各项管理制度，如项目申报制度、审批制度、资金管理制度、人员管理制度、资料物资管理制度等，这些制度安排共同形成了项目的整体运作框架，并构建了项目的制度结构，从制度上规范了各利益相关者在项目中的参与空间。

表 3-1 胜利乡第四期 IDRC 小项目实施条例

胜利乡第四期 IDRC 小项目实施条例
总 则
（2005 年 12 月 23 日全体乡、村干部及村民代表会议通过）

第一条 第四期小项目的实施目的是不断地实践和总结胜利乡"参与式"扶贫和自然资源管理的经验，并把这些经验系统化、理论化，然后推广到全县及县外其他地区，从而提高胜利乡"参与式"扶贫和自然资源管理模式的影响力。

第二条 第四期小项目主要支持以社区为基础的自然资源管理活动，辅以其他基础设施建设和其他生产生活条件改善的项目；在项目实施过程中，开展对农民的技术培训和能力建设，从而提高农民的技术水平和管理能力。

第三条 第四期小项目的主要扶持对象是前三期项目还未覆盖的边远贫困、村民积极性高的村组、建设社会主义新农村的示范组，以及第三期项目尚未实施完毕需进一步完善的项目。

第四条 小项目的实施必须遵照社区自然资源管理的原则：（1）在整个项目的过程中（计划、实施、监测与评价、后续管理），必须要有村民的参与；（2）有一套健全可行的管理制度和机制；（3）能力的提高；（4）关注弱势群体；（5）资源管理与生计改善相协调。

　　第五条　本项目由省农科院参与式发展项目课题组协作指导，乡成立小项目实施领导小组具体实施。乡小项目实施领导小组由乡党委书记任组长，乡长、分管领导和省农科院胜利乡项目负责人任副组长，各包村干部和各村支书、主任为成员。

　　第六条　本期小项目实施时间为：2005 年 11 月至 2008 年 10 月。

项目申报

　　第七条　申报项目时必须召开村民会议讨论，参会人员中必须有 40% 以上的妇女，通过 80% 以上参会人员的赞成，村民自愿集资项目总投资的 30% 才能申报。

　　第八条　申请项目必须包括的材料（见项目申请书格式）。

项目审批

　　第九条　小项目由项目实施小组审批。

　　第十条　小项目的审批程序：

　　（一）初审：由村民组提供项目申请书，由村委会协助村民组修改，修改后由村委会提交项目实施小组审核。项目实施小组根据实际情况，结合本期项目的实施原则，进行审查，初步确定实施的项目。

　　（二）审定：对于拟定实施的项目必须提供完整的申报材料，经乡项目实施小组和农科院项目组审查后，农户集资款进入小项目账后才能批准实施。对材料不健全或措施不可行的要进行整改，直到可行为止才能批准实施。

资金管理

　　第十一条　小项目设立专户管理，实行跟踪报账制，实施项目的村组必须推选两名以上的资金管理员及项目组一名成员进行物资的采购和发票的报销，采购差旅费（县内伙食补助 7 元/人·天，县外 10 元/人·天）由实施的本项目资金列支。若是一人单独完成的采购和其他开支一律不予以报销。小项目所产生的每一张发票都必须由两名资金管理员签字，再由分管人员审核，乡长一支笔签字才能报销。小项目资金不能产生招待费。

　　第十二条　小项目资金采取分批拨付的方式进行拨付，对于第一批拨付的资金必须在十五日内进行报账，并将账目公布，否则第二批资金不予以拨付，第三、第四批也将如此，依此类推。

人员管理

　　第十三条　项目实施小组成员、村组干部、村民都是项目的参与者、实施者，必须积极地投身到小项目实施的各环节（计划、实施、监测评估、后续管理）中去，认真完成项目中的各项工作。

　　第十四条　在各村实施的小项目由各村包村组长负责组织实施，各村包村干部和村干部必须支持组长的工作，积极配合，各自的工作成绩将纳入阶段和年度考核内容。

　　第十五条　财务管理人员要严格按照财经管理制度和本条例管理好小项目资金，要及时报账、及时做账。不得人为拖延报账时间，否则造成的损失将作为年终考核评定的依据。

资料、物资管理

第十六条 第四期小项目要建立专门的资料档案，由专人负责整理保管，保证资料的完整以便查阅。

第十七条 由小项目资金购买的各种用具、设备和物质都要设定固定资产，账簿由财会人员管理。凡是使用、借用、保管这些物质的人员都必须进行登记，人为损坏、丢失的照价赔偿。

附：村寨发展小项目基金申请表

村民组名称：_____

1. 基本情况介绍（包括：田土面积、人口、劳力数、民族、文化程度）

2. 怎样通过群众大会讨论得出的结果，有多少群众参加？多少同意？妇女及贫困农户是否参加群众大会？有多少妇女参加？有多少贫困户参加？

3. 上项的理由（为什么要搞这个项目？其中应包括已经有的土地、劳力、技术条件等）

4. 准备采取的方法和措施（包括怎样集资？怎样组织村民实施该项目？项目完成后怎样管理?）

5. 涉及的范围及人群（多少户能参加该项目？并能从中受益？组内的贫困户及妇女是否包括在内?）

6. 时间及进度安排

7. 经费预算

8. 需要农科院项目组、乡政府以及行政村提供什么帮助？（培训、管理、技术等方面）

村委会意见：

村民组及村民签名：

日期：

小项目申请流程：

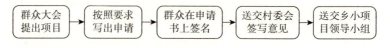

群众大会提出项目 → 按照要求写出申请 → 群众在申请书上签名 → 送交村委会签写意见 → 送交乡小项目领导小组

资料来源：由课题组提供。

以上项目实施条例对各权力主体的参与空间进行了相对清晰的界定，主要表现在以下几个方面。

3.2.1　项目定位及性质的制度化

在项目定位上，第四期小项目主要支持以社区为基础的自然资源管理活动，同时辅以其他基础设施建设和生产生活条件改善的项目。在项目覆盖面上，强调重点扶持未曾开展过项目的边远贫困村组、村民积极性高的村组。与前两期试点项目主要关注农民最急需的基础设施建设如道路、饮水等不同，推广阶段的项目关注重点转向自然资源管理活动，强调通过项目提高农民的组织能力、技术水平和管理能力。

在这一特定背景和环境下做出的制度调整，从总体上对不同村寨及不同农户的参与空间进行了界定，很多农户最希望进行的基础设施建设项目，往往由于项目资金数量有限以及项目定位的差异而得不到满足。同时，关注自然资源管理、提高农民能力建设和生计水平的项目宗旨，在实际的项目操作中，使组织能力强的村寨更容易获得新的项目支持，而管理混乱、组织瘫痪的村寨，则很难获得新的支持。如羊山村、朝山等几个内部团结、组织能力高的村寨，就更容易获得项目支持，而牛背屯、新村屯等管理混乱、组织能力差的村寨，在村组内部没有形成正常的组织管理体系之前，就很难获得新的项目支持，其阻力不单来自项目实施小组，更来自各个村组内部。这种项目定位，客观上在保证有效的项目目标实现和项目效益的同时，也潜在地加大了先进村与落后村之间的差距，从而形成村寨内部管理和组织能力上的马太效应。

在项目实施环节，项目制度框架要求各利益主体尽可能地参与，其中着重强调了农户的参与。制度框架规定，在整个项目过程的各个环节，如项目规划、实施、监测评估、后续管理等，必须要有村民的参与，并要求建立一套健全可行的管理制度使村民的参与制度化。综合考虑，对于各权力主体的参与空间，可以从以下几个方面考察，分别是项目申报、项目审批、资金管理、人员管理以及物资管理五大部分。

3.2.2 项目申报制度及参与空间

在项目申报环节，对各方参与空间进行直接界定的制度要求，至少包括以下几项：①申请项目的最基本组织单位是村民小组，而非行政村或者个体村民；②每一个村民小组申报的项目，必须要在村民大会中讨论通过；③村民会议必须要达到40%以上的妇女参与率；④要求80%以上参会人员赞成并签字，项目才能获得通过；⑤村民自愿集资部分不能少于项目总投资的30%。

上述制度安排显示，在小项目申报环节，至少理论上实现了对农民充分赋权的制度安排，突出特征主要体现在三个方面。

首先，申报的基本单位是村民小组，而不是行政村或者村民个人。这种制度安排，体现了项目目标群体均衡受益的原则，在当前的乡村社会治理格局和行政管理体制下，村民小组为最小的组织单位，具有人员组织容易且规模适中的优势；同时村民小组统一申请项目，也从制度上排除了弱势群体不能参与的潜在问题。但是，这一制度安排，在现实操作中也遇到了很大困难，如牛背屯这种内部权力结构错综复杂、派系林立、组织涣散的村子，以小组的名义申请项目，几乎很难实现。

其次，强调了作为弱势群体的妇女在项目申请中充分参与的重要性，并在制度安排中明确规定妇女的参与率不低于40%。这一制度安排，从项目框架上规定了妇女在项目过程中的参与空间，并使之具体化和指标化，具有很强的操作性。但是，现实的项目申报过程中，这一要求往往成为口号而不能得到完全执行，其主要表现是，妇女尽管能参加讨论和决策，但不能掌握其应有的话语权，或者是根本没有参加讨论过程，只是在会议名单中补填上所需妇女的名单，或者在项目申请中完全忽视这一规定。表3-2为小山屯2005年申请修路项目的申请书，其中就根本没有任何参与讨论人员的名单及签名。

表 3 - 2　花园村内道路硬化项目申请书

申请书

尊敬的乡、村领导：

　　小山屯有农户 97 户，其中总人口 442 人，劳动力 226 人，其中男性人口 226 人，女性人口 216 人。财产登记状况，有牛 74 头，猪 108 头，人均每年收入 1800 元左右。小山屯自改革开放以来，村落建设取得了很大成就，人畜饮水、篮球场、基本农田建设、水利等基础设施很好，大大改善了村民的生产生活条件，但是组里的串寨路面坑坑洼洼，雨天一直无法行走，给村民的生产生活造成了极大的不便，行路难成了我组群众最大的难题，硬化串寨路面成了我组群众的最大愿望。

　　为响应中央建设社会主义新农村的号召，建成文明、寨美的社会主义新农村，我组多次召开群众大会，决定硬化串寨路面，群众投工投劳，并自筹集资部分资金，但我组群众投入有限，每户只能集资 200 元左右，共计集资 2 万元，剩余资金或物资无力投入，特申请乡党委、政府和村两委给予帮助解决为谢！

　　经预算，我组硬化串寨路面工程用料和投入造价如下：

　　(1) 长 550 米 × 宽 7 米 = 3850 平方米；

　　(2) 需要水泥 192.5 吨，造价为 53900 元；

　　(3) 砂为 470 立方米，造价 25850 元；

　　(4) 毛石长 550 米 × 宽 7 米 × 路高 0.2 米 = 770 立方米，造价 30800 元；

　　工程造价预计共 110550 元。

　　特此申请。

小山屯

2005 年 12 月 26 日

资料来源：由小山屯组长刘龙发提供。

　　实地调查显示，妇女在项目申报环节中的参与率低于项目制度框架要求，这主要是由乡土社会结构中对于男女性别分工的传统定位所决定的。男主外女主内依然是主流的社会性别意识，而项目申请及其讨论过程，被认为是集体公共事务，这是男人的传统领地。当然，这一传统性别意识对妇女参与社区事务和社区管理的影响，在现实中也出现积极改变的趋势，如胜利乡人对于钟乡长担任胜利乡乡长的普遍认可，羊山村人对于曾经成为他们组长的罗二芬的支持，以及笔者 2007 年 8 月参与牛背屯村民会议时妇女的积极参与等，都表明传统的社会性别意识随着社会变迁而逐渐改变。

最后，强调村民分担部分项目投资的重要性。结合政府行政主导下的发展干预项目中许多失败案例的经验和教训，胜利乡参与式发展干预项目，要求在每一个项目操作过程中，农户除了进行必要的投工投劳之外，还必须承担至少30%以上的项目资金。这一制度安排的出现，主要有两方面的考虑。其一，由于参与式项目基金本身的资源数量有限，所以要实现尽可能惠及更多农户的目标，首先在项目定位上不能集中于大规模投资的项目，关于这一点，笔者在前面已经详细阐述；其二，尽可能多地吸收农户自己的投入，使参与式项目基金的角色由主要的发展资源供给者，转变为促进农村发展中各种内生性资源合理优化的整合者，起到抛砖引玉的作用。

现实中，这种转变也正在逐渐显现。在已经进行的部分发展项目中，来自参与式项目基金的资金支持已经大大减少，而很大一部分资金来自农户自身投入或其他途径的投入。如朝山村寨道路修建项目中，参与式项目基金出资只占总投入的1/3，农户自筹资金约占1/3，从各级政府部门募集的资金约占1/3。农户自己承担部分项目投资的另一个重要作用是增强农户对项目的拥有感和责任感，从而确保项目的日常管理和维护的有效开展。这一制度安排，在许多政府项目中通常被忽视了，从而造成"一年建，两年修，三年丢"的局面。

3.2.3 项目审批制度及参与空间

在项目审批环节，主要的参与主体有课题组、乡政府、村组干部，农民在这一环节的参与空间很小。前两期参与项目中，项目活动的决策主要由课题组和农民共同完成，在后两期项目推广阶段，项目决策由之前的一个环节变为申请和审批两个环节。这一制度安排的变化包括两个方面，首先是项目决策中的参与主体由之前的农民和课题组两个，增加到现在的至少三个，即增加了乡政府；其次是农民和课题组在项目决策中的作用都减小了，尤其是农民的作用被大大挤压，乡政府的决策空间明显增加。

在具体细节上，对每个参与主体的参与空间又进行了细致的划分。项目制度框架规定，村小组首先向村委会提交项目申请书，村委会协助修改，再提交小项目实施领导小组审核。因此，在这个过程中，其实村委会的参与空间基本上很小，只是起到辅助村小组的作用，并不能对项目审批过程产生实质性影响。而在小项目实施领导小组进行项目审批时，又需要经过乡项目实施小组和课题组共同审查，并且在农户集资款进入小项目账目之后才能批准实施。因此，项目审批中的主要决策者是乡政府和课题组。

在课题组和乡政府之间，乡政府的参与空间逐渐扩大，课题组的参与空间则在相对缩小。这除了与这一期项目旨在推广前两期项目成功经验这一特定的目标直接相关外，与乡政府和课题组双方的机构变动及主要负责人的个人风格也有关。如在雷书记和钟乡长担任胜利乡政府主要领导期间（2006年11月之前），他们两位由于长期接触该项目，对参与式项目的目标、宗旨和运作方式有较深的了解，同时和课题组成员也形成了良好的私人关系并且配合得很默契。因此，乡政府的参与空间实际上是最大的，在很多项目决策上，甚至并不通过课题组，或者事后通报一声，就可以单独决策。

但这种单独决策空间的存在，也使得乡政府在项目操作中存在寻租的空间，典型案例是基昌和新村屯的滚动资金项目。

> 2004年，课题组由于机构改革出现短暂的混乱状态，乡政府在没有通过课题组的情况下，单独决定从小项目基金中拿出一部分资金作为基昌和新村屯沼气项目的配套资金。为求高效率，几乎没有按照项目要求操作，既没有事先要求村寨内部召开群众会议讨论项目申请的问题，也没有通过乡项目实施领导小组的集体讨论，就批复了两个村寨的项目申请。当时主要目的是希望通过这个项目，提高村民修建沼气池的积极性。尽管事后课题组在了解情况之后督促其进行整改，但直到现在，这仍然是胜利乡众多参与式发展项目中失败的

案例之一。（课题组成员）

在雷书记和钟乡长调离胜利乡后，新任书记和乡长由于对参与式发展项目并不了解，此外，和课题组成员处于相互了解和磨合阶段，因此在很多项目决策中，往往因为各自理解的偏差而发生冲突。在这种情况下，课题组作为发展资源的引入者和监督使用者，拥有最终决策权。这种由于课题组和乡政府之间人员变动等因素而引发的参与决策空间的此消彼长，成为发展干预中的一个重要特征。

从项目制度框架看，村民在项目决策中的参与空间几乎为零，但在现实操作中，村民往往也会有其独特的方法，以期直接或间接影响项目决策，从而确保其提交的项目申请能够被批准。调研显示，其常用的策略包括三种，分别是：① 做好充分准备工作；② 先斩后奏；③ 感情牌。

做好充分准备工作主要指的是希望申请项目的村寨，严格按照项目制度框架的程序要求，尤其是按照项目的目标定位和资金投入偏好选择项目，从而增加项目被选中的概率，如麦瓦的大蒜种植项目，组长 LH 及村民的前期精心准备，为成功申请到项目起了重要作用。

案例 3-1 麦瓦大蒜种植项目的申请

麦瓦的大蒜种植项目从 2006 年开始，其关键人物是麦瓦组长 LH。LH 曾外出务工多年，头脑灵活，想法很多。2006 年，胜利乡市场上蒜薹价格很高，LH 便和周围群众商量是否可以向参与式项目基金申请一笔村寨发展基金，采用滚动使用的方式种植大蒜，为了获得乡政府和课题组的支持，他们做了大量的前期准备工作，包括市场论证、自然环境论证、群众动员等。另外，此想法与当时乡政府全力推动的农业产业化政策不谋而合，同时也符合课题组对于参与式项目资金使用方向的总体思路。在经过精心的项目前期准备之后，大蒜种植项目很快就获得了小项目实施领导小组的批准。

先斩后奏策略指的是采取提交项目申请、农户集资、项目操作实施同时推进的方法。采取这种策略时，在申请报告还没进行审核之前，项目往往就先开工了。在这种情况下，小项目实施领导小组在综合考虑村寨的实际需求、农户意愿以及项目内容等因素之后，通常都会批准这些项目。如笔者在进行实地调研期间，团坡希望能向小项目申请一笔资金来解决村寨的自来水问题，因此他们在递交项目申请的同时，一边寻找可用的水源，一边做好项目开工的准备。

感情牌是各个村寨试图影响项目审批的一个常用策略。通常的做法是向乡政府主要领导或者课题组成员说明现实情况的严重性，开展某个项目的重要性，广大村民希望得到上级部门帮助的迫切性等。这种行动策略的主要作用是试图通过触动参与项目审批成员的个人感情，从而提高其递交的项目申请被批准的概率。

3.2.4　项目资金管理制度及参与空间

在制度安排上，对于项目资金主要采取"三方共管"的管理模式，即设立项目资金专户、实行村民监督参与和跟踪报账制，村小组和项目组分别设立资金管理员，实行"乡长一支笔签字"报销制度。这种严格的资金管理模式，其首要原则是杜绝资金贪腐、追求透明使用。通过把所有利益相关者都尽可能纳入资金管理各环节的制度安排来达到目的。乡政府、课题组和农户三大利益相关者中，乡政府的参与空间最大，对项目资金的使用和报销具有最终的"签字"决策权，其次是村民。在制度安排上，要求每个项目中由村民选出两名资金管理员，代表所有村民行使管理和监督权，满足项目干预中要求村民参与的原则要求。从制度安排看，相对于乡政府和村民，课题组在资金管理中的参与空间是最小的，主要角色是监督者，而不是决策者。

实地调查显示，"三方共管"的资金管理模式，在一定程度上确保了项目资金的有效使用。另一个重要作用是这种具有多中心管理特色的资金管理模式强调了管理中的信息透明度，在一定程度上具有维持村庄内部团结和加强村民之间相互信任的作用。典型案例如牛背屯前后两个项目中不同的资金管理模式所导致的不同结果。在牛背屯进行第二期项目试点时，所有项目活动如修水、植树造林等，都是按照这种资金管理模式进行的。而在缺乏外部干预的情况下，由村庄内部主导开展的项目（包括来自其他渠道资金支持的社区发展项目），几乎每一次都由于资金管理和使用出现问题而导致社区内部出现不信任和分裂，牛背屯多次发生的查账风波就是直接表现。

"三方共管"的资金管理模式，在继续维持乡政府对项目资金最终决策权的体制惯例的基础上，纳入了农民的参与和决策意愿。如果资金管理员对于某一项资金使用不能达成统一意见，则这笔支出将不能生效。从制度安排的角度看，相对于政府行政主导下的发展项目，"三方共管"模式要求村民在资金管理中充分参与，确保在最敏感和关键环节上信息对称，这对于提高资金使用效率无疑非常重要。以至于胜利乡李乡长说："别的钱可以动一点，但参与式项目的钱，我们是一分都不敢动的。"

实地调研显示，"三方共管"的资金管理模式主要被应用在一些以基础设施项目为主的小项目中，而对于如滚动资金这样持续时间很长的项目，实际的项目资金管理则几乎全部由农民单独完成，乡政府和课题组只是作为监督者出现。

表3-3为羊山村滚动资金项目的管理协议，尽管协议文本依然延续了"三方共管"的管理模式，但在实际操作中，采取的是由妇女小组管理的"单中心管理模式"，乡政府和课题组总体上并不直接参与资金管理。每年岁尾在秋收之后进行新一轮滚动时，在妇女小组的监督之下，上一轮使用资金的农户，将本金转移到下一轮的农户手中，同时妇女小组从这部分本金中提前扣除一轮内所需要缴纳的利息，汇总后再交给被抽中的农户使用。相对于"三方共管"的资金管理模式，这种由农民独立管理的资金管理制

度，使农民本身的作用得到了极大的发挥，同时农民也获得了资金管理中的最大参与空间。

表3-3　胜利乡村寨发展基金使用和管理协议（羊山村）

胜利乡村寨发展基金使用和管理协议（羊山村）

甲方：胜利乡人民政府
乙方：羊山村民组村寨发展基金管理小组
丙方：贵州省农科院农村经济与发展研究中心 *

　　村寨发展基金是贵州省农科院农村经济与发展研究中心同胜利乡人民政府合作实施的社区自然资源管理项目的重要内容之一。村寨发展基金是向项目申报成功的村民组提供一笔经费（根据村寨大小和项目大小而定），用于促进农村种植业、养殖业（养羊除外）、加工业等多种经营发展，增加村民收入，改善生态环境，改善村民的生产生活条件。对于村寨发展基金的实施和管理将采用参与式方法，即村寨发展基金涉及的各方（乡、村干部、村民和课题组）都平等地参加村寨发展基金管理办法的制定、实施情况的监测与评估，使村寨发展基金用好，真正解决村民目前生产生活中面临的困难，满足村民的实际需求。同时，通过参与式方法管理村寨发展基金，提高相关各方的积极性，特别是村民的积极性，提高项目研究人员和乡村干部的管理能力与协调能力；提高社区村民的项目实施能力、组织能力和管理能力，增强他们的凝聚力，并促进相关各方的交流和相互信任。该村寨发展基金为乙方村民组集体所有。为保证胜利乡村寨发展基金的正常持续发展，经甲乙丙三方共同商议，特签订本协议。

甲方职责：
　　1. 根据乙方的需求，甲方保证将甲乙丙三方共同讨论确定的村寨发展基金金额及时地拨付给乙方，共计壹万贰仟元（12000.00元）。
　　2. 甲方有责任监督、指导并支持乙方开展实施村寨发展基金的工作，并有义务提供相关的技术服务。
　　3. 甲方有责任跟踪、监测和评价乙方农户使用村寨发展基金的效果及作用。
　　4. 若乙方违背了村寨发展基金管理制度，甲方有权要求乙方在2个月内进行整改。若整改未果，甲方将不考虑下一轮该村民组的项目申请。

乙方职责：
　　1. 乙方须有村寨发展基金管理小组三名以上成员才能到甲方处办理村寨发展基金手续，并按规定及时地向村民发放村寨发展基金经费。
　　2. 乙方要掌握村民的资金使用情况，并对其进行监督。
　　3. 乙方有责任督促农户按照村寨发展基金管理制度进行使用。
　　4. 乙方每半年向甲方和丙方报告一次村寨发展基金进展情况。若遇特殊情况，乙方应及时向甲方和丙方报告。

5. 若村寨发展基金不能正常运转，乙方有责任根据甲方和丙方的要求组织整改。

6. 遵照社区自然资源管理的原则，为保护生态环境，乙方保证村寨发展基金不支持养羊的农户。

丙方职责：

1. 丙方须配合甲乙双方监督村寨发展基金的发放和指导其经费的使用和管理。

2. 丙方将对村寨发展基金的管理和作用进行监督和调研，并有责任组织召开由甲乙丙三方参加的关于村寨发展基金管理的研讨会。

3. 在村寨发展基金出现运转不正常的情况时，丙方与甲方一起有权要求乙方对村寨发展基金管理进行整改，并协助甲乙双方完善村寨发展基金的使用与管理。

甲方：胜利乡人民政府（盖章）
代表签字：钟乡长
日期：2006. 9. 29

乙方：羊山村村民组村寨发展基金管理小组
代表签字：怀芳、元国、杨燕、罗二芬、林叶、红叶
日期：2006. 9. 29

丙方：贵州省某研究中心
代表签字：孙秋
日期：2006. 9. 29

＊隶属贵州省农科院，课题组依托该中心。
资料来源：由课题组提供。

但社区内部由农民单独负责的项目资金管理模式所面临的问题、矛盾、困难也远远多于"三方共管"模式。和羊山村一样的滚动资金项目，在羊山村顺利运转的同时，却在其他几个村寨变得困难重重，停滞不前，如牛背屯、新村屯等（关于具体内容，笔者将在后面章节详细阐述）。这种情况的出现，尽管并不能完全颠覆参与式发展干预理论强调的农民参与与良好干预效果之间密切相关的结论，但至少说明，欲实现预期的干预效果，不仅要强调真正的各方参与，形成有效且真正执行的制度，还要强调若干复杂因素的影响。如导致牛背屯滚动资金项目失败的市场因素，村寨内部权力争夺和信任崩溃等，导致新村屯和基昌两个村寨滚动资金项目失败的乡政府不当干预、社区内部利益分配失衡等因素。

3.2.5　项目人员及物资管理制度与参与空间

人员管理和物资管理，是项目管理的另一个重要组成部分，在制度安排上同样具有多方参与和共管的制度属性，但在实际操作中，很难实现真正的多方共管，而多呈现单中心管理的特征。

在制度安排上，小项目实施领导小组是整个项目运作中的最高管理机构，小组成员包括乡政府主要领导、项目分管领导、课题组负责人以及各村组干部和各村支书、主任，但并没有包含普通村民代表，普通村民的参与权利理论上由村组干部代为行使。从便于分析的角度考虑，笔者把小项目管理总体上分成社区外项目管理和社区内项目管理两部分。

社区外项目管理主要是由小项目实施领导小组负责，包括项目申请审批决策、资金划拨、资金核查报销、档案管理、日常监督等。这部分工作通常由乡政府承担，课题组的作用只是协助或咨询，村组干部和村民的参与空间都不大。从制度安排上看，和前面讨论的资金管理一样，社区外项目管理依然是"三方共管"的多中心管理模式，乡政府、课题组和村民原则上实行共同管理。但在实际操作中，由于小项目实施领导小组是主要的常设管理机构，领导小组中负责日常管理和决策工作的成员成为事实上的社区外项目管理中心。尽管小项目实施领导小组由乡政府专门安排一个领导同志负责，但在具体的项目管理和决策中，则是由乡政府主要领导、课题组负责人和小项目实施领导小组常务负责人共同讨论决定，以此形成一个决策小组。因此，农民在社区外项目管理中的参与空间事实上并不存在，而仅仅存在于小项目管理条例的制度安排中，从而造成制度文本与实际操作的脱节。

社区外项目管理中出现的农民参与空间的缺失现象，反映了参与式发展干预过程中理想与现实的差距，更重要的是这种"三方共管"的多中心管理模式，尽管符合参与式发展干预的理论要求与干预效果最大化的理论预期，但在实际操作中并不符合乡政府、课题组与农民三者权力结构中的相互定位。尽管参与式项目的制度结构具有增加农民在社区外项目管理中的参与空间和充分赋权的结构属性，但乡政府、课题组与农民三大主体在现实中并不能形成一个真正具备平等地位的权力结构，这使得农民在制度安排上的参与空间在现实中受到挤压。关于这一点，笔者将在下一章进行详细阐述。

与社区外项目管理中农民参与空间狭小的特征不同，在社区内项目管理中，呈现为制度安排与项目实践的高度一致性，即农民成为主要的项目管理者，而乡政府和课题组则是协助者。这也使得社区内项目管理呈现为以农民为主导的单中心管理模式。

但出现的另一个问题是，以农民为主导的单中心管理模式，在实践中逐渐演变为村组干部单独管理的模式。这一方面表现在项目制度框架规定的村组长负责制的制度安排上，另一方面也使得社区内部项目管理的组织结构体系和权力结构体系，很自然地与政府行政主导下的乡村社会治理结构相融合，因而事实上使得社区内部项目管理出现了另外的分化，即村组干部和村民之间的分化。前面章节所记述的项目过程和案例表明，这种社区内部管理中的分化，事实上使得普通农户与村组干部之间的谈判成本快速增长，进而影响项目的正常开展，并事实上造成农民在项目中参与空间的萎缩。

在牛背屯案例中，由于村组干部与村民之间的矛盾始终都没有得到缓解，普通村民对于任何村组干部都持不信任和不支持态度，进而造成整个社区内部的信任缺失和集体行动无法形成，这成为牛背屯后期众多参与式项目（如自来水修建工程、滚动资金管理等项目）走向失败的根本原因。

3.3 多中心制度结构的单中心化和无中心化

上一节的研究分析表明，项目的制度安排具有确保各利益主体在项目进程中拥有各自参与空间的结构属性，尤其是确保农民的参与空间，这体现了多中心治理的原则。但在项目实际操作中，制度安排上的参与空间并不一定能完全转变为现实的参与行为。

　　多中心治理的核心是分权，参与的核心是赋权，尽管两者的理论出发点并不完全相同，但在干预过程中的行为映射具有高度一致性，即从制度安排和干预实践两个层面，同时确保多方参与的治理和干预模式。因此，干预过程中各参与方之间的权力博弈，成为从根本上决定各方实际参与空间的核心要素。权力博弈的最终结果是博弈各方最终共同认可新的制度规范，如乡规民约、口头协议、君子协议、约定俗成或各种"潜规则"，这些新的制度规范，逐渐取代项目中原有的制度安排，从而反映项目干预中各权力主体之间真实的权力结构特征。

　　在胜利乡的参与式发展干预中，部分项目出现的原有制度安排与实际制度安排之间的差异甚至冲突，反映了发展干预中的制度变迁，也体现了理想制度与现实制度之间的差异和冲突，表现为项目过程中多中心制度结构的单中心化和无中心化特征。

3.3.1　多中心制度结构的单中心化

　　多中心制度结构是参与式项目在制度层面的核心特征，并且在许多具体项目中得到了很好的执行，取得了集权式干预模式无法达到的高效率和可持续性，如前面章节阐述的各村寨道路、自来水等基础设施的修建项目。由于各参与方在项目干预中都是相对独立的利益主体，相互之间存在从利益取向到行动策略等多方面的差异，这使得各参与者之间的博弈和冲突成为必然。发展干预的实践表明，这种差异的客观存在所导致的项目运作过程中的博弈和冲突，使项目层面的多中心制度结构在博弈过程中逐渐演变为事实上的单中心格局。

案例 3 - 2　乡政府与课题组在项目管理中的
冲突与协调

　　胜利乡参与式发展项目中，乡政府与课题组之间在项目中的角色和作用以及相互之间的关系，经历了一个非常微妙的变化过程，其中既有合作，也不可避免地存在冲突。在实施前两期项目时，课题组是参与式项目的主要实施者和管理者，而乡政府则主要提供协助，并以学习者的身份出现。在实施项目的后两期时，整个胜利乡参与式项目从试点阶段转向全面推广阶段，乡政府的角色也从协助者转变为项目的主要管理者，而课题组则扮演协助者的角色，不参与日常项目管理，只是提供技术支持和必要的协助，但参与重要决策，并把这种角色安排写进了项目管理制度。

乡政府尽管在制度结构中以项目的主要管理者和执行者的身份出现，但在实际的项目操作过程中，课题组依然是事实上的最终决策者，按照胜利乡原黄副乡长（曾经的小项目实施领导小组日常负责人，现为乡长）的说法，"乡政府和课题组理论上说是合作伙伴，但遇到了不同的想法，还是以课题组为主，因为钱是他们给的"。

在这方面，乡政府与课题组之间比较明显的观点差异主要还是出现在后两期项目的主要投资方向上。课题组从可持续发展和提高社区发展能力及农民综合素质等各方面综合考虑，更倾向于把有限的项目资金投入一些发展项目上，如设立村级发展基金，实施资金的滚动轮流使用，使农户自己成为资金的长期管理者。乡政府则更倾向于投入各村寨基础设施建设，如修路、修水等，因为这些都是"看得见、摸得着的。投入养殖的话，你不给钱，他们（农户）也要养。我觉得不搞基础设施，没什么意思，搞了养殖，钱（乡里）又收不回来"。（黄乡长）

在案例 3-2 中，乡政府和课题组既是参与式项目的两个主要制度中心，同时也是发展干预中多中心治理结构的两大治理中心。从参与式项目的发展路径看，两者之间的相互关系及角色定位，在制度安排上出现了一个主次变换的过程。前两期项目中，课题组是发展干预中最主要的治理中心和权力中心；在后两期项目中，乡政府替代课题组成为参与式项目的主要治理中心和权力中心。

尽管课题组和乡政府在制度安排上的角色发生了变化，然而从案例3-2可知，课题组事实上始终都是项目运作中的最终决策者和最重要的权力中心。多中心制度结构下的多中心治理结构，逐渐向实际的单中心治理结构转变。这种事实上的单中心治理结构，通过项目实施与管理委员会的议事和决策机制，成为事实上的执行机构。

多中心制度结构的单中心化现象，表明在发展干预过程中，被建构的制度在执行过程中，会随着具体执行环境和各参与方之间的博弈和互动而被解构和再建构。再建构的结果，取决于各参与方之间的博弈和互动，也即各权力主体之间权力结构的特征。案例3-2中，课题组之所以能成为参与式项目的最终决策者，是因为课题组是项目资源的供给者，正如黄乡长所言，"钱是他们的"。因此，在由课题组、乡政府和农民这三方组成的权力结构中，课题组处于事实上的权力中心地位并拥有最终的话语权。关于这一论断，笔者将在后面的章节进行详细阐述。

作为外来干预者，课题组除了提供发展资源外，更希望通过发展资源的使用达到项目所预期的干预效果，为此而建构的一系列制度安排都服务于这一目标。而当现实的项目实施环境与所建构的制度安排之间发生结构性冲突时，干预者与被干预者同样会就发展资源的使用、干预的具体方式和制度安排进行重新谈判并构建一个各方都认可的新制度安排。

多中心制度结构单中心化主要是发展干预中各权力中心之间博弈的结果。而成为单中心者，必然是在项目运作中具有最终决策权的一方，博弈的内容则是具体的干预内容和干预方式之争。被解构和再建构的制度结构，要在干预实践中体现出来，首先要体现在具体的治理行为中，即多中心制度结构体现为操作层面的多中心治理结构。理论上，每一个制度中心都对应一个治理中心，但在实际的操作中，并不是每个治理中心都能成为最终的决策者，治理中心并不一定能成为权力中心。从文本层面的多中心制度结构，到操作层面的多中心治理结构，再到实际运行中的单中心权力结构，进而反衬真正发挥作用的单中心制度结构，即完成了多中心制度结构向单中心制度结构的转化。

但多中心制度结构的单中心化现象，在社区层面的具体项目中出现得并不多。这是因为一方面很多村寨执行的具体项目周期短、投入少，并且往往由于干预的内容和方式符合农民的现实需求，因此能够快速高效地被执行。另一方面，在课题组、乡政府和村组干部及村民的多方参与下，短期内很少存在由多中心制度结构转变为单中心制度结构的空间和外部环境。但这并不意味着在具体项目的运行过程中，多中心制度结构能够严格地被执行而不发生变化。项目运行是一个长期的过程，与项目刚开始操作时的"短、平、快"并不相同。事实上，在村寨层面执行的众多项目中，多中心制度结构的变化路径不仅趋于单中心化，同时也趋于无中心化，其现实体现是"多中心治理结构"向"无中心治理结构"转变。

3.3.2 多中心制度结构的无中心化

多中心制度结构的无中心化趋势，在胜利乡的参与式项目中主要表现为两种极端现象。其一，发展干预中的所有参与者之间形成一套行之有效的内生性制度规范，并被自觉执行，从而使得多中心治理模式逐渐向无中心治理模式转变，并获得很好的项目干预效果。其二，所有或部分参与者不遵守已有的制度安排，但同时又没有形成行之有效的替代性制度规范，在各参与者的利益争夺和权力博弈中，多中心制度安排下的多中心治理模式逐渐向无序化的无中心治理模式转变，并使整个发展干预行动陷入瘫痪状态。

与多中心制度结构的单中心化一样，无中心化结构的出现同样是已建构的制度在干预过程中被解构和再建构的结果，前者是成功的再建构，后者则是失败的再建构。从无中心制度结构表现出来的两种干预效果看，如果把前一种称为"积极的无中心化"

或"有序的无中心化"，则可以把后一种称为"消极的无中心化"或"无序的无中心化"。

案例 3－3　牛背屯山林管理中的"联组承包制"

历史上，牛背屯村对山林的管理，总体上经历了三个阶段。第一阶段是 1958 年之前，村寨周围的山地上都是松树和油茶，之前都生长得很好，但在 1958 年大炼钢铁时，基本被砍伐得差不多了。第二阶段从 1958 年到 1981 年，由于大集体时代实行严格的管理，林地得到较好的保护，因此总体上这个时期的山林质量非常好。第三阶段从 1981 年到 1999 年，与土地一样，林地也被分到各家各户。但是一方面由于权属模糊不清，各家各户界线模糊，缺乏监督；另一方面即使知道是谁偷砍了自家的树，但往往因为都是一个村的，所谓抬头不见低头见，"磨不开面子"和人家吵，顶多是下次也到他家山林里砍一棵回来。因此，第三阶段内，乱砍滥伐现象非常严重。此外，1983～1984 年村民大量砍伐树木用于烤烟所需燃料，以及常年开采小煤窑所带来的大量木材消耗，在 1999 年牛背屯开展参与式植树造林项目之前，山上基本已经看不到成材的林木。树木的消失导致山上水土流失严重，频繁地发生旱灾和涝灾。

1999 年和 2000 年，牛背屯成为胜利乡第二批参与式项目试点村后，首先进行的项目就是植树造林。在课题组提供树苗的情况下，农民出工出力，植树 200 多亩，共 6 万多株。在开始植树之前，当时兼任牛背屯组长的吴登学召集村民大会，提出希望借这次重新植树造林的机会，商量一个有效的山林管理办法，以对新栽树木进行有效的保护。这在当时得到了项目组和大部分群众的支持，大家提出应将商量出来的办法正式制度化，长期坚持执行。

经过村民大会的多次商量，大家一致同意吴登学的新方案，即将原来分到各家各户的林地全部收回，重新测量之后再重新发包。但重新发包的形式，不能像以前那样每家每户单独发包，而是采取小组发包的形式，实行林地按片分配。每片 24 户形成一个大组，6 户形成一个小组，每个小组的 6 户轮流看管松树林。因此，每个小组实际上就成了一个利益共同体，以前单个农户之间乱砍滥伐时大家碍于情面出现的"当面不说背地里骂娘"的情况，在这个利益共同体中就很难再出现。与此同时，全体村民一致商量决定，对于全组山林的管理，实行必要的奖励惩罚监督机制，如果一头牛进入禁止进入的山林中，罚款 50 元。同时规定，以后松树的效益，10% 归村集体所有，90% 归农户个体所有，每一个小组林木的经济收入由小组内部协商分配。

牛背屯自从进行这次自发的山林管理制度改革之后，到目前为止基本上没有出现过乱砍滥伐的现象，十年前的小树苗现在都已经成林。按照牛背屯人现在的说法，是从过去的"三分种七分管"，变为现在的"一分种九分管"。而这个成功的山林种植管理项目，也成为牛背屯到目前为止所进行的所有参与式发展项目中最成功的一个，并得到几乎所有牛背屯人的认可。

案例 3 - 4 团坡的灌溉管理

2007 年 4 月笔者在胜利乡团坡实地调查时，正值开春打田（播种前农田整理的过程）之际，农民们最忙的事情之一是拉上自家的小抽水机，从麻线河中抽水到农田。一农户介绍说，他家有 2 斗 8 升田（1 斗大约等于 3 标准亩），今年（2007 年 8 月之前）抽水已经花了 350 元钱，从河里抽到沟里，再从沟里抽到田里，一次抽水要三天三夜，全年下来，光抽水费用就得花上千元。事实上，在 2005 年之前，团坡人并不自己购买水泵抽水，而是通过村头统一的提灌站抽水，每家每户只要自己出电费就可以。但是在 2005 年底，有一次村里办丧事，全村人都在帮忙和守夜，平常负责看守提灌站泵房的人也回村喝酒去了，导致泵房的提水泵被盗。

按照调查时候的市场价格，重新购买一个新的提水泵大约需要 2 万元，在过去的两年中，团坡多次向乡政府提交申请报告，希望政府能资助一部分资金购买水泵，但始终未果。与此同时，为了解决农田灌溉问题，农户开始自己购买或合伙购买电动抽水泵或柴油抽水机。到笔者实地调查为止，不到 50 户人家的团坡组，已经有 20 多台私人抽水机，按照当时的市场价格，每台机器需花费 1000 元左右。调查显示，每亩田的抽水费用，仅电费或柴油费用，就得耗费约 100 元/（亩·年），而在以前通过大功率的提灌站统一抽水，所需开支不到现在开支的一半。按照这个标准计算，团坡共有 200 余亩需要抽水灌溉的农田，每年仅抽水开支就比以前集体灌溉时期要多花约 1 万元。理论上讲，重新购买水泵所需要的 2 万元支出，两年时间内就可以抵消全寨多开支的灌溉支出。如果加上农户私人购买抽水机所额外支出的费用，则顶多一年时间内全寨额外支出的费用就可以抵消重新购买水泵的费用。

因此，如果按照理性经济人的逻辑考虑，即使乡政府没有对重新购买水泵给予支持，只要团坡所有需要抽水灌溉的农户自己集资购买，那么从经济上考虑这同样是最优选择。事实上这一解决方案也被很多农户考虑过，但现实中并不是所有农户都愿意集资，如有的因为农田离水源很近，则他集资的边际收益相对于农田离水源很远的农户低很多，或者有的农户因为购买了抽水机后可以通过出租给别人抽水获得新的收入而不愿意集资。为此，笔者在调查期间曾向团坡组长和村务理事会成员推荐此方案，但到 2007 年底笔者再次进入团坡实地调查时，发现这一理论上的最优方案并没有任何被采纳的迹象。

　　上述两个案例，显然都呈现一种无中心治理状态，但是表现出来的实际效果则完全不同。牛背屯的山林管理尽管没有多个治理中心的强大干预，但在所有农户的共同认可和自觉管理中，山林事实上得到了很好的保护，同时被所有村民共同认可的管理制度（当地称乡规民约）也得到了很好的执行。而在案例3-4中，尽管具备了开展集体行动的条件，但由于达成集体行动的交易成本太高，并且缺乏一个有效的治理中心，虽然在现实中同样呈现为无中心治理状态，但是相对于案例3-3而言，则是消极的无中心治理状态。

　　参与式发展干预中，多中心制度结构的无中心化趋势是一种重要的制度变迁。如果说多中心制度结构本身相对于干预之前的制度结构而言，是在社区外部力量的强制干预下进行的强制性制度变迁，那么上述两个案例表明，干预过程中的制度结构无中心化则是诱导性制度变迁的结果。

　　上述案例的基本特征表明，促使这种诱导性制度变迁发生且形成截然不同的两种变迁结果的主要原因，并不仅仅是制度经济学中通常强调的权属是否清晰这一因素，还包括更深层次的社会文化因素。

　　牛背屯"联组承包制"山林管理制度之所以形成，是因为在此前各农户单独承包山林的制度安排下，山林的权属关系确实比较模糊，但更重要的是因为在农村熟人社会中，大家相互之间为了一两棵树争吵，实在"磨不开面子"，而这个"磨不开面子"的背后，却绝非简单的经济权属关系所能概括的。"联组承包制"事实上在维持原有权属关系基本原则不变的情况下，反而进一步模糊了权属关系，即一个小组内部的山林，相互之间成为整体后，每个农户的山林权属并不如之前那么清晰。但在"联组承包制"下，每个承包组内的农户有基于利益共同体的认同、相互利益绑定、风险共担等特征，此前"不愿意将事情闹大"的顾虑，在新的制度安排下就不存在了，正如吴登学所说："这树林不仅仅是我一家的，也是我们大家的，我发现了问题不说，怎么向其他人交代呢？"

就团坡案例而言，同样不能完全用权属的概念去解释农户之间为什么无法达成集体行动。从权属的角度看，全寨共有的提灌站，在权属关系上是清晰的，每个农户都非常清楚这是全寨共有；但这种清晰的权属关系，在现实中又是不清晰的，因为每个农户都认为这是集体资产，并不是自己一个人的，因此重新购置提灌站也不是自己一个人的事情。这使得农户在认可提灌站的集体产权和个体的部分拥有权之余，却不愿首先承担其应该承担的责任。

从积极的和消极的两种无中心化制度结构的划分来看，是否积极或有序，是制度结构的无中心化状态能否实现社区内项目正常运行的判断标准。而项目正常运行的潜在逻辑，就是能实现农户所期望的个体利益，所有农户个体利益的实现，意味着整个社区集体利益的最大化。但问题是，农户个体之间的异质性，使得相互之间实现个体利益最大化的条件和所付诸的行动并不一定完全相同，如团坡灌溉案例中，距离河流的远近，成为区别不同农户的重要标志。个体之间的复杂性，使实现社区集体利益最大化的集体行动变得十分复杂而困难。

从这个复杂背景出发，理解两种状态的无中心制度结构及其产生原因，就自然地产生了两个问题。

第一个问题，如果社区内部存在一个非常强势，或者处于绝对垄断地位的权力中心，并且其具备良好的个人道德操守和公正的个人品格，则其能够凭借个体的绝对权威，公正地做出有利于集体利益最大化的决策。或者，当现实中各村寨内不存在这一权力中心时，如果存在一个外部权力中心，同样能够发挥上述假设的权力中心的功能，那么可以肯定，消极的无中心化制度结构变迁肯定不会出现，并且不会出现多中心制度结构的无中心化，而是呈现单中心化趋势。但在上述两个案例中，无论是牛背屯还是团坡，村寨内部并不存在上述假设所设定的发挥"一言九鼎"作用的权力中心，因此也就不存在不经过所有农户同意而"独断专行"的可能性。事实上，无论是牛背屯还是团坡，由于农户之间的同质性依然大大高于异质性，整个社区权力结构呈现为相对均衡的多中心扁平权力结构状态，表现为所有农户都具有或多或少的参与集体公共事务管理和决策的能力和空间。这一内容在下一章还将详细阐述。

第二个问题，前文中判断积极还是消极的标准，是建立在社区内能否形成集体利益最大化的集体行动基础上的，如牛背屯的"联组承包制"山林改革的集体行动以及团坡理论上应该集体筹资的行为。但农户首先是作为个体存在的，具有各自不同的个体利益。因此，是否同时实现农户个体利益的最大化和社区集体利益的最大化，成为出现积极的还是消极的无中心制度结构变迁的根本标准。

综合上述两方面的讨论可知，在缺乏单一权力中心的社区中，多中心制度结构的无中心化状态尽管不是不可避免的，但存在很高的发生概率。现实中到底体现为积极的无中心化还是消极的无中心化，并不单纯由资源的权属这一因素来决定，还取决于社区内部农户的个体利益与集体利益的一致性以及外部干预的作用。

从牛背屯的案例来看，制度变迁的原动力本质上并不一定是外部力量的强制介入，而可能是社区内部各种权力资源在权力主体的利益博弈中重新配置的结果。针对此前大部分农户"有山无林、乱砍滥伐"的现象，如果不能就林木资源的管理与分配形成一个更有效且能够被严格执行的制度安排，那么可以预见的是，新栽的树所带来的效益，无论是个体的经济效益，还是社区整体所拥有的生态环境效益，都很难实现。而新的"联组承包制"管理模式，采取连片分组的制度安排，使同一个组中的农户，实际上形成了一个利益共同体。对于同一片山林的任何砍伐，都必须获得同一个小组中所有农户的认可，并且在一定程度上避免了单个农户面对盗砍时因势单力薄而不愿得罪盗砍者的现象。

牛背屯山林管理中的无中心制度结构，改变了农户对于山林管理和利用的参与方式和参与空间。在重新分山之前，各家各户的山林界线是模糊的，因此现实中只要有一个人不在大家认可的属于他自己的山林中砍伐树木而没有受到制止或惩罚，则所有农户的反应，必然是为了保护自己的利益而争相砍树。这时，农户的参与内容不是对林木进行有效的管理，而是砍伐。在利益得失面前，每个农户都有充分的动力参与进去，因此参与程度是非常高的。但此时农户的参与空间非常有限，因为除了砍树这一个选择之外，并没有其他更优的选择。在社区内无法形成一致的集体行动之前，可替代的制度变迁并不会出现，除非出现两种特殊情况，第一是通过强大的外部干预，如政府部门或其他外部力量的强力介入；第二是在已有林木被砍伐完了之后，社区内部能重新达成权力和利益均衡，从而形成被所有人或绝大多数人都接受的新制度安排。

从团坡当时的情况看，尽管形式上存在以组长为中心的村务理事会的管理机构和制度安排，并形成一个多中心治理的制度结构，但由于团坡的灌溉管理中强大的外部干预和内部共同利益不协调，出现有效管理的缺失和社区治理的无序状态，从而导致出现无序的无中心治理状态。在相对封闭的小社区内部，面对上述灌溉难题，尽管大部分人原则上愿意集资修缮泵房，但少部分田地距离水源较近或者从出租抽水机中能获得部分收益的农户，对于集资的兴趣并不高，存在"搭便车"的潜在动机。在无中心治理的状态下，同时协调所有农户集体行动的交易成本，无论是在理论上还是在事实上，都远远高于集资修缮泵房的成本本身。尽管集资这一集体行动能带来更大的潜在收益，但田地距离水源很远而愿意集资的农户面对不愿意集资的农户时，他们首要考虑的，并不是这一集体行动的潜在收益，而是不愿意使别的农户从他的行为中获得额外收益，很难容忍"搭便车"行为的存在。

事实上，如果仅仅从理性经济人的视角理解这种无中心治理状态，似乎很难得出上述结论，因为即使存在少数人的"搭便车"行为，但总体上依然是潜在收益远远高于所支付的修缮成本和谈判成本。笔者认为，导致上述现象的另一个重要原因，是在一个封闭社区所形成的社会结构中，个体农户作为单个社会行动者，他所掌握和控制的资源并不仅仅体现在简单的金钱计算的得失上，而且还体现在其他的各种生计资源的得失上。这就意味着"利益"的概念必须由狭义的概念范畴扩展为广义的概念范畴，在总体资源稀缺状态下，如果缺乏强有力的外部干预，或者社区内部无法形成共同的利益取向，那么很难在短时间内形成一致认同的集体行动。

在上述两个案例中，如果说牛背屯山林管理中的无中心制度结构的形成是社区内部所有社会行动者在共同的利益导向下人人参与的结果，那么团坡灌溉管理中的无中心制度结构的形成，则是社区内部行动者缺乏共同的利益导向而无法形成人人参与的外部环境的结果。如果说参与本身是一种状态，那么自愿的"不参与"行为本身同样是参与的另一种表达形式。

综合本节对于多中心制度结构的单中心化和无中心化两种变迁路径的阐述，可以发现，两种变迁路径的发生情境，都是在一定层面的资源配置、权力博弈以及集体行动的达成之下发生的，但具体条件并不完全相同。单中心化的变迁路径，其主要的发生情境是多中心制度结构中存在对资源具有最终控制权的权力中心，不同权力中心之间的博弈，最终形成单一权力中心格局，并在制度层面上对多中心制度结构进行再建构，形成事实上的单中心制度结构。而无中心化的变迁路径，其主要的发生情境则是多中心制度结构所依存的权力结构中，并不存在对资源具有最终控制权的单个权力中心，权力处于多权力中心格局中。但各权力中心之间的博弈和竞争，同样会对多中心制度结构中的各项制度安排进行解构并重新建构。积极的无中心化和消极的无中心化作为两种直接的建构结果，其发生情境取决于许多因素，如资源的权属、权力结构的特征、外部力量的干预等，但在社区层面的多中心权力结构中，个体利益最大化与集体利益最大化的行为一致性是最重要的因素。如果一致，那么便形成积极的无中心状态；如不一致，便形成消极的无中心状态。

3.4　小结与讨论

本章主要讨论胜利乡参与式发展干预中的制度结构及其属性和变迁特征。发展干预首先是一种治理行为，干预过程中的各种制度安排，构成了规范整个治理过程的制度结构。参与式发展干预是强调各利益相关者在干预过程中充分参与的分权治理模式，这一特征不仅反映在干预过程的多方参与中，更体现在整个治理模式中旨在保证各方参与的各种制度安排上。笔者把这种旨在促进和确保各个利益主体在发展干预中充分参与的制度结构，称为多中心治理结构，每一个治理中心都代表了一个重要的利益主体。

发展干预中制度结构的多中心属性，在理论上属于分权治理制度结构的范畴，并且在具体的发展干预实践中这种干预模式显示了优越之处。但与此同时，多中心制度结构在发展干预实践中同时面临着单中心化和无中心化问题。多中心制度结构的单中心化，表现为尽管各利益相关者拥有制度安排上的参与空间，但是在发展干预实践中并不能完全转化为参与实践，理论上的参与空间被挤压，从而在干预过程中，尤其是决策过程中被逐渐边缘化，使得发展干预过程实际上呈现为一种单中心治理状态。无中心制度结构指的并不是缺乏治理中心的制度安排，而是指干预实践中并不需要特定的治理主体对整个干预过程进行专门干预或管理，或者在整个发展干预中缺乏真正有效的治理中心，笔者把前一种状况称为"积极的无中心化"或"有序的无中心化"，把后一种状况称为"消极的无中心化"或"无序的无中心化"。

无论是多中心制度结构的单中心化还是无中心化，都不是项目制度原本的结构属性，而是在干预过程中逐渐演变的结果。抛开干预效果的"好"与"坏"的价值判断，这种从理论到实践的制度变迁过程，体现了发展干预过程中制度安排的解构和再建构过程。在外部力量的干预下，尽管干预者和被干预者在项目的制度安排上都是发展干预中的平等参与主体，但被干预者对干预过程中的各种干预措施，有一个解构和再建构的过程，同时干预者也会根据面对的现实情况对项目制度进行调整，从而也是一个解构和再建构的过程。这种双重解构和再建构过程，体现的是干预过程中各利益主体之间利益的重新配置。

在所有利益主体的资源重新配置过程中，如果外部干预下形成的制度解构与干预实践所面临的现实环境相吻合或形成良性互动，从而通过解构和再建构过程，重新形成一个被各方所共同接受的内生性制度安排，那么就为积极的无中心制度结构的形成提供了现实条件。如果不能形成上述良性互动而发生激烈的不可调和的冲突时，那么不会出现再建构的结果或者无法形成单中心制度结构，或者不会形成消极的无中心结构，形成前者的条件是各利益主体之间存在较大的实力差异，本研究所指的权力大小的差异，就为单中心制度结构的形成提供了条件。形成后者的条件是各利益主体之间异质性很小，并且由于各种现实原因无法达成集体行动的共识，那么再建构的过程，就必然呈现为整个干预过程走向治理缺失的消极状态。

如果跳出参与式发展干预中多中心制度结构的特征及变迁本身，那么干预过程中的解构和再建构过程及其逻辑，就成为解释发展干预中制度结构在理想与现实之间变迁的重要议题。在下面章节的讨论和分析中，笔者将引入权力和权力结构的概念，对此问题进行重点分析。

第四章　多中心权力结构

　　权力既不是指在确定的一个国家里保证公民服从的一系列机构与机器，即"政权"；也不是指某种非暴力的、表现为规章制度的约束方式；也不是指由某一个人或团体对另一个人或团体实行的一般统治体系。权力首先应该理解为众多力的关系。权力既不是什么制度，也不是什么结构，也不是一些人拥有的势力，而是人们赋予某一个社会中的复杂的力的名称。权力无所不在，无孔不入，无时不有，不断再生，贯彻整个社会，蛰伏于四处，不断分化与组合。权力关系最终形成一张超越于各类机构和制度的恢恢之网，疏而不漏地超越和笼罩于各个社会阶层和个人集团之上。权力没有母体，没有中心，它散播到各种社会关系中。

　　　　　　　　　　　　　　——《权力的眼睛——福柯访谈录》

　　在前几章中，笔者在理论综述和反思的基础上，对胜利乡参与式发展干预的效果及存在的问题进行了详细的分析和总结，从制度的视角，讨论了发展干预中制度结构的理想与现实之间的差异和变迁；从制度变迁中的解构和再建构角度，阐述并分析了多中心制度结构的单中心化和无中心化现象及其特征。

　　在参与式发展干预的理论综述部分中，笔者已经详细分析了发展干预中权力、制度和文化因素的重要性。对于发展干预的认识，首先是对其制度结构以及制度变迁的过程和特征的认识，但本质上都不能超越从权力、制度和文化三个视角的考察。而这三者中，权力始终是核心，发展干预过程本质上是权力重新分配的过程。如果抛开单纯的成功与失败的两分法，以审视的态度考察胜利乡十几年的参与式发展干预，那么很显然，其在总体上取得重要成就的同时，干预过程中各利益主体对于权力的追逐也明显呈现出激烈化和表面化的特征。

因此，在前面章节的分析基础上，本章从权力的视角出发，引入多中心权力结构的概念，重点讨论胜利乡参与式发展干预过程中各利益主体之间的权力结构及权力流动的特征，从而为进一步分析发展干预过程中权力与制度之间的关系和互动奠定基础。

4.1 权力及权力结构的理论综述

"权力"作为一个被广泛应用的概念，在不同学科和不同研究中，都有不同的指涉重点。为了系统地说明胜利乡参与式发展干预中权力结构的特征，本节从结构主义的理论视角出发，对权力的概念、内涵和外延进行系统说明，并对本研究中所使用的权力概念进行清晰的界定。

4.1.1 社会结构理论的变迁

从社会学理论产生开始，对于如何认识社会的问题就始终存在"社会唯实论"和"社会唯名论"之争，前者以倡导实证社会研究的孔德、涂尔干等为代表，后者以强调阐释社会学的韦伯为代表，及至后来的批判社会学，仍然不能脱离这个根本问题而存在。孔德创立的实证社会学把社会结构视为客观存在的事实，并由涂尔干等进行了详细的理论阐述，使"社会事实"的概念成为分析社会结构的基础。而滕尼斯、齐美尔和韦伯等人所推崇的理解社会学把社会结构视为主观抽象的结果，注重个体社会行动者的主观心理感受。20世纪以来，批判社会学由于社会快速发展的需要，以及在对以往经典社会学思想和理论的反思和批判基础上逐渐形成，其代表人物如福柯、布迪厄、哈贝马斯等，批判社会学对社会结构的阐述则更进一步。如果说实证社会学和理解社会学都旨在建构社会结构理论，批判社会学则更注重对社会结构的解构。

　　无论是实证社会学、理解社会学（阐释社会学），还是批判社会学，其背后存在的共同之处，都是从结构的视角看社会，即把社会现象看成是结构性的存在，就如同生命有机体一样，社会有机体同样具备这种结构属性。这对后来的结构功能主义、结构主义、后结构主义等不同理论流派以及系统论和功能论等的产生和出现，都具有直接的影响。社会结构理论，总体上可分为以下几个不同的理论派别。

　　首先是 20 世纪初出现的社会心理学派，这一学派注重从个人行动和社会交往分析角度来研究社会结构。这一学派从早期的芝加哥学派理论到后来的符号互动论、社会交往理论等，始终强调个体社会行动者的思维、行动与交往的关系，把社会及社会结构看作个体主观意识的结果，突出了个体之间的交往和互动对形成社会结构的作用，但是忽视了社会整体及其变革对社会结构本身所产生的强大影响。这一缺陷在随后兴起的结构功能主义和冲突理论中得以弥补。尽管在涂尔干时代就开始了对社会结构的大规模实证研究，但研究主要集中在小规模社区范围，没有扩展到对整个社会结构的探讨。

　　针对这一问题，20 世纪 50～60 年代开始兴起的结构功能主义认为，社会本身是一个大系统，具有结构属性，大系统又由文化、社会、人格、生理等若干个子系统组成，每个子系统内又可以根据不同的标准划分为若干个更小的子系统。这些子系统之间相互依存和有机联系，共同构成整个社会大系统。在这个大系统中，每个子系统都具有不可替代的功能。在这个系统中，根据不同部分功能的差异，可以把众多功能大致分为维持模式的功能、整合的功能、完成目标的功能、适应的功能这四大功能体系（谢立中，1998）。各个系统之间的协调、均衡被认为是社会系统正常运转的必要条件。

　　但是以帕森斯和默顿为代表的结构功能理论，着重强调了社会结构各子系统之间的功能均衡和协调对社会整体协调稳定发展的作用，而忽视了另外一种基本的社会现象，即冲突的存在。米尔斯、科塞等学者在对结构功能主义反思和批判的基础上，在结构功能的框架中成功地引入了冲突这个变量，认为社会冲突不但是社会结构均衡过程中各子系统之间的常态，更是社会生活的本质形式，冲突的作用除了表现为破坏性之外，更重要的是其建设性。这一思想后来体现在结构冲突论、辩证冲突论等理论模型中，其强调的核心内容始终是社会结构不但具有整合性，更具有冲突性。针对冲突的形式，以达伦多夫为代表的学者认为，从历史视角和社会整体观的角度看，社会冲突的本质是阶级斗争，每一个阶级既是社会冲突的主体，又是社会结构中的不同子系统。可以看出，达伦多夫的冲突思想明显地带有马克思主义理论的痕迹，他的阶级斗争研究主要围绕着权威和权力关系展开，着重反映统治阶级和被统治阶级之间的斗争。

马克思主义理论对社会结构的思想阐述同样颇多。马克思主义理论研究者对于社会结构的整合和冲突着重从历史唯物主义和辩证唯物主义的角度进行阐述，认为社会结构从整体上体现为社会整体的结构，从发生学意义上体现为社会主体关系的结构，从形态学角度看体现为社会形态的结构，从过程论意义上体现为社会实践体系的结构。在此，阶级结构和社会形态结构形成马克思主义理论中社会结构思想的核心。阶级结构被认为是在一定历史阶段中社会个体行动者之间关系结构的本质。不同的社会行动者在社会生产体系中的位置决定了其对生产资料的掌控程度，也就是生产力决定生产关系，而生产关系的根本体现为社会的阶级关系。社会形态结构则是社会结构的客观体现，指的是经济基础和上层建筑所构成的社会整体，具体体现为社会的经济结构、政治结构和文化结构。经济结构是基础，主要指的是社会生产资料的占有和分配结构；政治结构是经济结构的集中体现，本质上表现为阶级结构，同时也是上层建筑的重要组成部分，由经济结构决定；文化结构作为社会上层建筑的重要组成部分，体现为一定的社会意识形态和核心价值观，从本质上讲同样是社会个体或群体之间的阶级结构。这种从社会主体关系角度的阶级划分和从社会客体形态角度的系统结构划分，是从两个不同维度探讨社会结构的本质，并通过生产力决定生产关系、经济基础决定上层建筑的主线将其有机地融合为一个整体。

由于构成社会的基本单元是个体社会行动者，社会整体是由不同的社会个体及个体之间的社会实践和社会客体共同组成的，在这个复杂的社会结构体系中，既有本质和非本质之分，又有部分的联系和整体的网络之分，还有主体关系的实践过程和客观存在的现实结果之分。因此，本节对西方经典社会学理论体系中关于社会结构的不同阐释进行了简单概括，大致包括以下四个方面。

第一，社会结构是社会个体行动者之间关系体系的结构。在社会整体中，社会个体既内在于社会成为社会的主体，同时社会个体相对于社会中其他个体而言又互为客体。因此，在实践意义上，社会个体行动者就是实践主体，其本质上体现为社会个体就是社会主体，是各种有意识和能动性的自然人的总和，这也成为社会主体与客观存在、缺乏能动性和意识的社会客体的区别。因此，从这个意义上讲，社会结构就是作为社会主体的个体社会行动者之间的关系体系结构。在社会现实中，个体行动者总是通过一定的集合或群体活动发挥作用，如家庭、社区、团体、民族、国家等。不同社会行动者内部和相互之间的关系体系结构以及个体与这些不同形式和组织的关系体系结构，共同构成了社会结构。

第二，社会客体视角的社会结构。上述社会个体行动者关系体系构成的社会结构是从社会主体之间的关系角度出发的，而从社会客体视角出发，则社会客体内部以及相互之间的关系体系构成了客体视角的社会结构。相对于构成社会的个体行动者而言，社会客体是社会主体从事社会活动的结果，是主体活动的对象，以外在于主体的形式客观存在。社会客体是在历史和现实中客观存在的，如生产力、人口、物质、科学知识等，从本质上讲是社会形态，是经济基础决定上层建筑的关系体系。

第三，社会过程系统视角的社会结构。社会主体和社会客体相互作用，共同构成社会整体，因此社会主体和客体之间的互动过程构成社会结构的运行和变化过程。在社会结构运行和变化过程中，物质和能量的分配、输送、转换和储存，以及辅助信息的处理过程构成系统运行的基本要素。在系统运行过程中，社会主体和客体以及主体之间相互交换物质、能量和信息。因此，社会系统的运行也就是社会结构的运行，而系统运行过程中的社会主体在客观存在的物质条件、个人能力和认识水平等方面的差异，使社会系统在能动与受动、控制与被控制、改造与被改造、认识与被认识的运行过程中实现系统的"匀质"或"非匀质"状态的循环转换。换句话说，在现实社会中，社会系统的结构总是表现为人与物质条件、制度和习俗规范等因素的矛盾统一关系。这个结构系统，必须是开放的和动态的，否则系统会因为运行不畅而趋于崩溃。

第四，社会整体系统视角的社会结构。从整体视角认识社会和社会结构始终在社会学理论发展中占据主流地位，这在马克思主义理论体系中体现得尤为明显。无论是社会主体视角的社会结构，还是社会客体视角的社会结构，或者是社会过程系统角度的社会结构，都没有脱离从整体角度对社会结构进行分类，它们相互联系而又独立存在。作为一个整体存在的社会结构，本质上离不开在系统和结构之外的环境中进行能量、信息的交换，也即形成了所谓的"耗散结构"，社会结构在系统内外的不断运行中保持动态平衡。

4.1.2 社会结构的权力本质

以上多个视角对社会结构的阐述，无论是实证社会学、阐释社会学还是批判社会学，都没能脱离社会结构在形式上是一种关系体系的结论。在现实的实证研究中，这一点同样体现得非常明显，如费孝通的"差序格局"对中国乡土社会结构的描述，着重讨论的就是作为社会主体存在的人与人之间的关系结构；政治学理论中从权力角度考察的"金字塔形"社会结构，体现的就是不同权力关系下的社会主体之间的构成比例；关于社会人口构成的"橄榄形结构""马铃薯结构""丁字形结构""二元结构"等，都没能脱离关系体系是社会结构核心的思想。在这方面，把社会结构的研究从上述思辨探讨转向规范实证的著名理论是"网络理论"。

20世纪80年代，从社会网络视角对社会结构进行分析的方法逐渐成熟，其代表人物如以布迪厄的"场域"概念为核心的"场域结构观"，以及格兰诺维特、科尔曼、伯特、林南等提出的"网络结构观"，形成了与传统社会结构理论中"地位结构观"不一样的新方法。

布迪厄在阐述他的社会结构理论时，从社会主体的角度出发，认为社会是由一系列彼此交织而又相对独立的空间、场域组成的有机结构（夏光，2003）。在此，场域可以被认为是由社会结构中不同结构位置之间的客观历史关系构成的一个网络，每个社会主体在不同的条件下都处于一个特殊的场域之中。具体的场域构成社会结构，每个场域都规定了各自特有的价值观，拥有各自特有的调控原则，位于特定社会关系网络中的行动者，在一定的约束规则下构建着社会结构。场域中最基本的因素便是多维度的社会关系网络，由社会行动者的不同社会地位、掌握的资本力量和权力范围、文化制度等因素共同决定。在此，社会行动者的能动性，使得社会关系网络不断结构化，进而导致场域的结构化和动态化（皮埃尔·布迪厄等，2004）。

从这一点讲，布迪厄的场域理论和系统论的社会结构观具有异曲同工之处。而布迪厄的场域理论，更是首次明确地提出"权力关系"作为社会结构关系体系的重要性，认为权力关系作为社会关系体系的基本因素，在各个场域中普遍地决定着场域自身的运作逻辑。而场域中的行动者所掌握的资本种类及数量，在很大程度上决定了这种权力关系和个体行动者的社会地位。场域的参与者既可以通过互动，如竞争或交换形式，来增加或维持各自的资本种类和数量，也可以在互动中部分或彻底地改变资本的分布结构和不同位置间关系的结构，即改变场域的结构。

虽然布迪厄的场域理论从社会关系网络角度提供了一个分析社会结构的框架，但由于场域概念中的社会关系是以社会行为主体之间的抽象关系为主，并不着重强调主体之间的具体关系，如交换关系，因此布迪厄的"关系网络"分析框架和此后逐渐成熟的"社会网络理论"分析框架存在着较大区别。以格兰诺维特为代表的"社会网络理论"分析框架着重探讨社会网络中不同社会主体之间的具体关系形式，集中表现在对社会网络结构中的资源、信息和服务等作为重要的社会关系形式的作用。从这一点上讲，布迪厄在关系网络框架中所强调的社会结构关系，更倾向于后结构主义对结构的理解，即结构性是社会存在的基本形态。而社会网络理论把社会结构中人与人、组织与组织之间的纽带关系作为一种客观存在的社会结构，分析这种纽带关系成为该理论的重要特征。在该理论框架中，社会行动者并不是"原子化"的社会个体，而是相互之间存在着复杂关系而结构化地存在于特定社会结构之中的，社会行动者作为社会网络中的节点，其相互关系作为节点之间的纽带，共同构成了复杂多变的社会网络结构。

在上述两种网络理论框架中，无论对社会关系的理解是抽象的还是实体的，从本质上讲都没有超出马克思主义社会结构理论中所强调的社会关系与社会结构的形成之间的关系的范围。这种关系，本质上体现的是在资源稀缺社会中对资源的控制，这种资源既包括实体性资源如物质资源，也包括抽象资源如权力资源和社会资源，而在现实中实体性资源和抽象资源之间客观存在的可替代性，使得社会结构中各社会行动者之间的关系体系实际上变成了权力关系，不同社会行动者在权力关系结构中成为权力结构的主体或客体，而社会关系结构从本质上表现为社会行动者之间的权力结构。

对于社会结构的权力本质，社会网络理论通过社会资本的嵌入性概念进行了很好的阐述。社会网络理论认为，组成社会关系网络的社会行动者之间的相互关系并不是均匀存在的，而是受到很多主观和客观因素的影响，同时网络结构中的节点往往并不都是个体社会行动者，而是以组织或团体的形式出现。因此，哪个网络节点拥有的网络联系多，则其在该网络结构中就具有较大的社会资本，也即拥有较大的权力。行动者的社会资本由其在网络中所处的位置决定，处于两个或多个缺乏联系的群体之间的网络节点，能够掌握更多的网络联系资源，而处于权力中心地位的网络节点，则被称为社会网络中的"结构洞"。

对社会结构的权力本质最彻底的理论探讨属于后现代主义批判理论，最著名者就是福柯。在福柯的理论体系中，社会结构中已经不存在无论是抽象的还是实体性的结构属性或结构联系，有的只是赤裸裸的权力关系，权力成为主导社会运行的根本因素，这也使得传统社会结构的研究取向由建构走向解构。在福柯的权力体系中，社会行动者所掌握的权力大小与知识和话语之间存在紧密联系。福柯认为，我们现在公认的社会结构，本质上是在科学和理性的旗号下，使具有能动性的社会个体成为所谓现代化知识掌握者的奴隶，在知识暴力下丧失了其原本应有的话语权力。因此，维持社会运行的并不是常规理解的制度体制，而是制度背后的权力。

综上所述，无论是社会唯名论还是社会唯实论，无论是社会建构论还是社会解构论，或者无论是从社会主体还是从客体，过程还是整体等多角度去考察社会结构，始终没能超越构成社会基本要素的社会行动者之间的"关系"这一核心概念。这种关系，归根结底，体现的就是社会结构中的权力关系。

4.1.3　权力资源说：对权力及权力结构概念的反思和重新定义

"权力"概念在不同学术领域和环境中的含义并不完全一样，同时在现实应用中也表现为多种形式，如狭义的政治权力和广义的权力关系，体制内权力和体制外权力，显性权力和隐性权力等。

常使用的权力概念大多局限于政治权力的范畴，但在社会科学领域，权力（power）至少具有三方面的含义。

第一，权力是社会行动者所具有的能力（capacity）、技巧（skill）、禀赋（talent）等，"权力是一种对外部世界产生某种作用的能力，严格地讲是一种技巧"（丹尼斯·朗，2001）。

第二，权力具有主宰（mastery）、统治（govern）等含义，体现的是权力的政治学意义。从这个视角出发，权力是一种消极的或否定的"遏制性力量"，它往往与具有一定压制性、强制性的操纵、限制自由等词语联系在一起。

第三，权力可以理解为一种力量（force）、影响力（influence）等，表示为拥有强大控制力、影响力或处于优势地位的个人或团体。在现代汉语中，"权力"概念泛指政治方面的强制力量或一种职责范围内的支配力量（中国社会科学院语言研究所词典编辑室，1997），而不具有能力、禀赋等意义，主要体现的是权力主体对权力客体的控制。

尽管在中外学者的经典论述中可以找到无数种关于"权力"概念的定义，但到目前为止并没有一种固定不变并为大多数人所共同接受的定义，"权力本质上一直是一个有争议的概念，持不同价值观和信仰的人对权力的性质和定义的理解肯定存在差异"（丹尼斯·朗，2001）。权力的复杂性在于权力的本质体现了社会行动者之间的相互关系和社会结构的形态。关于权力本质的若干经典阐述主要来自西方哲学、社会学、政治学和法学等领域，归纳起来大概可以分为六种权力观：能力视角的权力观、影响力视角的权力观、关系视角的权力观、结构主义权力观、后结构主义权力观和马克思主义权力观，如表4-1所示。

表4-1 对"权力"概念的不同解读

权力观	核心概念	主要表现	代表学者
能力视角的权力观	权力主体将其意志强加于权力客体的力量和能力	力量 暴力	尼古拉斯·卢曼；卡内提

续表

权力观	核心概念	主要表现	代表学者
影响力视角的权力观	权力主体在一定秩序范畴内对权力客体的直接或间接影响力	思想影响 行为影响	丹尼斯·朗
关系视角的权力观	权力主体与权力客体间互动与能动性反馈的关系和纽带	主从关系 雇佣关系	罗德里克·马丁
结构主义权力观	权力是规范权力主体和客体之间关系的结构性存在的秩序规范体系	法律法规 政策制度 文化规范	布劳
后结构主义权力观	权力是维持社会结构性存在且外在于权力主体和客体的独立力量	制度结构 现代知识	福柯
马克思主义权力观	权力是基于利益基础上的社会和历史现象	政治现象 文化现象	马克思

1. 能力视角的权力观

能力视角的权力观是最基本的同时也是最被广泛接受的一种理论主张，其核心观点认为权力是权力主体将其意志强加于权力客体的力量或能力，其核心要素是能力和力量，并且具有明显的强制性特征。这一观点最早来源于亚里士多德的《政治学》。霍布斯、洛克、卢梭等早期思想家也有过深入的探讨，他们认为，权力，尤其是政治权力，是一种共同体的强制性力量，一种普遍的强制性力量。马克斯·韦伯也基本持相同观点，认为"权力意味着在一种社会关系内，自己的意志即使遇到反对也能贯彻的任何机会，而不管这些机会建立在什么基础上"（马克斯·韦伯，2000）。在韦伯的权力概念中，权力是为统治服务的，具体体现为具有强制性的、由国家垄断的政治权力。在此基础上，其他一些学者把权力的范畴从狭义的政治权力扩展为更宽泛的社会行动者之间的权力关系，如布劳对权力的阐述为"权力是个人或集团通过威慑力量不顾反对而把其意志强加于他人的能力"，换句话说就是"A 能使 B 做其不愿意做的事情，则 A 对 B 拥有权力"。因此，从能力视角出发，可以宽泛地把权力概括为，权力主体具有使权力客体执行权力主体所要求的某项活动的能力，权力主体或客体可以是个体社会行动者，也可以是团体。

2. 影响力视角的权力观

影响力视角的权力观认为，权力并不一定体现为需要执行的强制性能力，更主要地体现为权力主体在一定的秩序范畴内对权力客体的影响力，这种影响力可分为直接影响力和间接影响力。在科层制治理结构中，对一个科员具有直接影响力的是其上司，而不是更高层的领导者，后者所产生的只是间接的影响。从影响力视角探讨权力的学者如罗伯特·达尔（R. A. Dahl），其着重从权力、影响力、权威、控制、说服、强权、强制等概念出发，构筑权力的"影响力话语体系"。权力主体对客体的影响力，是通过一套共同认可和遵守的制度规范来获得，即形成合法权威下的权力影响力。与此相对应，现实中也存在并不是由合法权威赋予的影响力，如黑社会组织对普通人所产生的影响力是通过非法的暴力来维持的，尽管这种影响力在某些时候并不会真正付诸实践。

3. 关系视角的权力观

能力视角和影响力视角的权力观都强调权力的力量和能力属性，但明显的理论缺陷在于这种能力是权力主体与权力客体之间的单向关系，而不是双向互动关系，这在关系视角的权力理论中得到很好的弥补。关系视角的权力观认为，权力在本质上是权力双方的关系，表现为权力主体与权力客体之间的主动意志施加与被动意志接受及能动性反馈的关系。权力已经不仅仅是客观的能力或力量，而是权力主体和客体之间的互动纽带，如上下级关系、雇主和员工的关系等。这种权力关系构成了权力的核心，在现实中体现为命令与服从等，其存在基础是权力关系双方的不对称性依赖（罗德里克·马丁，1992）。

关系视角的权力观在布劳的交换理论中得到了系统性阐述。布劳认为，社会运行的本质是社会行动者之间的资源交换关系，交换中的社会行动者都具有充分的理性，社会行动者的交换地位决定了其在社会结构中的地位。社会结构的分化使处于较低交换地位的行动者选择交换对象的空间很小，因而会以依赖较高交换地位者作为回报，其直接结果是较高交换地位者获得更多的权力。为此，布劳认为"权力是个人或群体置对方于不顾，以终止有规律的供给报酬的形式或以进行惩罚和威胁将其意志强加于他人之上的能力"（彼得·布劳，1988）。在此，权力除了体现为一种强制性能力之外，更重要的是表现为交换关系中权力主体与客体之间的不对称依赖关系和交换能力。

4. 结构主义权力观

以上三种权力观，总体上都没有超越权力主体和客体的二元结构。由于现实的整体存在性，权力并不是在单独的权力主体与客体之间发生，而是存在于社会整体结构中。这一思维突破主要体现在结构主义权力理论中，其代表人物包括帕森斯、阿尔都塞等。结构主义权力理论的基础在于承认社会是作为整体存在的，社会整体具有结构性，不同的子结构或子系统相互作用构成复杂的整体结构。权力既是一种客观存在的能力，表现为社会结构所决定的结构运作，同时又是抽象存在的维系整体社会结构运转的纽带。社会结构中的权力不是个体社会行动者的意志或能动性的产物，社会主体之间的权力关系也不是由个体行动者之间的直接影响来体现，而是通过一套结构性存在的秩序规范体系来体现，如法律法规、政策制度、文化规范等。

在结构性存在的社会中，权力主体或客体只不过是结构性权力关系中的一个结构部分而已，这种结构关系并不会因为权力主体所附着的具体行动者的改变而改变。在牛背屯的历次村组长换届风波中，尽管担任组长的人频繁变换，但这并不会改变组长所拥有的权力。组长和村民之间在社区这个社会整体中，互为权力主体和客体，没有经过群众选举的组长不会得到群众的认可，因此尽管其占据着组长的位置，但并不能执行组长的权力，如牛背屯的蔡玉林在没有正式担任组长时，没有足够的权力去解决村民之间的纠纷。同时，在村组长与村民两者的二元结构之外，担任组长的人与村民之间并没有什么区别。从这个意义上看，社会结构中的权力关系正如布迪厄的"场域"理论所指出的，同一个场域中发生关系的行动者在另一个不同的场域中并不一定相交。这时，权力体现的已经不再是单个社会行动者之间的关系，而是整个社会结构的属性，即权力结构，如要发生作用，则仰赖于社会整体结构中的秩序规范体系，也就是制度结构。

因此，权力既体现为一种客观存在的关系，同时又是把原本松散的个体连接成复杂、互动的社会整体的纽带。如果把权力关系看成是维持社会整体结构的功能，则权力关系所嵌入的社会制度结构是完成社会结构目标的功能载体。正如帕森斯所言，权力"是为了实现系统目标的利益，使资源流通的一般能力，权力的产生和利用，构成了任何社会系统的基本强制功能之一"（帕森斯，1988）。

5. 后结构主义权力观

上述四种权力理论都是从权力的依存对象角度去探讨的，也即从建构的角度，通过研究权力主体和权力客体以及权力关系所依托的社会结构去探讨和研究权力。后现代视角或后结构主义视角则是从建构的层面去研究权力。其基本观点认为，权力是作为独立于社会结构及权力主体和客体而客观存在的，通过研究权力在现实社会中的运作特征去发现和探讨权力的本质，进而解释社会现象，也即建构社会现实。

福柯在对权力本质的阐释中对这一理论思路进行了详细的阐述。福柯理论中的权力明显地超越了狭义的权力范畴，并不局限于社会行动者之间的权力关系，而是制度结构与社会个体之间的关系，也即维持现代社会结构的各种制度对社会行动者的压抑、控制和形塑的权力。在这种权力关系中，作为传统权力理论中权力主体的社会行动者都变成了权力客体，而维持社会结构性存在和社会运行的制度结构成了事实上的权力主体，构筑现代制度结构的现代知识统成了构筑现代权力结构的帮手，在这个独立存在的权力体制中，权力成为独立于社会行动者而存在的客观力量，而社会行动者只不过是权力运行中的傀儡，由现代性知识和制度体制构建的独特话语体系成为维持权力运行的技术手段。

上述阐述，对权力的内涵、外延进行了宽泛、抽象的概括，综合起来，权力概念有具体和抽象、狭义和广义之分。具体的权力体现为现实存在且可感知的能力和力量，而抽象的权力则体现为一种关系。以此为基础，又可把权力区分为狭义的权力如政治权力或某种制度和规范所规制的权力，可以把广义的权力界定为权力主体与权力客体之间的互动，包括个体行动者之间的互动、个体与群体行动者之间的互动以及群体行动者之间的互动。但在这种归类之余，似乎还是没有完全说清楚权力的最核心要素。

6. 马克思主义权力观

马克思主义权力观从辩证唯物史观的角度对权力及权力结构的概念、内涵和外延进行了深入的阐述。第一，权力是一种社会现象，如政治现象、文化现象等；第二，权力是一种历史现象，权力是永恒存在的；第三，权力的基础是利益之间的冲突，现实中的权力异化不是利益决定权力，而是权力决定利益的分配，不是人掌握权力而是权力掌握人的命运；第四，权力是一种有组织的力量，其本身是具有不同层次和结构的系统，即权力系统；第五，权力是一种制度化的力量，以一定的制度根据为自己合法性的基础。从以上不同角度、不同层面对权力概念和内涵的阐述可以看出，隐藏在权力关系和权力结构背后的不是能力或力量，也不是权力主体与客体之间的关系，而是权力发生作用的载体，即资源。正如马克思主义理论体系中所强调的，权力的基础是利益之间的冲突，在现实社会中，权力的核心也恰恰在于利益，在具体载体上表现为对资源的控制。

7. 权力资源说

综上所述，本研究把权力的概念宽泛地定义为，拥有资源的数量和质量。本研究称之为"资源视角的权力观"或"权力资源说"。此概念中的资源指的是广义的资源，包括物质资源、人力资源、政治资源、社会资源等。在既定的权力结构中，权力主体拥有的资源数量越多，质量越高，权力也就越大。每一个社会行动者都是天然的权力拥有者和权力主体，作为理性人，权力主体具有天然的扩大其权力的动机。

在既定的社会结构中，权力主体之间的权力争夺本质上就是对社会稀缺资源的争夺，权力结构则反映了资源配置结构。由于权力主体之间的权力争夺是永恒存在的，因此权力结构总是处于动态变动中，当权力主体之间的权力争夺在一定程度上趋于力量均衡时，权力结构则处于动态平衡状态，否则表现为结构性失衡。在既定的权力结构中，由于权力主体的天然禀赋和后天因素相互作用，各权力主体总是存在着权力大小的差别，因此必然存在着权力中心与边缘之分。当权力结构均衡时，权力边缘与中心之间的权力争夺处于动态均衡状态，但是当这种均衡被打破时，随着权力的转移，新的权力均衡将重新建立。毫无疑问，新的权力均衡肯定会改变或打破旧的均衡格局，即权力结构中每个权力结构位置的具体权力主体将发生变化。但这种变化并不一定意味着权力结构的改变，因为处于一定权力结构上的权力主体发生了变化，但是各个结构之间的关系模式是不变的。

在既定的权力结构中，权力本身既是一种资源，同时也是权力主体之间联系的纽带，因此原本个体状态的权力主体在追求共同利益的情况下，将会形成若干个具有共同利益诉求的团体或联盟。资源的稀缺性导致权力主体之间的权力争夺将不可避免，其结果是最终形成被各方认可的一套秩序规则，即制度结构，从而规范权力主体之间的权力争夺行为，并最终形成结构化的权力格局。制度结构反映了权力的属性和各权力主体在权力结构中的位置，权力结构从本质上决定了制度结构，而制度结构的变迁则既反映了权力结构的变化，同时又影响了权力结构的变化。当内生于权力结构中的各种制度安排被逐渐接受并形成权力均衡状态下的制度结构时，权力主体间的权力流动并不会改变制度结构，而是会使均衡状态下的权力结构固化，从而形成权力与制度之间相互影响的关系。

各权力主体所拥有和掌握的权力资源可以很多，但每一种权力资源并不是在任何情境下都能发挥作用，也就是说，权力主体的权力是有局限的，特定的权力资源只有在特定的权力结构中才能发挥功能。如牛背屯胡岗冈作为胜利村副主任，其副主任的职位，赋予了他一定的政治权力，但是这种政治权力也只有在面对胜利村公共事务管理和决策时才能发挥作用，在别的情境下，如对于胡贵友的家庭矛盾和纠纷，他就不能使用其政治权力去调解，而只能用其相互之间的兄弟关系去调解。

为此，从"权力资源说"的观点出发，权力概念总体上具有如下基本特征。

特征一：权力的本质在于权力主体对一种或多种资源的拥有和控制，因此权力具有"流动性"。

特征二：权力的大小决定于所掌握资源的数量和质量，这是权力的"替代性"。

特征三：每一种权力资源只有在特定的权力结构中才能充分发挥作用，也即每个权力主体所拥有的权力都有特定的权力边界，只有在权力边界范围内权力才能发挥作用，这是权力的"局限性"。

为了更好地理解，理论上可以将"权力"概念转化为计量模型形式。P 表示权力的大小，P_0 表示权力大小的常数项，R_i 表示权力主体拥有的各种资源，r_i 表示每种资源的权重，取值范围在 $[0,1]$ 之间，并且 $r_1 + r_2 + \cdots + r_n = 1$，$\varepsilon_i$ 表示随机误差项，则"权力函数"可表示为：

$$P = F(R_1, R_2, \cdots, R_n, \varepsilon_i) \qquad \text{（公式1）}$$

转化为计量模型，则理论上至少存在两种模式，分别为线形方程形式：

$$P_i = R_0 + r_1 R_1 + r_2 R_2 + \cdots + r_i R_i + \varepsilon_i (i = 1, 2, \cdots, n) \qquad \text{（公式2）}$$

非线性方程形式：

$$P_i = P_0 R_1^{r_1} R_2^{r_2} \cdots R_i^{r_i} \varepsilon_i (i = 1, 2, \cdots, n) \qquad \text{（公式3）}$$

从权力函数中权力与各资源变量之间的关系看，决定每个权力主体权力大小的众多因素中，除了拥有权力资源的数量多少之外，各项权力资源的权重同样至关重要，如牛背屯的几个权力中心与普通权力主体相比，都是某一项或几项权力资源的权重非常大，如吴登学在经济实力和社会关系上的优势，吴大国在经济实力上的优势，胡岗冈在政治权力上的优势等。

4.2 项目层面的多中心权力结构：干预与权力结构变迁

在对胜利乡参与式发展干预多中心制度结构的阐述中，笔者已经明确了乡政府、课题组、村组干部和普通农户这四大权力主体（利益相关者）在多中心制度结构中的角色和作用。本节对于发展干预中的权力结构及其特征，将从权力关系的角度考察上述四大权力主体之间的权力关系结构。

4.2.1 干预与权力结构变迁

在发展干预中，新的资源与干预过程同时被引入，掌握发展资源的新权力主体也被引入，从而引起权力结构的变迁。在外部干预被引入之前，乡政府作为国家政权的最基层代表，既代表所属区域所有公众的利益，又代表国家行使行政管理职能，在制度上天然地拥有和控制最重要的发展资源，是最重要的发展资源拥有者和控制者，也是权力结构中唯一的权力中心，可称之为内部权力中心，发展干预中的权力结构则表现为单中心权力结构。

案例 4-1 野山椒种植项目

2007年春，县政府在推进农业产业结构调整的发展战略中，在综合考虑当地气候和社会经济等因素之后，决定推广野山椒种植项目。胜利乡被要求完成20亩试种任务，乡政府通过村组长大会层层下压到各个村寨。刚开始时农民的响应并不强烈，原因有三：其一，当时已经过了最佳的辣椒播种季节；其二，政府提供的野山椒种子价格很高，20元一小包，且只能播种一分地左右；其三，农户并不确定市场行情及预期收益如何，风险较大。考虑到这些因素，几乎所有农户因对项目呈消极态度而不愿意参加。

为了完成任务，乡政府采取了积极劝说的方法，对各村组干部"动之以情、晓之以理"，要求务必支持政府工作，起到模范带头作用，同时要求村组干部给其他农户做思想动员工作。经过乡政府和村组干部艰苦的说服工作，最后才把20亩野山椒种植任务分派下去。但是在大家辛辛苦苦把辣椒种下去，辛勤地浇水施肥之后，出苗率并不高，且出苗之后的辣椒，与当地土生土长的辣椒并没有太大差异，至此，野山椒种植项目宣告失败。

在案例4-1中，出现的权力主体有三个，分别是乡政府、村组干部和农户，其中在乡政府的背后还有县政府，但其并不直接与农户接触。由于县乡之间存在直接领导关系，所以可以把两者看作一个权力中心。在以乡政府为中心的单中心权力结构中，乡政府通过对发展资源和行政资源的控制，对整个干预过程产生影响。村组干部作为所有农户的代表，同时作为乡政府与农户之间治理与互动的桥梁，同样对干预过程产生较大的影响，但由于村组干部并没有参与项目决策的空间，很难掌握和控制项目中所包含的发展资源，因此在权力结构中并不能居于权力中心的位置。农户作为被干预对象，尽管对自身的行为具有最终决策权，但同样由于没有参与项目干预决策的空间，处于整个权力结构的边缘。

事实上，由乡政府、村组干部和农户三大权力主体组成的单中心权力结构，并不仅仅存在于上述一个案例中，而是在所有行政干预下的农村发展干预中权力结构的常态。但这种具有权力垄断性质的单中心权力结构，随着参与式发展干预中外部干预和新的权力中心的进入，各权力主体在发展干预中的参与空间逐渐发生变化，权力结构也由单中心结构逐渐向多中心结构变迁。

在胜利乡参与式发展干预中，课题组这一新的权力主体加入，同时其也是外来权力中心。各权力主体在发展干预中以不同的形式出现，课题组和乡政府均以团体形式出现，村组干部总体上以个体形式出现，而普通农户则同时以个体和团体两种形式出现。课题组掌握着发展资金这一最重要的权力资源，是外来权力中心，与乡政府这一内在权力中心，共同构成了参与式项目权力结构中的两大权力中心。尽管参与式发展干预的多中心制度结构，从制度安排上为所有权力主体提供了参与项目干预过程的空间，但事实上无论是农户还是村组干部，都只是被干预对象，并没有真正参与项目决策的空间，依然处于权力资源配置的末端，成为权力结构的外围。因此，参与式发展干预中的权力结构，就由干预前的"单中心权力结构"变成干预引入后的"双中心权力结构"，成为外部干预引入后的多中心权力结构的一种类型（如图4-1、图4-2所示）。

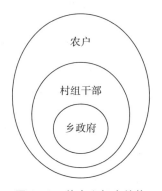 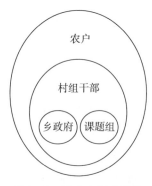

图4-1 单中心权力结构　　　图4-2 双中心权力结构

多中心权力结构的出现，源于外部权力中心和内部权力中心之间的博弈与均衡。面对发展资源，两大权力中心都不会自动放弃对权力资源的控制而居于权力结构边缘。乡政府希望在不危及自身权力中心地位的情况下引入外部发展资源。课题组一方面要坚持控制发展资源的使用和配置权，实现发展干预的预期效果；另一方面要与乡政府这一内部权力中心合作，获得乡政府的支持，使发展干预活动顺利开展。合作与博弈的结果之一是项目层面制定的"多中心制度结构",既体现了多中心权力结构的分权治理特征,同时也把各权力主体之间的权力关系嵌入具体的制度安排,从而在制度层面划分了各权力主体的权力边界。

4.2.2 多中心权力结构中的权力主体及其权力边界分析

1. 课题组

课题组首先是以外来干预者和发展资源的实际控制者的角色出现的,并成为事实上的权力中心之一。在参与原则下形成的多中心制度结构中,课题组需要保持与其他三个权力主体的通畅联系,并在干预过程中推动各方参与。其一,这是参与式项目本身的原则要求;其二,课题组作为一个外来权力主体,其利益诉求并非直接从发展干预中的权力资源配置过程中得到满足,因此并不存在直接参与权力资源争夺的动机,而是严格地按照参与式项目本身的制度安排,扮演协助者和管理者的角色。但无论课题组的角色如何变化,其根本上掌握和控制着发展资源的配置,使自身成为项目权力结构中最重要的权力中心,出现了从外部权力中心向内部权力中心的转化,并逐渐内化为胜利乡社会经济事务的重要利益相关者和外来权威中心。

作为外来权力中心,课题组在发展干预中发挥着两个最重要的作用,分别是注入发展资金和促进多中心制度结构的形成。发展资金是最重要的发展资源,也是发展干预中最重要的权力资源,其一方面满足了被干预主体的现实需求,另一方面是开展干预行动的最重要手段和载体。多中心制度结构对此前政府行政主导下的单中心制度结构形成了非常大的冲击,首要的变化是使农户成为发展干预中重要的权力主体,并赋予了农户直接或间接参与项目决策的部分空间。这一根本性的制度变迁,从制度层面改变了干预引入前的单中心权力结构,使农户从单纯的被干预者向主动被干预者的角色变迁。在这个过程中,课题组扮演了规则制定者和权力资源配置协助者的角色。

参与式项目基金是课题组发挥权力中心作用的重要平台。通过这个平台，各方共同参与并形成多方参与的制度安排，最终形成多中心制度结构。如小项目的申请需要在村民大会上讨论通过，申请书上需要一定人数的村民签字，需要组建包括妇女和弱势群体在内的项目实施和管理小组，项目资金使用和管理采取实报实销和多头管理等措施。另外，课题组通过对小项目实施中的协助管理和监督责任的行使，确保发展干预中的多方参与和预期发展干预效果的实现，如对滚动资金项目实施中违反项目制度等行为进行监督和修正。

但课题组的监督和修正行为并不总能发挥作用。如在基昌、牛背屯和新村屯三个村寨滚动资金案例中，尽管课题组多次通过参加小项目实施领导小组的例行会议，逐村逐户开展实地工作等多种方式，试图使三个村寨滚动资金中存在的问题得以纠正并使项目重新运行，但各个村寨项目失败的根本原因均涉及村寨内部的权力争夺以及整个项目中各权力主体之间的权力博弈，项目最终还是走向失败。在无法同时实现各方认可的权力均衡状态时，课题组作为权力中心，对项目实施已经失去了控制，其监督和修正行为，并不能改变项目失败的事实。笔者在对社区内部权力结构特征及权力流动的讨论中将对此进行详细阐述。

课题组作为发展干预中的权力主体，同样有其自身的利益诉求。把外来的参与式理论和方法通过具体项目的实施，植根于乡村社会的发展过程中，并希望被干预社区能产生内源发展的动力，这是参与式发展干预的最重要目标。但以各方参与为核心特征的多中心制度结构与社区已有的制度结构之间的结构性差异，多中心权力结构与单中心权力结构之间的结构性差异，使参与式发展干预总是处于理想与现实的冲突和融合之中。这种必然存在的结构性冲突，既为课题组提供了实施有效的发展干预的突破口，也使课题组作为权力中心的作用更加突出。

在整个参与式发展干预中，课题组所拥有的权力是最大的，同时其权力边界也是最大的，如图 4 - 3 所示，它不但能参与几乎所有的干预环节，包括项目在社区内部实施执行的细节，而且都能发挥重要的影响力，甚至行使最终决策权。课题组事实上的权力边界，超出了项目制度框架本身所设定的边界范围。

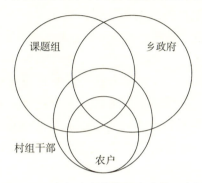

图 4 - 3　各权力主体的权力边界示意图

2. 乡政府

在乡镇机构改革和财税制度改革之后，乡政府可支配的财政收入主要来自上级财政转移支付，同时乡政府职能也大幅缩减，几乎失去了提供农村公共服务的能力。另外，原来由乡政府提供的农村公共服务大部分向县政府各职能部门转移，乡政府的角色也相应地转换为协助者。为此，乡政府在农村发展中的权力受到很大限制，所能掌控的权力资源也随着乡镇机构改革带来的强制性制度变迁而大量消失。但这并不意味着在传统的行政主导下农村发展干预模式在干预方式和路径等方面会发生强制性制度变迁。单中心制度结构和单中心权力结构，依然是行政主导型发展干预的核心特征。乡政府尽管不是农村发展资源的直接提供者，但作为直接提供发展资源的上一级政府的直接代理人，以及农村发展中的重要管理者和协调者，其依然凭借最基层政府这一结构所赋予的权力和权威，成为农村发展干预中最重要的权力中心。

乡政府本身也是具有独立利益诉求的权力主体。在参与式发展干预中，外部干预被引入后，其他权力主体在制度层面和干预层面的全面介入，使乡政府原本的权力核心地位受到削弱，这在小项目管理制度中体现得很明显。因此，在参与式项目中，尽管乡政府作为公权力的代表必须使发展干预顺利进展，但乡政府作为独立利益需求的权力主体，其权力平衡点并不在于能否实现发展干预的预期效果，也不在于发展干预中各权力主体的参与程度和对弱势群体的赋权程度增加与否，而在于能否掌握和控制发展资源配置的决策权，也即维持权力中心的结构性位置。

在农村发展中，天然的权力中心地位和现实中所能掌握和控制的权力资源的匮乏，使得原本处于强势地位且作为"积极的行动者"的乡政府，希望"干点事情"从而实现政府价值及官员个人政治资本。但在参与式项目的多中心制度结构中，乡政府并没有获得希望的完全控制权，除了"感叹"参与式项目具有"手续繁杂、人多嘴杂、时间长、见效慢"的"弊病"之外，现实中还面临着制度上的权力弱化，这与其"干点事情"所要求的"短、平、快、干完就不管"的初衷完全不同，从而实际上限制了乡政府快速实现"自我价值"冲动的空间。因此，相对于课题组而言，乡政府在参与式发展干预中的权力边界，尽管在项目制度框架中很大，但事实上比制度规定的边界要小得多，同时也小于课题组的实际权力边界的范畴。

面对理想与现实之间的落差，乡政府在项目实施中表现出了"消极怠工者"的特征，即并不完全履行参与式项目实施管理制度中对其规定的角色定位，从而不可避免地导致部分项目失败以及项目目标出现重大偏离。这一现象在新村屯、牛背屯、基昌三个组滚动资金项目的失败过程中反映得非常明显。而乡政府在项目实施中的"消极怠工"，客观上导致课题组频繁发生"越权"行为，即履行参与式项目实施管理制度中原本应该由乡政府负责的工作，从而进一步导致乡政府缺乏积极参与的动机，并发生更严重的"消极怠工"行为。如此循环，事实上使得在后两期参与式项目中，课题组和乡政府在权力结构中的实际定位回到了前两期项目试点阶段，即课题组重新成为发展项目实际的执行者，而乡政府依然作为协助者甚至观望者的角色出现。

在参与式发展干预中，处于理想与现实的落差中的乡政府，一方面成了现实的"消极怠工者"，另一方面表现为其实际权力边界的缩小，缩小的原因来自课题组的被动挤压效应，但更重要的是乡政府本身的行为动机和自动放弃。因此，现实中乡政府和课题组之间的权力边界，便出现了一定程度的重叠。

3. 村组干部

村组干部在参与式发展干预中总体上位于承上启下的位置，作为发展干预中重要的权力主体之一，其位于多中心权力结构的中心与外围之间。他们一方面作为农户利益的代理人，向农户负责；另一方面，村组干部要接受乡政府的行政领导，并执行乡政府布置的各种行政任务，接受乡政府发放的经济补贴。在参与式项目实施管理的制度安排中，村组干部的主要职责是组织村民开展项目的申请、实施和管理工作，同时协助参与式项目管理委员会的管理工作。因此，在参与式项目的多中心权力结构中，村组干部一方面需要向课题组和乡政府两大权力中心负责，另一方面需要组织农民参与项目活动，并对项目进行管理。

村组干部在充当乡政府和课题组与农户之间桥梁的同时，其本身也是具有独立利益诉求的权力主体。在参与式项目中，村组干部在权力结构中的结构性位置，决定了其在项目层面是弱权力中心，在社区内部是强权力中心的双重特征。相对于普通农户，村组干部由于其具有能够和更多的权力主体发生各种联系的特殊角色，拥有更多的社会资本等优势，因此在社区内部，村组干部成为社区内部权力结构的中心，并对社区内部的项目实施进程影响巨大。如羊山村的罗二芬，在滚动资金的使用和管理中的作用，是外部权力中心所不能替代的。

> 养殖和滚动都是由妇女小组负责实施，一共16组，每组1250元，一组4户，主要是由我分下去，今年是十月初一开始滚动的……现在基金还剩下30元钱没有发出去，其他的都在滚动。妇女小组的账目和村集体的账目是分开的，两者不

相干，妇女小组的账目由我来管。（罗二芬）

无论是在乡政府主导下的"单中心权力结构"中，还是在乡政府和课题组共同影响下的"双中心权力结构"中，如果权力中心与农户之间具有共同的利益诉求和行动取向，那么村组干部就能非常容易地开展工作；如果两者之间缺乏共同的利益诉求和行动取向，甚至是相反的，村组干部就处于非常尴尬的位置而难以顺利开展工作。如吴登学在阐述其辞职的原因时说所说：

> 村干部太累了，上管天文地理、下管鸡毛蒜皮，哪家两口子吵架了还得叫你去。管的事情多了，就难免得罪"小人"，不管吧，又有人说你占着茅坑不拉屎，不但受乡（乡政府）里气，还受老百姓猜疑，说你什么时候贪污了什么的。两头受气，自己受了委屈没处说，还落下个贪污的骂名，不值得，干着没劲，还不如在家里多种点地，养点猪，落得清净，还能多挣钱。（吴登学）

对于吴登学作为村组干部所处的现实困境，笔者在本研究中暂且称之为"村干部困境"，其表明村组干部在乡村治理的权力结构中所处的尴尬状况。调查表明，村组干部面临的"村干部困境"，源于多中心权力结构中各权力主体共同认可的权力均衡状态难以实现（关于这部分内容，笔者将在后面章节中详细阐述）。在社区内部，当村组干部与普通村民的利益诉求一致并与外部权力中心的利益诉求发生冲突时，社区内外便出现权力结构失衡现象，村组干部与普通村民之间形成统一的利益联盟。如基昌滚动资金案例①，在获得

---

① 基昌沼气和滚动资金项目总体上与新村屯的情况非常类似，也是乡政府为了完成沼气池建设指标而采取的激励农户参与项目的手段。所不同的是，基昌项目中，获得资金的农户有 56 户，只有 16 户由于没有修建沼气池而未获得资金支持。在课题组的整改要求下，基昌沼气项目并没有把本金收起来进行全组滚动，而是定期向获得资金的农户收取利息，并把利息集中起来补助到另外 16 户中去。这种方案也获得了多数农户的认可。

滚动资金支持的 56 户中，滚动资金的重新分配对已获得资金支持的村干部的影响是最大的，因此村组干部并不想改变滚动资金的分配方式，并且这一分配方式得到了大多数农户的支持和认可。但由于这种均分的资金分配方式不仅与参与式项目的基本原则相违背，而且整个项目缺乏最基本的多方参与的运作过程，面对课题组按照项目原则出发提出的整改要求，村组干部又必须配合工作。面对社区内外的双重压力，拖延和敷衍的行为策略便成为其理论上的最优选择，其表现便是"我们也没办法啊，农科院老师来，我们也只能敷衍了"（许有才①）。

　　并不是所有村组干部都会面临"村干部困境"，或者说并不是所有人都排斥"村干部困境"的存在。在相对封闭且权力资源稀缺的社区内部，如果村组干部的职位不能引起社区内各权力中心的争夺，或者不能产生各权力中心都认可的村组干部，那么这种情况的出现就为处于非权力中心地位的普通农户成为村组干部提供了可能，这也是非权力中心从社区权力边缘向社区权力中心转变的捷径。如牛背屯村在经过多次查账危机和滚动资金等社区发展项目的失败后，游离于社区内部几大权力派系之外的蔡依林便获得了社区内部权力斗争的好处，成为新的村组干部，并暂时得到了各派的表面认可。

　　获得各方认可的前提，是能够在各权力中心之间找到权力均衡点，从而获得绝大多数人的支持，否则同样会面临"村干部困境"。新村屯的现任组长何正福在面对前任组长张开飞辞职后处于停滞状态的滚动资金项目时，在面对课题组、乡政府、农户的多重压力之下并没有找到权力均衡点，反而使自己处于"风暴眼"，这使得他萌生了和吴登学当初一样通过辞职而退出的想法。但羊山村的罗二芬就成功地避免了陷入"村干部困境"，这得益于课题组的支持，而更重要的是其在整个项目层面及社区内部找到了权

---

① 小山屯行政村党支书，基昌人，连续担任支书达 10 年之久，社会关系网络很大，承包当地许多建筑工程，在基昌的公共事务管理和决策中影响力巨大。

力均衡点，通过小组滚动和公开平等参与的方法，达到内外都认可的权力均衡配置状态。

因此，与乡政府和课题组相比，在参与式发展干预中，村干部的权力边界要小一些，但与上述两者不同的是，村干部的权力边界与乡政府和课题组的重叠区并不大。乡政府和课题组在整个发展干预中，权力边界虽然很大，但主要以项目具体决策为主，在项目的具体实施中，尽管同样具有重要的影响力，但并不过多地直接参与社区内部项目活动的执行及决策。村组干部则不同，他们在项目层面的决策空间相对较小，但在社区层面的决策空间相对较大，其权力边界相对于普通农户而言，也要大。

4. 农户

农户是发展干预的最主要干预对象，同时也是发展干预中最重要的权力主体。尽管参与式项目实施制度中明确规定了农户在发展干预中的参与空间，但由于农户本身的异质性以及发展干预中各种因素的相互影响，不同农户的参与程度差异较大，并因此表现出不同的行动策略。

在几个村寨同时进行的滚动资金案例中，笔者总体上可把农户分为两类：受益农户和非受益农户。前者是获得滚动资金支持的农户，后者是没有获得资金支持的农户。在羊山村、牛背屯、新村屯等案例村中，两种类型的农户都以集体形式出现，如牛背屯中获得资金支持的 25 户与没有获得资金支持的农户，基昌中获得资金支持的 56 户与没有获得支持的 16 户，新村屯中获得支持的 19 户与没有获得支持的 13 户，羊山村的资金滚动小组，等等。

奥尔森在《集体行动的逻辑》中，通过对集体行为和个体行为的研究，把具有共同利益的集体分成兼容性集体和排他性集体。相较于排他性集体内的零和博弈，兼容性集体更容易实现正和博弈的目标，从而满足集体内每个成员的利益诉求。在一个稀缺资源总量固定的封闭社区中，具有相同利益的社会行动者组成的排他性集体具有扩大集体利益的倾向和动机。因此，同样类型的农户在发展干预中更容易形成集体行动，从而成为滚动资金项目运行中的特殊权力中心。在滚动资金案例中，羊山村的每个资金使用小组作为一个利益共同体，其资金使用和管理的制度安排使其成为一个兼容性集体，个人利益的获取并不会因为新来者的加入而减少；而在基昌和新村屯，已获得资金支持的农户组成的集体则是排他性集体，任何新成员的加入都会损害每个人的既得利益。

在整个胜利乡的参与式项目中，虽然不同类型的农户集体并不都是排他性集体，但并不能假定这是因为作为个体行动者的农户都具备高尚的道德情操而不参与权力争夺。对比前两期的基础设施项目和后两期的滚动资金项目，可以发现在封闭社区中，当个体权力主体面对共同的非排他性外部资源并采取集体行动时，每个权力主体所承担且均分的集体成本，远远低于均分的集体收益，而如果没有形成一致的集体行动，则所有个体将面临巨大的非排他性收益损失，因此理论上每个个体成员都具有开展集体行动的动机，这时集体利益和个体利益是一致的。在项目早期开展的大量基础设施建设中，农户的集体行动容易迅速形成，这与外来资源作为一种非排他性资源的性质有重要关系。

但现实中由于存在"搭便车"行为，必须要有相应的制度规范来防止"搭便车"行为的出现。在朝山组村内道路的修建中，农户集体讨论的结果是实行小组包干制，对于缺席或迟到的农户，需要进行经济罚款。这时候，选择服从集体决定所获得的长远收益将远远大于选择不服从集体决定所带来的短期收益，因此以集体决定这种制度安排来对农户的参与行为进行定性，无论是对于农户个体还是对于农户整体来说，都是收益最大化的最优选择。

但当外部资源成为排他性资源时，如基昌和新村屯的滚动资金，则很难形成兼容性集体。项目层面的多中心权力结构中，农民是权力结构边缘或末端的普通权力主体，权力主体之间的权力分化，成为新的排他性集体形成的基础。如新村屯中获得资金支持的19户，在村寨中处于整体的强势地位而结成临时的排他性集体。这种排他性集体形成之后，尽管会面临外部权力中心和本集体之外其他权力主体的双重压力，但当抵抗外部压力所带来的平均成本小于排他性集体内部成员的平均收益时，这种权力的非均衡状态并不会改变。

上述对于农户这个权力主体的分析表明，以非排他性资源的特征进入封闭型社区，是项目成功的关键。同样是滚动资金，在羊山村以非排他性资源的形式存在，而在其他三个组则最终成为排他性资源并处于激烈的内部争夺之中。比较两者异同，关键还在于资源管理和使用的制度安排必须能够使每个社会行动者具备平等参与的机会。

通过对具有以上利益导向的农户行为的分析可知，在参与式发展干预中，农户作为重要的权力主体，首先拥有一个理论上的权力边界，这一点和其他三个权力主体一样，即由项目的各项制度安排规范的权力边界。但农户现实的参与空间并不和理论上的参与空间完全重叠，现实的参与空间一方面受到其他权力主体的挤压而变小，另一方面随着农户自身的能动性反馈行为而扩大。对农户权力边界的界定同样如此，一方面，受到其他权力主体的挤压，农户实际能发挥权力作用的边界要小于项目制度的安排；另一方面，农户自身在个体利益最大化原则下的能动性反馈，往往突破了制度安排对其所限定的权力边界。基昌的利息滚动案例中，村组干部和农户之间排他性利益共同体的形成，正是这种权力边界在受到挤压和自我突破的双重作用下的结果。

4.3 权力流动的总体路径

从权力资源说出发，权力取决于所掌握权力资源的数量和质量。但是，并不是权力主体所拥有和控制的任何权力资源在任何环境下都能发挥作用，因此，可以把权力发挥作用的范围定义为权力边界。如牛背屯的村组干部可以行使其对社区内部公共事务管理的权力，但他们的这种权力也仅仅局限在牛背屯这个社区内部，他们不能在别的村寨行使同样的权力。但权力主体的权力边界并不是固定不变的，通过权力资源的转移和流动，权力主体的权力边界也会发生变化，或者扩大，或者缩小。如将参与式项目的第一阶段和第二阶段相比较，乡政府和课题组在两个阶段的权力边界都发生了相应的变化，前者扩大了，后者缩小了。在既定的权力结构中，权力边界的变化动力或者来自外部干预，或者是内部博弈的结果。权力的资源性本质，决定了权力流动的方式是各种权力资源在权力主体之间的流动，如资金、信息、物质等权力资源的流动。

　　在多中心权力结构中，权力流动总体上呈现出"由外向内、由上到下、由机构到个人"的结构性特征。如图4-4所示，实线表示直接的权力流动，虚线表示间接的权力流动。发展资金作为重要的权力资源，既是实施发展干预的重要载体，也是权力流动的载体，而发展资金从课题组向普通农户的流动过程，本质上也可以看成是权力资源从权力中心向权力边缘的流动过程。在参与式项目中，课题组作为发展资源的直接提供者，决定了其在发展干预中的权力中心地位，同时其也是发展干预中权力流动的最大源头。从第三期项目开始，随着项目目标的转变，乡政府成为小项目决策、管理和执行的主体，但在一些重大项目事务的决策中，最终决策权实质上依然由课题组掌握。

　　如在2007年8月，参与式项目实施领导小组的核心成员召开项目审批会议，针对新一轮的项目经费投向问题，乡政府希望能继续重点支持以基础设施为主的工程性投入，如修路、修水等，并且这一投资取向也是大多数村寨和农户的首要需求。但由于项目资金有限，同时项目要求尽可能惠及穷人和提高穷人生计的自我改善能力，因此在课题组看来，将有限的资金投入需要大量资金的基础设施项目中，并不能达到项目的预期目标，而应该用有限的资金尽可能开展一些农户能长期参与的创收项目，如种植和养殖项目等，并且希望通过资金滚动使用的形式持续开展从而达到各方参与的目的。因此，在这一次的小项目评审中，尽管大量的修路、修水等基础设施建设项目得到了乡政府的支持，但并没有获得课题组的肯定，因此没有得到批准，只有少数没有开展过

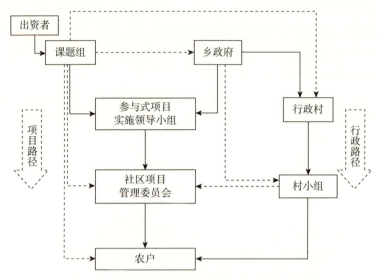

图 4 - 4 胜利乡参与式发展干预中权力流动的总体路径

参与式项目且确实亟须改善基础设施状况的村寨获得了基础设施建设项目的支持。因此，从制度上讲，乡政府是小项目决策和管理的主要负责人，但是在关键事务决策中，课题组具有最终决策权。

　　针对课题组和乡政府两个权力中心，参与式发展干预中权力流动的总体路径大致可以分为两条路线。在制度上，课题组的权力首先向乡项目实施领导小组流动，通过这个决策和执行机构，表达课题组的利益趋向。但实际操作中，课题组也与行政村、村小组、社区项目管理委员会和不同农户同时发生联系。尽管这些联系中并不一定发生直接的权力流动，但来自不同权力主体的声音，在很大程度上会对课题组的决策行为产生影响。

　　针对新村屯滚动资金的僵局，课题组直接到新村屯进行实地调查，并与不同农户多次沟通，针对新村屯的实际情况，询问大多数已获得 300 元滚动资金支持的农户，是否愿意再投入 3000 元钱，以填补另外 10 户的滚动缺口，从而保证滚动资金能够尽快重新滚动起来。尽管从程序上仍然是由参与式项目实施领导小组讨论后集体决定，但事实上课题组的意愿具有决定性作用。从新村屯滚动资金运作陷入僵局直到此次调查结束时的 2007 年底，乃至到这 3000 元资金注入后的 2009 年上半年，在总共 4 年多的时间内，乡政府作为参与式项目基金制度的管理者，始终没有对新村屯滚动资金项目的运行情况开展实际调查来表示协调整改的行动和决心。

从乡政府这个权力中心来看，事实上其权力流动的方向，仍然是循着科层体系层层递进，即从乡政府到行政村，到村民小组，再到个体农户这样一条路径。同时，在项目管理上，乡政府直接通过参与式项目实施领导小组，对项目进程施加影响，并通过行政村和村民小组间接向社区项目管理委员会施加影响。在整个发展干预过程中，由于乡政府并不能完全对这部分发展资源进行掌控，因此通常没有最终决策权，所以对社区和农户的直接影响并不大。但相较于课题组，乡政府在权力流动过程中的优势，就是利用其天然的统治权威和治理渠道，对农户行为施加影响。

2007 年 8 月笔者在牛背屯实地调查期间，针对牛背屯过去几年混乱的治理状况，乡政府主要领导和行政村主要干部，包括乡党委书记、纪委书记、人大副主席、副乡长、行政村支书和村主任，邀请课题组负责人共十多人，进入牛背屯召开群众大会，试图找到结束牛背屯混乱治理状况的方法。尽管这次"整改会议"最后并不是完全成功，但是从这一过程中可知，乡政府作为最基层政府，同时也是最重要的乡村社会治理者，可以利用其先天的权力优势和权力资源，直接影响村组和农户的决策和选择。但一个有趣的现象是，整个会议进程中，主持会议的是行政村支书，而乡政府始终是以协助者的角色出现，课题组则是以中立者和旁观者的身份出现。

从权力流动的角度考虑，乡政府、行政村和村民小组三级权力主体之间的角色和关系，是递进式的传递和流动，而不是两两相互发生权力流动。课题组在制度层面并不能直接参与社区事务的管理和决策，尽管其作为一个外来权力中心在某种程度上具有影响社区事务的能力，但课题组必须通过参与式项目实施领导小组来发挥作用，而不能直接替代乡政府的角色。因此，尽管乡政府表面上是参与式项目的主要管理者和执行者，且在项目决策中没有最终决策权，但在发展干预的实际运行中，乡政府借助官方途径，总体上仍然对整个参与式发展干预过程产生非常重要的影响。

社区项目管理委员会是在村民小组内部形成的项目决策和管理小组，在胜利乡的众多项目村中，社区项目管理委员会成员通常由村组干部和几位群众推选的代表担任。但随着村组干部的频繁更替，事实上管理委员会成员也处于频繁的变更之中。如新村屯的滚动资金管理委员会，随着小组组长由张开飞到卜朝贵，再到何正福的3次轮换，短短3年内，管理委员会名义上就更换了3次组长。

社区管理委员会人员组成的这种结构性特征，使得组成管理委员会的人员总是处于频繁变更之中，他们不但不了解项目的细节情况，而且也缺乏足够的参与意愿。如基昌的滚动资金管理委员会，在2005年第一次决定组成人选时，在把几个主要村组干部包括进来之后，只是随意加上了几个人，以至于当事人自己都不知道其是否管理委员会成员。同样的情况也发生在新村屯和牛背屯。这使得原本要求独立存在的社区项目管理委员会事实上成为村民小组（有些村寨也称村务理事会、村小组管理委员会等）的翻版，村民小组核心成员同时也是社区项目管理委员会的核心成员。村民组长如果不负责任，或者中途辞职，那么，如果不能选出另一个负责任的人担任村民组长，那么在村民小组陷入停滞状态时，社区项目管理委员会的管理功能也随之停止，从而影响整个项目的实际运行。

调查发现，这种"社区项目管理委员会"和"村民小组"事实上"合二为一"的结构性存在模式，并不是在所有项目村寨中都如此。在羊山村，社区项目管理委员会成员总体上是固定的，管理委员会选出来的是具体的人，而不是某一个结构性存在的职位。因此以罗二芬为首的羊山村项目管理委员会，并没有随着羊山村组长和会计人选的变化而频繁变更。从项目顺利实施的角度考虑，这种非结构性存在的社区项目管理委员会事实上起着非常重要的作用。

4.4　项目决策中的权力流动

发展干预中的权力流动，并不总是具有连续性，而是不连续的流动过程。发展干预的各个环节，体现出了权力流动和权力结构的动态均衡或失衡，但总体来看，项目决策环节最能体现出权力流动的基本特征。为此，本节将基于对参与式项目决策过程的详细分析，进一步论述多中心权力结构中权力流动的特征。

根据 2005 年 12 月 23 日胜利乡全体乡、村干部及村民代表会议通过的《胜利乡第四期 IDRC 小项目实施条例》[①] 规定，胜利乡成立"参与式项目实施领导小组"，组长由胜利乡党委书记担任，乡长和分管领导及课题组负责人任副组长，各包村干部和各村支书、主任为成员。在这种制度安排下，参与式项目实施领导小组成员并不是固定不变的，但领导小组成员的角色是固定的。因此，项目实施领导小组在成员组成上呈现出结构性存在的特征，如表 4-2 所示。

表 4-2　胜利乡"参与式项目实施领导小组"人员组成[②]

职务	主要职务
组长	乡党委书记

---

① 详细内容请查看第三章介绍。
② 此名单的截至时间为 2007 年底，2008 年后名单人员发生较大变动。

职务	主要职务
副组长	乡长 乡分管领导 课题组负责人
成员	乡政府办公室主任 乡人大副主席、包村干部 纪委副书记、包村干部 武装部长、包村干部 水管站工作人员、包村干部 农业服务中心主任、包村干部 乡民政干部、包村干部 乡政府普通工作人员、包村干部（2 人） 胜利村支书 胜利村主任 花园村支书 花园村主任 洞山村支书 洞山村主任 麦田村支书 麦田村主任 课题组成员

资料来源：由课题组、乡政府提供，笔者整理。

在结构性存在的人员构成中，核心领导层由乡党委书记、乡长、乡分管领导以及课题组负责人4人组成。同时，《胜利乡第四期 IDRC 小项目实施条例》规定，参与式项目的重大事项的决策需要通过定期会议和集体决策机制进行。考虑到实际运行中不可能频繁地召开全体组员大会，很多时候只是由组长、副组长以及主要组员如办公室主任、人大主席等核心成员召开小型会议，对项目活动进行决策。小型会议的参会人员在参与式项目管理和决策等实际运行中，起着项目实施领导小组的常务委员会的作用。笔者在胜利乡实地研究期间，曾列席了项目实施领导小组的多次常务委员会会议，案例4-2为其中一次的会议记录。

案例 4-2　参与式项目实施领导小组关于项目
申报问题的讨论

时间：2007 年 7 月 31 日

地点：胜利乡项目组会议室

人物：魏老师、周老师、王书记、李乡长、杨书记

杨书记：到目前为止还是只有几个村民组递交了项目申请书，进展很缓慢。

李乡长：总体来说，目前项目申报工作进展缓慢主要有几个原因。第一，外出打工人员比较多，很多村民组实施项目的劳动力不够，所以不愿意申请；第二，最近政府工作比较忙，还没有拿出足够的时间来专门推动项目申报的进展；第三，目前村民需要的多为基础设施建设项目，可是又和参与式项目现在重点支持的方向不同，所以大家都不太愿意申请；第四，政府希望这期参与式项目主要用于洞山村的整村推进工作，希望能够按照我们的思路来走，重点打造水果村和畜牧村。

魏老师：我觉得，参与式项目实施不应该是仅仅限于洞山村，而是要倾向于没有实施参与式项目的各村民组，通过项目实施让村民参与项目，提高村民自我管理能力。我们要尽可能引导村民申报发展型项目，可以支持少量的基础设施项目，但生产发展是摆在第一位的。打造精品水果村和畜牧养殖村，主要还是要依靠扶贫办的力量，参与式项目可以适当支持，但要有合适的发展项目。

李乡长：小寨有个村民陈燕想养 500~1000 只鸡，我想是否可以由小项目给予适当支持呢？

杨书记：根据项目管理办法，参与式项目不支持个人发展。项目主要针对大多数群众，提高村民管理能力。项目主要关注弱势群体，要让 80% 以上村民受益。

魏老师：参与式项目倡导社区公共资源集体所有，公平

公正使用。

王书记：我们下周就可以将工作重心转移到参与式项目上来，引导村民寻找新的发展项目。但是目前村民对经济发展项目没有兴趣，主要还是考虑基础设施项目。我觉得蘑菇生产可以跟参与式项目捆绑起来做。我们有决心、有信心把项目开展好，推动胜利乡的发展。

周老师：当然，我们还要考虑项目合同周期问题，尽可能早地把经费用出去。

李乡长：从现在开始，参与式项目要有新的起色，需要抓紧引导，做出特色。说到做到，雷厉风行。

魏老师：目前有几个申报项目，我们可以根据申报条件（是否村民需求、资金额度、管理运作方式），成熟一个审批一个。对于没有申报项目的村组，要抓紧引导村民申报发展项目，也可以支持少数亟须开展的基础设施项目。我们现在要对申报项目进行摸底，是否是村民急需的？是否发展的瓶颈项目？是否可行？村民是否能够做？村民能做什么就做什么。根据能力来支持。

王书记：那对于发展项目，我们可以让愿意干的农户来干，有几户算几户。

魏老师：但村寨发展基金是属于村民集体的，每个村民都有使用村寨发展基金的权利，不能只由几户农户专门使用。

李乡长：群众意识落后，不能真正参与项目时，我们要逼着村民发展才行。

周老师：其实村民还是比较积极主动的，可能目前由于各种限制因素，暂时还找不到合适的项目。我们最好不要帮老百姓确定项目，小项目的功能除了让老百姓受益外，更多的是提供一个让多方（老百姓、乡政府、农科院）参与、共同解决发展问题的平台。引导是必要的，但不能逼民致富。

周老师：项目资助规模可以讨论，例如一个村民组有 100户，如果 20 户农户有发展想法，是否可以考虑支持。先起个示范作用，但资金还是属于村民组集体所有。

杨书记：目前只有唐基堡申报的是发展项目，其他几个村民组的饮水比较困难，阴沟和葫芦想单独搞饮水工程，也提交申请了。我想，如果这两个组能合作，一起搞饮水项目，更节约经费，也能促进和谐社会建设。我们现在要争取尽快启动一些项目，带动其他村民组。不一定都要照搬羊山村和朝山的发展模式，有创新更好。

魏老师：目前，以村民组为单位申报项目比较困难，可以适当放宽申报条件，我个人想法不能低于1/3的农户数且不低于10户。已实施过项目的村民组也可以申报项目，同等条件下，优先考虑没有实施过项目的村民组，资助规模可以根据申报项目的实际情况来定。

杨书记：目前，新领导对参与式的认识不够，仍一片空白。选个时间开个培训会，让领导了解参与式方法，很有必要。今年是第四期项目的最后一年，我们有决心把项目搞好。我想，我们下周先审批一批合适的项目申请，再去协商有困难的村民组，可以适当放宽申报条件。

李乡长：我们一定总结过去十多年的经验，把小项目做好，我亲自来牵头。

这次讨论会议的背景，是2007年的参与式项目申请工作一直从年初拖到年中还没有启动。这是由多种原因共同造成的，主要原因之一是课题组、乡政府及农户三者，对于参与式项目资金投向领域存在分歧，关于这一原因，笔者在上一节中已经详细阐述过。另外则是农民和村组干部对开展参与式项目的意愿和积极性都有所下降。

参与式项目中旨在确保农民和各权力主体公平参与和基本权利的制度安排，如项目申请书需要经过村民大会或村民代表大会通过，农民需要投工投劳，需要兼顾每一个农户的现实需求，以及制定一整套管理实施办法和原则等，在项目实施中往往很难得到完全认同和执行。实地调查中，经常会听到一些村组干部的抱怨，"参与式项目好是好啊，可就是太麻烦，事情太多，老开会"（许有才）。对村民来说，大部分参与式项目除了要求村民参与项目的管理和决策之外，还要求投工投劳，对村民的参与积极性有时候会产生影响。如2006年麦瓦开展的"大蒜种植项目"，按照村民的说法是"从年头一直忙到年尾，可最后由于技术和天气原因，却赔本了"。随着越来越多的青壮年劳动力外出务工，各个村寨留守的基本上都是中老年人，劳动力的缺乏也成为小项目进展缓慢的重要原因之一。如滚塘组，从2001年完成第二期项目至今，竟没有提交过一次项目申请，而问及原因时，得到的答案是"现在大家都外出打工，留下的人也不愿意申请，申请了也没有劳动力干"。因此，农民申请并实施参与式项目的意愿和积极性，已经和前两期时的热情高涨形成了鲜明的对比。

这次会议中，上述背景成为讨论的焦点，尤其是"项目申请书需要经过村民大会或村民代表大会通过"这一条，成为争论的关键。会议的最终意见是，"每个村组参与项目的农户要求由全体农户缩小到不少于10户，项目内容兼顾基础设施项目，但是以发展项目为主，项目区域重点考虑没有开展过小项目的村寨"。在这一决策的形成过程中，课题组、乡政府和农民三个权力主体，在参与式项目资金的投资取向上，都有各自的理性选择。问题的关键也恰恰在于，各权力主体之间并不一致的利益取向和选择，如何最终达成一致。

在这个折中方案中，三大权力主体的利益取向都得到了部分满足，但"最大的赢家"无疑还是课题组。决策过程中，表面上参与者只有课题组和乡政府两大权力中心，农民并没有参与其中，但事实上，课题组和乡政府除了需要通过参与式项目决策来实现各自的利益目标之外，课题组还需要保证项目整体目标的实现，而乡政府希望多做一些"看得见摸得着，容易出政绩"的事情，双方对农民需求及农民利益的不同理解，事实上成为双方权力博弈的"借口"。尽管农民是最重要的利益主体和权力主体之一，但在项目决策过程中没有直接出现。如果说课题组和乡政府在某种程度上都可以算作农民的代理人的话，那么可以肯定的是，代理人本身的利益和农民的利益在此是混合在一起出现的。

综上所述，参与式项目决策中的权力流动，是由权力主体之间的权力关系和权力结构的基本特征决定的。尽管参与式项目管理制度要求以参与式方法为指导，实现各权力主体，尤其是农民在发展干预过程中的全程参与，但从参与式项目决策的过程可知，这种原则要求和制度规范在现实中很难完全实现。农民作为重要的权力主体，其在发展干预中的参与空间和权力边界，总体上很难超出其所在社区的范畴，尤其是在项目层面，他们很难获得真正的参与空间，因此依然处于多中心权力结构的边缘位置。而作为处于权力中心地位的乡政府和课题组，相互之间同样存在各自的利益和权力博弈。在课题组掌握着发展资源并拥有最终话语权的情况下，项目层面的多中心权力结构，与项目层面的制度结构一样，同样面临单中心化趋势的结构变迁。

4.5 社区内部的多中心扁平权力结构

发展干预事实上被分割成两部分，分别为宏观层面和微观层面的权力结构和权力流动，前者为整个参与式项目层面，后者为社区执行层面。本章前面部分已经详细分析了项目层面的"多中心权力结构"特征，课题组和乡政府是两大权力中心，掌握着发展干预中权力流动的方向。在微观社区层面，参与式项目运行中的权力结构及权力流动则更为复杂，从理论和实践两个角度综合考察，本研究称之为"多中心扁平权力结构"，其同样属于多中心权力结构的范畴。

4.5.1 对社区权力结构的研究综述

已有的关于社区权力结构的研究，多从权力的狭义概念进行考察，其中一个重要的研究假设，是把权力作为一个外生于权力

主体而存在的客观力量。在这一思路指导下的权力结构理论有
"精英论"、中国乡土社会研究中的"国家与社会"理论和法团主
义理论等。

朱琦（2002）对西方学者关于社区层面权力结构的研究进行
了比较详细的综述。美国社会学家罗伯特·林德（R. S. Lynd）与
海沧·林德（H. M. Lynd）夫妇分别于1929年和1937年出版了对
美国中镇的考察，开创了社区权力结构研究的先河。美国社会学
家弗洛依德·亨特（Floyed Hunter）在1953年出版《社区权力结
构：决策者研究》一书，使社区权力成为社会学的重点研究议题
之一。亨特的研究发现，社区权力结构由两部分构成，分别为政
策制定者和政策执行者，前者居于权力结构的顶端，如企业领袖、
政界精英，他们在幕后实际上决定了社区的未来，后者只不过是
具体政策的执行者。为此，亨特的研究成为"精英论"权力结构
的代表。

以美国政治学家罗伯特·达尔（R. A. Dahl）为代表的"多元
论"者并不赞同"精英论"的看法，他们认为权力与权力资源并
不是等同的，如果拥有权力资源的人不使资源发生作用，则不算
是权力，权力不仅仅是声望，更是实际行动。多元论者认为，社
区权力结构并不只是由政策制定者和执行者组成，而是由多个拥
有各自权力中心的团体或个人的集合体组成，权力作为一种资源
是多元化存在的，在社区整体中处于被分割状态。

朱琦（2002）通过文献梳理发现，对中国乡土社会权力结构
的研究最早散见于早期的乡土研究者如吴文藻、费孝通、林耀华、
张之毅、蒋旨昂等20世纪20~40年代的著作中，如费孝通的《江
村经济》和《禄村农田》，林耀华的《金翼》和《凉山夷家》，张
之毅的《易村手工业》，费孝通与王同惠合著的《花篮瑶社会组
织》，蒋旨昂的《战时的乡村社区政治》，等等。但真正对当前乡
土社会权力结构影响巨大的是20世纪80年代以后的研究成果，如
阿尼达·陈（Anita Chan）、安格尔（J. Unger）、马德生
（R. Madsen）合著的《陈村：毛泽东时代一个农民社区的现代

史》，马德生的《一个中国村落的道德和权力》，杜赞奇（Prasenjit Duara）的《文化、权力与国家》，萧凤霞的《华南的代理人与受害者》，等等。

20世纪90年代之后，本土研究者如王沪宁、折晓叶、郭于华、吴重庆、王铭铭、黄宗智、肖唐彪、贺雪峰、康晓光、仝志辉等人的研究也都不同程度地对中国乡土社会权力结构进行了探讨。在众多研究者的阐述中，精英论同样占据重要地位，其中比较著名的如"双轨政治"论（费孝通，1999）、"士绅操纵"论（孔飞力，1990；张仲礼，1991）、"士绅支配"论（周锡瑞，1998）、"经纪体制"论（杜赞奇，1996）、"皇权－士绅－小农"三层结构论（孙立平，1994）、"主人－代理人"理论（司考特·罗泽尔等，1992）、"边际人"理论（王思斌，1991）、"保护人－代理人－承包人"理论（宿胜军，1997）、村庄权力结构的三层互动论（仝志辉、贺雪峰，2002）等。此外，从精英视角研究乡土社区权力结构的还有如吴毅（1998）提出的"村治中的政治人"概念，王汉生（1994）的"党政精英、经济精英和社会精英"的三层次划分，强调宗族精英和传统社区精英在社区权力结构中的作用等的研究（王铭铭，1997；杨善华，2003）。

与罗伯特·达尔等人在民主政体下研究的"多元论"不同，中国乡土社会权力结构中也存在"多元论"的视角，即以宗族等各种权力主体为中心，构成乡土社会中的多元权力格局。但由于受长期的国家集权和礼俗等级制及传统文化影响，并没有形成绝对的多元权力格局，而是形成了中国特色的权力解释模型，具有代表性的解释模型如"国家－社会"模型和"法团主义"模型。

"国家－社会"模型最早出现在杜赞奇的研究中，其核心观点在于把乡土社会权力结构放在国家权力与社会权力的框架中。由各种正式和非正式的权力主体及制度规范构成的乡土社会权力结构，在实际中发挥了沟通国家权力与社会权力的作用，使国家权力能够通过在乡土社会的代理人把其触角深入社会的任何细小单元。法团主义模型则认为，在"国家－社会"模型中充当重要角色的宗族并不单纯是体制外的宗族，其权力网络覆盖的是同一个宗族内处于权力网络中不同地位的主体。如乡土社会中的宗族冲突，其权力冲突并不是在不同权力结构位置的权力主体之间展开的，而是在不同宗族之间展开，因此宗族网络模糊了国家和社会、干部与农民之间的界限。

从以上中外研究者对社区权力结构的研究中可以看出，研究者大都是把权力的概念理解为"村庄中占据优势资源者在促成村庄政治和社会生活的一致行动中支配他人的能力"（仝志辉、贺雪峰，2002）等，能力说、力量说是这些权力结构中对权力的主要理解。在实际社会结构的运行中，反映的是狭义的政治权力、社会权力等外在于权力主体而存在的客观力量。本研究所涉及的权力概念具有上述特征，同时笔者主要从权力的"资源"本质进行考察。在胜利乡发展干预中，资源配置和资源争夺始终是影响发展效果的核心要素，这些资源包括投入社区中的外来资源，如资金和物资等物质资源，人际关系和社会资本等非物质资源，同时还包括由外来资源投入所产生的社区结构内的再生资源。换句话说，发展干预的过程，本质上就是干预过程中各权力主体之间权力争夺的过程。

4.5.2 多中心扁平权力结构模型的构建

与大多数研究把权力作为外生资源不同，本研究认为权力本身就是一种重要的资源，同时又来自对资源的拥有和控制。因此，对于权力主体来说，除了天然拥有的资源，如先天的人力资源外，绝大多数资源来自后天的获得。在一个以网络形式存在的社会中，社会行动者之间的相互关系从根本上决定了其后天资源的获得，也就是说每个社会行动者在网络社会结构中的位置决定了其所能获取的资源的数量和质量，但随着其拥有资源数量和质量的变化，其在网络结构中的位置也发生了相应变化。权力关系作为社会关系的最本质体现，表明社会关系的结构在本质上就是权力结构。在已有的这方面研究中，以费孝通的"差序格局"、周建国的"紧缩圈层结构论"、格兰诺维特等人的"网络结构理论"为代表。

　　费孝通在《乡土中国》中构建差序格局的假设基础是"私"，即传统社会中的自私本性，此自私不是个人主义，而是自我中心主义（马戎，2007）。在此基础上，差序格局对传统中国社会结构的解释中，以每个人为中心，以每个人和别人的关系远近作为联系纽带，构建了一个平面化的社会关系结构。差序格局对中国传统社会人际关系结构的解释，即使在现在，仍然具有极强的解释力。在一个相对封闭的社会结构中，资源的稀缺程度决定了资源竞争和权力争夺的激烈程度，处于权力优势地位是在资源竞争中获胜的保障。而在同质性很强的封闭空间中，谁拥有的沉淀资源（或原始积累）越多，谁的"圈子"越大，谁就拥有更大的权力（如图4-5所示）。因此，在差序格局所强调的社会结构中，由于在短期内，封闭社会结构中的行动者并不能迅速改变其沉淀资源的数量和质量，因此其所拥有的"圈子"的大小就具有至关重要的作用。在社会学学术话语中，这个"圈子"是社会资本的重要载体。

　　由于"差序格局"解释模型是针对中国传统礼俗社会提出来的，在整个社会关系结构中，以每个人为中心向外层层扩散的关系圈尽管会因相互交错、重叠而产生交集，但可以看出，整个差序格局的理论框架认为社会关系结构是一个平面结构。但随着社会变迁和现代社会的逐步发展，中国的社会形态也由传统平面格局逐渐向立体网络结构转型（孙立平，1996）。在此基础上需对差序格局进行现代化改造，如周建国提出的"紧缩圈层结构"模型（周建国，2005）就是一个典型。

　　"紧缩圈层结构"模型认为，随着现代社会变迁所带来的社会结构的改变，作为社会结构最核心的人际关系结构已经由传统的平面型差序格局向立体型紧缩圈层结构转型（如图4-6所示）。由于社会权力的金字塔形分布，在同一个权力阶层的社会行动者会组成共同的利益圈，越往上，圈越小，呈逐渐紧缩状态，从而形成人际关系的纵向层级。因此，从总体上看，现代社会的人际关系结构就类似于一个圆锥形的、由无数个从大到小的圈组成的结构，每个人都希望从底层通过一定的渠道进入顶层，从每个圈的边缘进入中心。从这个意义上说，紧缩圈层结构在借鉴差序格局的基础上，考虑到了现代社会中人与人之间的关系并不是传统社会中的简单互动，而是以全方位的立体形式存在的。

把社会结构作为一个立体网络结构进行规范化研究，则以"网络分析法"最为重要。网络分析法对社会结构的研究首先得益于人们对世界认识的改变。传统的地位结构论和位置结构论并不能完全反映出社会结构的本质，网络结构论认为前者看世界的本质是把社会结构看成是由若干个体或团体社会行动者堆砌而成的结构，尽管是立体结构，但是各个结构位置之间的联系并不能很好地体现出来。而网络结构论对世界的理解接受了结构主义的观点，认为社会是结构性存在的，社会行动者都是结构性存在的社会网络中的一个节点（约翰·斯科特，2007）。在此思想基础上发展出来的场域理论，是网络分析方法的直接理论来源之一。现在规范研究中的网络分析，源自二战后英国的结构功能主义用网络形态描述社会结构，这种规范分析主要以有界群体内的关系研究为主。针对早期网络研究局限在有界群体内的缺陷，此后的众多学者如白尼斯的"社会网络"分析尝试研究跨边界群体行为及联系。此后，社会网络分析法不断在理论上得到完善，并逐渐融入了数学等规范研究方法，形成了一套独立的概念体系。

网络研究中始终存在着两种争论，一种把网络本身作为研究对象，另一种把网络视为一种分析方法去解释社会现象（张其仔，2001）。本研究倾向于后者，即通过网络结构模型去解释参与式发展干预中的社会现象。社会网络理论的基本观点认为，社会结构是由若干个相互联系的社会行动者组成的网络形态，每个社会行动者都是网络中的一个节点，节点之间相互发生强联系或弱联系，在这种联系中传递着维持网络运行的信息流、能量流和物资流。理想的社会网络是网络中每个节点相互之间发生同质性联系；但由于现实社会结构中行动者所处环境的复杂性，每个行动者的差

异非常大，相互之间也不可能存在完全同质性的联系，因此这种
联系差异导致网络中出现分化和相互联系的多样性。某个节点与
其他节点之间的联系越多，则该节点在整个网络中就拥有越多的
资源而处于网络结构的"结构洞"位置。

　　如图4-7所示，一个最简单的理想网络结构模型可以表示为
一个等四面体，其中 A、B、C、D 四个节点分别表示不同的社会
行动者，每个节点之间发生关系，且相互之间的关系具有高度的
同质性，维持网络结构的媒介，如信息流等同样具有高度的同质
性。在这个理想模型中，各个社会行动者是独立存在于社会整体
结构中的，任何一个社会行动者并不存在于其他行动者之间的
"中心-外围"式的依附关系中。如果把这四个行动者组成的网络
结构看成是一个封闭的空间，在这个封闭空间的关系网络中，社
会结构具有高度的同一性和同质性，每个社会行动者所掌握的资
源没有差别，相互之间既独立，又发生同质性的联系，因此各行
动者的权力大小也是相同的，不存在权力的分化和集中。

图4-5　差序格局

图4-6　紧缩圈层结构

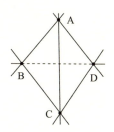
图4-7　网状结构

　　这种理想状态的网络结构在现实中很难存在。现实中的权力
利益之争以及具有主观意志的行动者的能动性作用，使现实网络
中各节点之间的联系高度分化。因此，格兰诺维特等人在研究中，
逐渐向网络结构中引入强联系、弱联系、联系方向、嵌入性等概
念（张其仔，2001）。网络结构中，各节点之间相互联系的强弱和
数量多少之分，使网络结构发生结构分化，拥有网络联系的数量
和质量更多更好的社会行动者，逐渐处于整个社会网络的权力中
心地位，这是因为社会行动者的权力天然地嵌在网络的运行之中。

综合考察上述三个权力结构模型可知，差序格局从传统社会人与人之间的关系入手，把整个社会作为一个平面化的结构处理，在每个人的关系结构中，中心－外围的结构观念居于主导位置，其前提是礼俗社会中的个人自我中心主义。相较于差序格局，紧缩圈层结构更多地考虑现实社会的立体层次性，通过研究人际关系圈与层之间的关系，考察现实社会中不同层次的社会行动者从权力底层往高层、从外围往中心运动的规律，但从本质上讲其仍然是一个平面结构。网络结构对权力关系的描述，其前提是社会行动者之间的相互独立性存在，而不是"中心－外围"的依附关系。这一前提假设在高度分化的现代社会中显然具有很强的现实性，专业分工条件下的社会行动者之间存在极强的相互依存性，但这种依存性是机械联系的。因此，各行动者之间的关系在理论上是独立存在的，相互之间不存在绝对的依附关系。

但在对胜利乡的乡土社会权力结构的考察中，笔者发现，上述三个权力结构分析模型尽管各有优势，都从不同角度反映了现实权力结构的本质内涵，但在快速社会转型时期的乡土社会结构变化，使得上述三个模型不能完全解释现实中的权力关系结构。为此，本研究在考察胜利乡参与式发展干预案例的基础上，结合上述三个权力结构模型的特征，以及各社区内部权力结构的基本特征，总结归纳出"多中心扁平权力结构模型"（如图4－8所示），对社区层面的权力配置及运行过程提供新的解释框架。

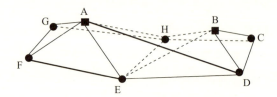

图4－8　多中心扁平权力结构模型

4.5.3　多中心扁平权力结构模型的特征

前文在对理想网络结构特征的分析中，笔者已阐述了社会网

络的四大要素，即结构要素、资源要素、规则要素和动态要素的
具体内容，同时谈到了网络结构的强联系、弱联系、联系方向、
嵌入性等特征。针对"多中心扁平权力结构模型"的特征，分别
阐述如下。

1. 权力主体的多样性特征

图4-8表示的多中心扁平权力结构模型中，各个网络节点代表
了不同的社会行动者，既包括个体社会行动者如个人，也包括团体
如家庭、家族以及各种形式的组织，如合心会。在权力结构中，这
些代表不同社会行动者的节点，也表示不同的权力主体。各个权力
主体之间既不是平行关系，也不是包容关系，也非纯粹的递进差序
格局，而是各种关系的混合体，所有这些不同利益诉求和组织形式
的社会行动者之间的权力关系，构成多中心扁平权力结构。

2. 权力主体之间联系的强弱性，由联系的内容和频度决定

各节点之间总是通过各种关系产生联系，如亲属关系、朋友
关系、买卖关系、合作关系、敌对关系等。根据各个节点之间发
生联系的强弱，用不同粗细的连线表示，如节点 B 与 C 可能既是
亲兄弟，又共同经商，则他们之间不但有很强的亲属关系，还有
共同的经济联系，因此是强联系。而节点 B 与 H 可能是隔壁邻居，
但是双方之间可能既无亲戚关系，不是好朋友，也无任何经济合
作关系，不存在任何的资源争夺，等等，因此即使他们是邻居，
相互之间也是弱联系，或者无联系。因此，可以认为如果权力主
体之间的联系有助于提高其在权力争夺中的竞争力，则是强联系，
否则可以认为是弱联系。

3. 权力主体之间联系的数量和强弱决定其在权力分配格局中的真实地位

在相对封闭且同质性较强的社区内，各权力主体的沉淀资源[①]

[①]　沉淀资源在此表示权力主体在某一个时间点已经拥有的权力资源的总量，既包
括先天拥有的资源，如人力资源，也包括后天获得的资源，如社会资本、物资
资源、金融资源等。

差异性并不大。假设在先天性资源如人力资源无差异的情况下，各权力主体拥有的社会资本成为决定权力大小的最重要因素。在网络结构中，社会资本嵌入节点之间的联系中。在一个只有4个节点的最简单网络模型中（如图4-7所示），如果节点A与其他3个节点之间都发生强联系，而其他3个节点之间都是弱联系或者不发生联系，则节点A在由4个社会行动者组成的理想结构中拥有的社会资本存量远多于其他3方，其在权力分配中无疑会占据主动地位，从而成为权力中心，网络的权力重心向节点A的方向靠拢。如果其他3个节点之间的相互联系很小或没有，则该模型就会变成一个类似于差序格局的平面结构。

但如果不是在一个封闭社会中，而是在一个开放或半开放的社会中，假设4个节点之间的关系维持不变，节点C能够获取外部社会的资源支持，权力重心将会向节点C的方向偏移，至于具体哪个节点最终能在权力分配中居于更有利地位，则依赖于各自所掌握和调动的资源数量和质量。此时网络结构可能变为具有"双中心"或"多中心"的扁平结构，如图4-8中的节点A与节点B就是两个权力中心。但是，如果外部资源的介入是在一定的规范体系下发生的，每一个节点都能平均地获取与外部资源联系的机会，则网络的权力重心将倾向于在4个节点之间保持均衡。

4. 权力主体之间相互联系的属性及其规则体系之间发生相互作用

假设社会行动者处在绝对自由且没有任何正式和非正式制度规范约束的环境中，当资源处于稀缺状态时，社会行动者之间的竞争关系便使原本绝对独立存在的个体之间发生各种联系而成为社会网络，任何节点之间发生联系的机会在理论上是均等和同质的，但实际中这种理想状态不可能存在。如果节点A在该网络中获得的联系数量和强度占优势，也即其在网络中具有社会资本优势，那么其会逐渐成为网络中的权力中心。如果没有任何规则来规范节点之间联系产生的方式及联系的内容，那么最终结果是处于优势地位的节点A会形成权力的绝对垄断。

现实存在的各种正式规范体系及网络内社会行动者之间因谈判而产生的内部规则，成为各节点之间联系形式和内容的依据，以此保证权力最大限度的均衡分配。但如果正式的规范体系中存在很大缺陷而不能保证各节点之间的权力均衡分配，则可能会更加巩固权力中心的垄断地位。具有垄断优势的权力中心也会通过各种手段促进规范体系的变化而维持不均衡权力分配格局的持续存在。因此，通过适当方式制定有效的规则和约束机制，包括正式制度和非正式制度，以规范各节点间的联系行为成为维持权力均衡分配的必要手段。如胜利乡参与式发展干预中，参与式方法事实上成为促使规范产生的重要原因。

5. 权力主体的异质性及相互转化性

由于权力网络中各权力主体并不具备同质性，如胜利乡各个社区的实地调查显示，胜利乡包括四种类型的权力主体，分别为：①普通农户；②社区精英；③具有明显传统等级属性的组织或团体，如家族、地方政府机构；④具有内部平行结构等现代经济社会特征的组织或团体，如合心会、企业等。不同类型的权力主体在通过互动和博弈而形成的如法律法规、乡规民俗、口头协议、伦理道德、文化规范或者以暴力手段达成的各种契约的规范体系下，不断发生各种联系，所有规范体系综合起来属于制度和分化的范畴。在具备完善的制度和文化体系从而确保达到权力均衡分配状态的结构中，不同的权力主体在网络中的位置不断发生动态变化。

4.5.4 社区内部多中心扁平权力结构形成的现实基础

在上述模型建构部分，通过对差序格局、紧缩圈层结构以及网络结构的对比，笔者从理论上对多中心扁平权力结构进行了理论建构和特征阐述，在这一部分，笔者则通过分析胜利乡的现实社会状态，阐述多中心扁平权力结构形成的现实基础。综合考察胜利乡的乡土社会现实形态及特征，笔者认为多中心扁平结构的形成有以下几个现实原因。

1. 绝对小农经济形态使农户之间竞争与合作关系并存

和全国大部分农村社区一样，胜利乡密集的人口和稀缺的土地资源使得人地资源的矛盾十分突出，以家庭联产承包责任制为核心的土地制度，使农户成为最细小的生产单位的同时，农户也处于绝对小农生产状态。这既使得农户之间经济上相互独立，也使得小农生产形态的农业生产方式始终处于劳动密集型生产模式中，农业生产的规模化和机械化几乎无法实现。目前胜利乡的乡土社会经济结构仍然是典型的农业经济，这一方面表现为农业收入仍然是农民主要的收入来源之一；另一方面也表现为传统农耕文明形态仍然是其主要的生产生活形态，如以人畜动力为主的传统耕作方式、定期举行的农产品集市、按照农业生产季节安排的生活节奏、传统农耕经济中的文化礼仪形态等。

小农生产模式一方面使农户之间在经济上相互独立，每个家庭都是一个独立的经营主体，社区内资源分配的平均主义原则，使得在同质性社区中很难出现一个固定的权力中心。另一方面，出于对生计改善的需要，独立的小农又需要相互合作，如农忙时的互帮互助，共同组成团队外出务工等。但这种合作很多时候也仅仅局限于部分人之间以人情面子作为直接纽带的合作，而社区公共事务中的合作则往往由于以原子化形式存在的农户之间的交易成本过高而无法形成，如牛背屯自来水修建过程中的波折起伏、农田灌溉系统由于无法达成统一维修行为而失去作用等。在社区内部的资源分配中，农户之间的竞争关系代替合作关系占据主流位置，如农忙时对有限的水资源的争夺、新村屯在滚动资金再分配使用中的相互争夺和扯皮、牛背屯中各利益小团伙在争夺组长职位时的尔虞我诈等。

这种既竞争又合作的关系，使得现实乡土社会中的农户就好比是相互独立的原子，但每个原子之间是以网状结构存在的，而不像是石墨中碳原子的平面层叠结构。如果把胜利乡的这种传统农业社会看作一个封闭的社会空间，那么单纯从经济角度，可以描绘出农户之间存在的理想的网状权力结构，这个结构中的每个农户在同等环境下获得同等数量和质量的资源，相互之间绝对平等。但是，随着社会变迁的快速进行，这种理想状态的经济基础正在发生变化。

2. 农户收入结构的变化和收入差异的出现，使乡土社会结构出现分层和分化

整个中国社会的转型和市场化改革的深入，在给农民提供了更多进入市场的机会和平台的同时，也加快了乡土社会的社会分层和分化。尽管农业收入或涉农收入仍然占据重要地位，但随着打工经济的兴起和农业比较效益的逐渐下降，非农收入比重越来越大。如基昌全组 72 户中，总共有 80 多名青壮年外出打工，这给以传统农耕经济为主的胜利乡带来的是震撼性的改变，农民的经济收入开始大幅度提高，如滚塘 2006 年盖了 20 多栋两层砖瓦房，而其全组总共不到 40 户。但并不是每个外出务工的人都能如期提高经济收入，也不是每个人都能外出务工，如牛背屯全组 160 多户中外出务工人员，包括长期的和短期的，总和在 200 人左右，分布在远如江浙，近如省城或附近地区，主要从事重体力工作，部分从事技术性工作。

这种职业分布和地域分布的不确定性，使得外出务工的收入同样具有高度的不确定性。个人能力强，有技术的农户就更容易多挣钱，而能力不够或技术缺乏的农户只能从事简单的体力劳动，或者根本就不能出去而只能在家种田。只有人力资本、社会资本、金融资本等重要生计要素占优势的农民才能首先走出乡村。这种现实的差距所导致的社区内部收入差距的扩大，在造成乡土社会结构出现分层和分化的同时，也重组了社区结构，使原本具有高度同质性且以原子化形式存在的农户逐渐分化和集中，形成若干个小团体，每个小团体都具有共同的利益追求或联系纽带，而在社会分层中居于优势地位的少数农户往往成为这些小团体的核心。

3. 市场经济和现代社会价值观的浸入，使乡土社会中人与人之间的联系纽带由传统礼俗关系向货币关系转型，社区由整体格局向松散格局转型

作为社区整体中的农户，相互之间在生产和生活中的各种联系和合作行为非常频繁且形式多样，这些不同的联系方式如互助行为，除了实际需要之外，已经在不断的演变过程中嵌入了深厚的文化意义而成为代表地域特色的文化符号。如胜利乡的农户之间在婚丧嫁娶时的互帮互助，就非常有特色。笔者 2007 年 3 月在进行实地研究时，牛背屯正好有一户人家办丧事，按照乡土社会的传统，凡是家族内的成员都要无偿提供帮助，而与主人关系较好的非本家族村民一般也会无偿提供帮助。这种帮助除了无偿帮工之外，还包括提供蔬菜等物质帮助。如果一户没有正当理由而没去，则下次他家发生类似事情时，别人有理由不帮他。与此同时，在提供无偿帮工的同时，每家每户的送礼不能免，并且都是以现金为主，数量多少则由相互之间的关系远近决定，但总体上有一个共同认可的基数。

随着市场经济意识的逐步增强以及受现代社会价值观的影响，人们之间传统的关系模式正悄悄地发生变化，其中最重要的是货币关系取代传统人情关系，互帮互助行为逐渐被雇工取代。笔者在对胜利村支部书记罗文兴的访谈中了解到，他家每年农业生产中仅插小秧和稻谷收割两次请劳动力的开支就占到农业总生产成本的一半。而在之前几年，胜利乡农户之间的生产互助行为仍然是换工形式，但现在即使是亲戚来帮忙，一般都会按照市场价格支付工钱。在快速社会转型中，尽管传统的礼俗关系仍然在坚守阵地，但货币关系取而代之的趋势已经逐渐从生产领域扩散到生活领域。这种人际关系联系纽带的新变化，使得原本紧密联合的社区共同体逐渐分解而走向松散的地域社区，人与人之间的权力关系，也由传统农业社会中嵌入人际关系网络向逐渐清晰和独立存在转变。

4. 乡土社会中的集权治理与分权治理并存

杜赞奇在《文化、权力与国家》中提出，在中国传统礼俗社会中，国家统治力量通过地方经济的力量将国家意志深入乡土社会的最深层。关于这一点，康晓光在研究中，同样进行了精辟的阐述。政治权力、经济权力和社会权力都集中于政治领域，政治领域垄断了全部权力。整个社会高度政治化，政治的强制性原则贯穿于政治、经济和社会生活中，政治逻辑统领一切，直至家庭生活和个人的内心世界。因此，传统社会，特别是改革开放之前的社会权力格局是典型的"单级权力格局"（康晓光，1999）。

尽管中国整体社会变迁在经济变革的带动下经历了30余年的历程，但在乡土社会中，传统权力格局的惯性依然根深蒂固，已经在人们的记忆中打下深深的烙印，表现在从政府到个人的行为方式和行为习惯中，成为特殊的文化现象。这在胜利乡乡土社会的治理模式中仍然体现得很充分。掌握着国家政治权力的乡政府在乡土治理结构中拥有绝对的权威，对农村社区一切公共事务具有强大的影响力，而村组干部在这种现实制度和思维惯性下，并不完全直接对村民负责，而是首先对乡政府负责，国家统治意志通过这种集权治理的方式影响着每一个人。

与此同时，随着参与式发展干预的逐渐深入以及村民自治的执行和整体社会转型中外来文化和价值观的浸入，农民的民主意识和权利观念正在快速提升，分权治理模式逐步具备了执行的现实环境，并随着村民自治等强制性制度变迁而逐渐加大了影响。导致这种结果的最根本因素，在于上述的农户之间以及农民与政府之间的经济地位的独立，特别是农业税取消之后，农民与地方政府之间强制性经济联系的消失，使得农民拥有了独立决策的现实需求。在社区内部，以原子化形式存在的农户在缺乏传统的绝对权威时，相互之间的权力博弈也形成了民主决策的现实基础。

在现实中，乡土社会中农户权利意识的复苏，并不一定必然带来社会秩序和治理现状的改善，而很可能会导致社区公共管理的混乱和公共服务的缺失。如牛背屯持续多年的查账风波，在客观上不但导致社区内部的分化，而且影响社区公共事务的管理，如滚动资金的重新启动。从权力视角看，这种现象的出现是必然的，在由传统向现代的转型中，无论是传统秩序下的差序格局还是现代社会中的立体网状结构，都不能完全反映出在独立和团体混合存在的乡土社会中，各权力主体维护和扩大自身权力的冲动。

这种混乱现象的存在，也在客观上反映出社区权力结构中各权力主体或团体之间的力量均势，从而形成了一个多中心扁平权力结构，只要各权力主体在还没有达成共同认可的秩序之前，这种混乱状态就会始终存在。

5. 传统家族或宗族影响力逐渐减弱，传统社会力量和社会秩序以新的组织形式逐渐复苏

由于传统农耕文明形态仍然是胜利乡社会生产生活的主要部分，传统乡土社会权力格局中具有举足轻重作用的家族仍然在现实社会形态和乡土社会权力配置中扮演重要角色。如在2007年清明节时，笔者有幸被邀请参加胜利乡几个大家族的家族聚餐。这种大型的家族聚餐的表面目的是整个家族的人共同祭奠先祖，但实际上还是作为共议家族大事和沟通情感的平台。与很多大家族组成的村寨或村庄的公共事务废弛、公共资源被私人侵占、集体账目混乱不清等状态不同，笔者所参加并考察的几个大家族，如胜利堡的陈氏家族、麦田村的李氏家族，其家族内部的聚会和集体活动都有简单但行之有效的组织形式。如由家族中几位年长者组成议事小组，决定每年的聚会由哪几户主持，具体每家每户如何出资，具体资金账目如何管理和公布等。

实地研究发现，这种看似简单且缺乏监督的规定，在现实中被严格执行，从来不会出现如村级账目的混乱状态。究其原因是，真正乱和不乱的根源都在于作为理性人的农户对权力供给和需求之间的衡量。每个农户作为一个独立存在的权力主体，其目的始终在于通过各自的活动获得更大的权力，也即获得更多的资源，包括各种有形的和无形的资源。心理学等学科领域的理论假设，一般都把乡土社会中对人们行为的解释如人情和面子等，表述为人的感性行为，但上述这些案例中，维续家族内部个人联系的正是如人情和面子所表征的社会资本，这些资本在实际决定人们的行为。乡土社会的相对封闭性和个体农户对外界资源获取的范围限制，使得家族这个权力联系网络由于血缘关系的纽带而成为天然的社会资本来源，在现实的乡土社会运作中其也确实发挥这种

作用。如牛背屯在对滚动资金的分配中，牛背屯主要家族的成员占有重要地位。因此，家族作为一个仍然存在并发挥重要作用的权力组织，是乡土社会权力格局中的重要主体和社会联系平台。

随着现代社会平等价值观的浸入或植入以及经济独立，家族内部的维系方式同样在发生变化，家族的社会功能由权力资源共同体逐渐向纯粹作为维持家族成员之间的感情和扩大家族成员的社会资本网络转变。与此同时，家族的传统功能一方面因为政治制度和经济制度的变迁而趋于消失；另一方面被一些新的组织形式取代，如各种正式的和非正式的农民合作组织或团体，通常以地缘、业缘和人缘等为纽带联系而成，而血缘作为联系纽带的功能在逐渐减小。如胜利乡各种"合心会"，作为农民的自我组织形式，具有互助和娱乐等多重功能，集中体现了这种社会功能的转化。

这种由于社会转型而导致的权力格局变化，使社会行动者的关系网络得到极大扩展，同时这种关系网络不再局限于传统的次序递进关系，而是出现关系网络各节点平等的趋势，从而关系网络由平面网络变成立体网络。不过这种经济主导下的转型并不是绝对的，传统格局的力量仍然顽强地存在着，有时候新的转型还会使某些传统格局得到强化，如强烈的家族观念。当地在清明节时进行的家族大聚餐，几乎比春节还要隆重和受重视。

4.6　社区内的权力流动

与项目层面的权力流动不同，社区内权力流动的发生场域主要在社区内部，其表现形式在现实中更为纷繁复杂，这是由社区内部各权力主体之间错综复杂的权力联系所决定的。基于对胜利乡的经验研究，各社区内部（以村寨为基本单位）呈现出典型的多中心扁平权力结构特征。前面章节中对社会结构的权力本质属性的阐述已经表明，决定各权力主体之间权力关系和权力结构的最重要因素，是各权力主体本身所掌握的权力资源的数量和质量。

这一点与马克思辩证唯物理论中强调的生产力决定生产关系，经济基础决定上层建筑的论断是一致的。同时，在前面章节的理论阐释中，笔者对于权力资源的概念本身有一个相对宽泛的界定，即"权力主体所拥有的先天的和后天的各种资源的总和"，从概念上讲，这一权力资源概念更多的还是从资源的静态存量上进行考察，包括先天的人力资源以及后天获得的各种物资资源和社会资源等。

但在现实中，各权力主体的权力资源并不是静态性存在的，而是在权力主体之间不断互动和权力主体本身的能动性作用下，处于不断变动状态，或处于权力均衡，或引起权力失衡。在社区权力结构的均衡与失衡之间，体现了社区内权力流动的规律。作为一个处于由传统社会向现代社会转型过程中的农业社区，胜利乡的大部分村寨当前正经历着其发展历程中具有重大意义的权力结构调整和重塑过程，权力流动的方向和规律，反映了社区内权力结构的变化状况。在案例4-3中，笔者将通过分析牛背屯在村级公共事务管理中的权力均衡与失衡，对社区内部的权力流动规律进行阐述。

按照牛背屯人的说法，最近这几年，村子里"比较乱"，主要表现在村组长频繁更换，相互弹劾、相互拆台、相互查账，造成现在内部派系林立，管理混乱，制度废弛。关于这一点，在前面第二章对牛背屯的重点介绍内容中，笔者已经进行了详细的介绍，并重点对牛背屯的查账风波进行了描述。实地调查显示，当前牛背屯错综复杂的社区内部关系和权力争斗，主要集中在社区内的几个权力中心。

案例4-3 牛背屯的查账风波始末

查账风波是牛背屯村庄内部长期以来各种矛盾的集中体现，这其中除了牵涉牛背屯最大的老吴家族内部的矛盾之外，也涉及各种显性或隐性的矛盾。

　　吴大国与吴登学是叔侄关系，但他们之间年龄差距并不大，吴大国只比吴登学小十来岁。在牛背屯，吴大国和胡贵友一样，是普通村民不愿意惹的人。在村民心目中，吴大国年轻的时候是个很坏的人，和胡贵友一样，偷鸡摸狗什么都干，只是吴大国的活动范围主要在省城，而胡贵友的活动范围主要在附近地区。吴大国后来走上正路，自己买了一辆中巴车跑运输，并逐渐成了牛背屯的有钱人，就更加不把牛背屯人放在眼里。吴大国与吴登学之间的恩怨是在早年结下的。由于吴登学年轻的时候比较有钱，又是村里的支书，为人正直，在整个胜利乡地区享有很高的威望。在吴大国还是流氓的时候，有一次他向吴登学借钱，由于吴登学深知其人品，并且他自己是一个心直口快之人，便直接表示不借给他，而吴大国直接说："你就说是借还是不借吧"，吴登学则始终坚持没有借给他钱。从此，本来关系还不错的双吴之间开始产生矛盾，吴大国开始记恨吴登学，并在日后的很多事情中让吴登学为难。后来，吴大国逐渐有钱，村里一些村民开始对其又爱又恨，并逐渐和吴大国打成一片，希望从吴大国那里获得一些好处，而吴大国也很想在村里树立自己的威望，因此很乐意有一帮人唯其马首是瞻，并经常施舍一些小恩小惠，从而逐渐形成牛背屯的所谓"吴大国集团"，其中，胡贵友可以算是其中的重要人物。

　　在牛背屯，乃至整个胜利乡，胡贵友可谓是大名鼎鼎，这并不是因为其有卓越贡献或者超强的个人能力，而是因为其霸气和匪气。从年轻的时候开始，胡就因为"调皮捣蛋、偷鸡摸狗而三进宫"，并因此在胜利乡成为名人。20世纪80年代中后期，他最后一次从监狱出来之后，一是因为在监狱中受了伤，二者因为年纪大了跑不动了，他开始比较安分地在家里种田，现在的主要工作是开农用车帮别人拉东西，但是生意并不好。尽管现在他已经不再从事年轻时的行当，但其性格中的霸气和匪气始终未变，并成为牛背屯的一霸，只要和别人有什么过节，一般都是用武力解决问题，因此一般牛背屯人并不愿意得罪他。但在牛背屯，胡贵友总体上对吴登学还算是比较尊重的。吴登学和胡岗冈原是有半亲戚关系的，吴登学的奶奶是胡岗冈的母亲的干娘，胡贵友先后入狱3次，都是吴登学帮忙找人托关系弄出来的，因此在牛背屯总体上只有吴登学的意见能影响胡贵友。但尽管如此，吴登学并不能阻止胡贵友的胡作非为。就在笔者进行实地调研的时候，胡贵友还有一天晚上窜进本村一妇女家里欲进行非礼，后未遂并迅速为全村人所知，最后在受害人及公安部门的强大压力下，他不得不接受私了，并按照乡村的礼俗，燃放鞭炮并杀鸡进行公开道歉，而这件事情事实上成为牛背屯人鄙视胡贵友的新口实。

此外，前任组长郑志明在名义上也是吴大国集团的核心成员。在2005年底吴大国集团对时任组长的蒋家兴弹劾和查账后，郑志明取而代之，成为新一任组长。但在牛背屯，郑志明的人品和口碑不像吴大国和胡贵友那样差，对其有很正面的评价。郑来自隔壁乡，由于家里兄弟多，土地少，倒插门到牛背屯。他原来在隔壁乡镇当小学代课老师，后辞职回家种田。郑志明非常勤快，肯干，没有出去打工，转包了别人几十亩田，平常开一辆农用小拖拉机跑运输，因此家庭经济条件在牛背屯还算不错。但由于其为人稍显桀骜，因而尽管在牛背屯已经十多年，但始终没有完全融入进去。在2005年底，吴大国组织所谓的"13人集团"时，在吴大国的邀请之下，郑志明加入其中，并在对蒋家兴查账之后，接任牛背屯新的组长。当时郑志明并没有得到牛背屯大多数人的赞成，但他为了尽快地融入牛背屯而在村民代表大会上承诺，"如果我在一年之内能把自来水问题解决，以后你们就都得听我的，如果我没干成，我就自动下台。我当组长时，要干什么事情，大家都要配合。大家要是答应，我就当这个组长，否则我就不干"。但由于水源质量问题，他未履行修通自来水的承诺，这是后话。

与吴大国集团相对应的，则是以吴登学为主要联系纽带的传统力量，其主要代表人物包括吴登学、蒋家兴和胡岗冈。吴登学在牛背屯乃至整个胜利乡地区的个人威望，主要来自其个人努力和家庭背景。早在人民公社时代，吴登学的父亲就是胜利乡乡长，因此他在高中毕业之后，就被推荐到镇拖拉机厂当司机。在家庭联产承包制实施以后，他买下集体的拖拉机经营运输，迅速成为当时胜利乡少有的万元户。此后，他还经营过铁矿场，不过由于经营不善而倒闭。从1990年开始，吴登学进入胜利村"村两委"，先后担任村主任和村支书，并凭借超强的个人能力和广博的人脉关系，做了不少事情，得到了胜利村大部分农户的支持。其中最具代表性的便是在他担任支书期间，在牛背屯建起了牛背屯小学。同时，由于吴登学为人总体上还算正派公正，所以他2005年辞任胜利村支书时，很多村两委委员及乡镇干部都很惋惜，有部分人还打出标语"胜利要发展、离不开吴三碗"为其送行。

导致吴登学退出村两委，除了他本人不愿意再干，另一个重要原因是吴登学受到部分人的非议和干扰。2005年，由于牛背屯的变压器坏了，他凭借私人关系，从县供电局库存的老旧变压器中，花1000元选了一个较好的拿到村里装上了。他认为这是为大家做好事，却引起了部分村民的怀疑，他们的理由是"如果他个人没有从中捞到好处，怎么会如此积极"。同时，这些非议还包括他担任胜利村干部时干过的几件大事，如建立牛背屯小学，出租牛背屯的荒山给外地商人建砖窑厂，出租村里的矿山等。据吴登学自己评述，他担任胜利村干部时，大部分农户对他的贡献和为人还是很满意的，否则在其退休时也不会出现挽留的标语，而给他带来最多烦恼的，来自他自己的寨子，特别是吴大国他们在背后对他的诽谤和造谣。

在吴登学还是胜利村支书的时候，鉴于他为人正直且威望甚高，尽管吴大国也常和他对着干，但并不能轻易撼动吴登学的实际地位，因此，他们两人之间的矛盾，在很长一段时间内并没有公开激化。事情的转折出现在2005年蒋家兴当牛背屯组长时。蒋家兴和吴登学是表兄弟，蒋家兴比吴登学大两三岁。与吴登学的心直口快一样，蒋家兴则是有过之而无不及，同时他性格还稍显急躁，容易冲动，这也是当与他有师徒关系的郑志明对他进行查账之后，他异常恼怒以至于到现在都不理郑志明的原因。也正是因为其性格存在缺陷，在牛背屯，人们对蒋家兴的评价是毁誉参半。蒋家兴为人正直，疾恶如仇，公心很强，同时个人能力也很强，是牛背屯最好的厨师，因此，从他年轻时候到现在的几十年中，他几乎有20余年的时间担任牛背屯村小组的组长或会计或其他职位。但这20余年，并不都是连续的，中间间断了几次。由于性格原因，他也得罪了不少人，私下里很多人对他有成见。但由于蒋家兴总体上比较正直，加上性格强悍，因此大部分时间其处于牛背屯的权力中心地位。蒋家兴最后一次担任组长是从2000年开始，吴登学当时不再兼任牛背屯小组组长后就让蒋家兴来接任，以图继续推动参与式项目在牛背屯的顺利进行。

处于牛背屯权力中心地位的，除了上述几个人之外，还有在笔者进行实地研究时担任胜利村副主任的胡岗冈（在2007年11月原胜利村与洞山村合并时，胡岗冈参与竞选村副主任，由于人为原因而落选，遂愤而辞职，外出打工）。胡岗冈属于牛背屯青年群体中的佼佼者，在牛背屯的公共事务管理中，具有很大影响力。胡岗冈在20世纪90年代前期曾担任过牛背屯村小组组长，2005年吴登学在退出胜利村两委时，曾极力促成胡岗冈进入胜利村两委。这种安排，一方面是由于胡岗冈是吴登学的侄女婿，同时和蒋家兴也是亲戚；另一方面是吴登学希望在他退出村两委之后，能继续有个牛背屯的人在村，从而尽可能确保牛背屯的利益。也正是由于吴登学、蒋家兴和胡岗冈三人之间这种特殊的关系，在牛背屯内部的权力争夺中，他们三人始终站在同一条战线上。

所谓"吴登学集团"与"吴大国集团"之间的直接冲突，是由 2005 年底吴大国组成的"13 人集团"对时任牛背屯组长蒋家兴开展的经济账目核查引发的。按照事后牛背屯人的说法，这是吴大国借推翻蒋家兴报复吴登学。此后，两方之间还有几次公开冲突，都是围绕牛背屯小组组长及经济账目核查之事展开。

由于牛背屯村集体收入来源相对于别的村寨要多，如砖厂的出租费用、矿山租金等，牛背屯历史上的"查账风波"并不鲜见，据说在 20 世纪 90 年代曾经发生过多起。到目前为止仍然在产生影响的查账风波，则是从 2005 年开始的。2005年恰逢后山矿厂老板付了牛背屯一笔矿山租金，牛背屯决定用这笔钱来修一条生产用的小路，这获得了大多数群众的认可，当时蒋家兴还是村组长。吴大国认为时机已经成熟，于是在 2005 年底的一天，吴大国借逮住一条蛇的机会，邀集他的几个好朋友如胡贵友、郑志明等共 13 人到他家喝蛇肉汤。借此机会，吴大国提出了找个借口把蒋家兴挤下台的想法，并获得了大家的赞同。在商量了相关对策之后，在一天晚上吴大国就通过广播召集牛背屯全体村民开群众大会。其实大家都不知道是谁喊开会，也不知道是为什么开会，只是依照往常的习惯在晚饭之后到胡岗冈①家院子里集合，当时蒋家兴同样是不知情。

在大会上，"吴大国集团"成员首先提出对蒋家兴的经济账进行审查，其理由是怀疑贪污。蒋家兴在没有任何心理准备的情况下和吴大国争吵起来，随着争吵的升级，支持蒋家

---

① 截至 2007 年底，胡岗冈一直担任胜利村副主任，他为人公正，个人能力很强，属于农村精英，在牛背屯有较好的口碑。胡贵友是他大哥，但与胡贵友的胡作非为不同，胡岗冈属于认真过日子的人，同时在村级事务的管理中客观公正。在第一次查账风波中，他积极支持蒋家兴和吴登学。在目前牛背屯的乱局中，胡岗冈是真正主管牛背屯公共事务的人，发挥着重要作用。

兴的如吴登学、胡岗冈、蔡玉林，也加入争吵的行列，从而使冲突进一步升级，整个会场充满火药味。据牛背屯人后来讲，当时双方激烈争论，场面几乎失控甚至要进行武斗。据现任组长蔡玉林说："当时双方都快要打起来了，我就是看不惯吴大国他们太嚣张，我们这边一个人说句话，他们十几个人群起而攻之，当时我，吴登学，蒋家兴都差点跟他们打起来了，好在旁边人拖开了。"而当时其他大部分群众因为并不知道事情原委，也认为应该查账，在这种情况下，蒋家兴为了证明自己的清白，回家拿回账本之后当场算账，直到深夜12点多，查账结果是蒋家兴不但没有贪污集体一分钱，自己反倒贴了5毛钱给集体。吴大国在这种没有预料到的结果面前只得妥协，并象征性地向蒋家兴赔礼道歉。而蒋家兴因为此事当场愤而辞职。

但到此事情并没有结束，在随后出现的如何推举村小组组长人选的事情上，双方没有达成一致意见，最后的妥协结果是成立一个"13人管理小组"①，这个管理小组，由双方各出几个人共同组成，但是在组长和会计的人选上，最后还是由"吴大国集团"把持了，组长为郑志明，副组长为胡贵友，会计为金国才。与此同时，在这次会议中，吴大国公开表示自己一定要在"13人管理小组"之内，并得到了他自己人的支持。但新当选的组长郑志明是个正派人物，由于他是倒插门女婿，因此极想在任期内干点事情出来，以获得村民的真正认同。由于牛背屯的自来水始终是大家共同希望解决的问题，因此其在群众会上夸下海口，只要我把自来水修通，你们就得服我管。由于此前牛背屯多次向乡小项目基金提出申请，希望支持其自来水项目。但小项目基金的答复是只要他们能找到合适的水源，就肯定支持。在得到了这个保证之后，

---

① 这个小组的主要成员包括胡岗冈、郑志明、胡贵友、吴大国、金国才、陈文德、明小二、蒋秋叶等。

郑志明很快就召开群众大会，并选择了村旁一个常年出水的泉眼。尽管大家都知道这个泉眼出来的是锈水，但大家还是没有改变主意，认为即使人不能喝，修通之后还是可以作为生活用水使用。而时任小项目基金负责人的副乡长黄乡长在没有亲自去现场察看的情况下就同意让牛背屯先挖井。由于各种原因，黄乡长在小项目基金负责人的位置上没干多久就被"罢免"了，重新负责小项目基金管理的乡纪委书记杨书记很快就到牛背屯挖井现场察看，而那时候水井已经基本挖完。杨书记看到水源后，坚决要确认能够饮用之后再决定是否批复小项目申请，否则就会留下突发"疾病"的隐患。经过专业机构化验，水源被确定为锰含量超标而不适合饮用。这标志着牛背屯第二次自来水工程的失败。导致牛背屯现在乱局的第二次查账风波，也直接源于此项目。

牛背屯第二次自来水工程主要包括挖井，修通从主路到水井的小路，全部工程由村民自己设计，投工投劳完成。工程资金来自三方面，一部分是后山矿场的租金，一部分是组里的集体荒地承包给蔡玉林所得的承包费，还有一部分则是没有参加投工投劳的农户所交的"罚款"（以此替代投工投劳）。当时的规定是每天每户出一个男劳动力，如果正常出工则不交钱，如果是由妇女代替男人去的，则给集体一天补10元钱，如果全天不去，则给集体补30元。但是由于当时负责自来水施工财务管理的郑志明、胡贵友和金国才三人在账目管理上出现重大问题，只有支出账目而没有收入账目，同时还出现了胡贵友儿子干活，胡贵友给开工资的现象，并且很多支出账目出现明显的造假嫌疑。在这种情况下，牛背屯脆弱的团结局面再一次崩溃，对新一届组委会账目进行清查的呼声再一次出现，甚至是"哪怕水吃不成，也要把经济账说清楚"。

2007年3月，牛背屯的第二次查账风波发生。在此之前针对郑志明他们的账目问题的大小村民会议或代表会议已经开过几次，但最重要的一次发生在 2007 年 3 月中旬。当时是村里几个主要村民代表如胡岗冈、冯明权、蔡玉林、明小二等，加上郑志明等三人，共十多个人在胡岗冈家中对其担任组长以来的账目进行彻底清查。并宣布郑志明他们暂时不能再担任组长职务，改由蔡玉林和冯明权代替，等日后群众大会再改选。据现任组长蔡玉林回忆，"那天开会全组群众到了 2/3 以上，后来就派我们几个代表在胡岗冈家里查账。查账结果表明，他们是会计开票，组长付钱。胡贵友他儿子干活，他自己给签字，到金国才那里开了票，又到胡贵友那里领钱。这样大家就不得不怀疑了。账目后来也说不清楚，他们说钱反正就在账本上，他们还骂我们是笨蛋，钱早就用完了，但是他们也没说到底用在什么地方。他们拿不出群众不去上工，给集体补钱的那个账本，胡贵友说那个账本被小孩烧掉了"。

对于暂时由蔡玉林担任组长一事，蔡玉林则认为他不是经过大家选举产生的，说话大家都不听，因此不愿意担任组长职务，除非经过群众大会选举之后。蔡玉林本人的担忧，事实证明也是对的，"我刚担任组长不久后的一天，一户人家的牛吃了另一户的菜，双方争执不下，被吃了菜的农户就把我叫去调解，结果牛主人说，你不是我们选出来的，我不认你这个组长，你说话不算数"。

2007 年 8 月，在村委会和乡政府的强力干预下，牛背屯的账目被彻查了一次，同时在群众大会上，通过群众举手表决的方式再次确认蔡玉林担任牛背屯的组长。但这暂时的平静似乎并不能掩盖潜藏的矛盾，按照蒋家兴的说法是"现在太乱了，跟以前不一样，大家眼睛里看到的都是钱，谁也不相信谁"。尽管此后的半年中，乡"小项目实施领导小组"以及农科院课题组成员多次组织牛背屯群众或村民召开代表开会，讨论恢复滚动资金的运行问题，但始终没能重新有效地组织起来。随着 2007 年底胡岗冈竞选洞山村（原洞山村和胜利村合并之后的新洞山村）村主任失败后，胡岗冈已经没有担任公共管理角色的兴趣，并于 2008 年春节之后到江苏打工。为此，牛背屯再一次陷入了实际的权力真空和无序状态。

通过案例 4-3 描述，可清晰了解牛背屯权力博弈的基本形势以及内部权力结构的变化路径及背景。如图 4-9 所示，通过对牛背屯权力争斗过程中几个核心人物之间的关系进行分析，可以发现，在两大"权力集团"中，以吴登学、蒋家兴和胡岗冈三人为核心，形成了牛背屯权力争夺战中的所谓"左派"；而以吴大国、郑志明、胡贵友三人为核心，形成了权力争夺中的所谓"右派"。以这左右两派为基础，呈现出社区层面的双核心权力结构，每个权力核心又分别由三个权力中心构成，这样，总体上就使得牛背屯的社区权力结构呈现出"多中心扁平结构"的特征，每个权力中心之间以类似平行的结构分布在权力结构网络中，相互之间谁也不比谁拥有更大的权力。同时，每个权力中心，又有许多普通的权力主体围绕着。

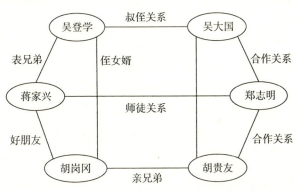

图 4-9　牛背屯六个权力中心之间的关系示意图

在现实中，对于牛背屯这种特殊权力结构的特征，可以概括为以下几点。

第一，各权力主体的争夺主要集中在社区公共资源配置中。无论是"吴大国集团"对蒋家兴发动的第一次查账风波，还是胡岗冈他们后来对郑志明发动的第二次查账风波，其最终的指向目标，都是针对社区公共资源的使用。对比牛背屯及其他周围几个村寨，至少从表面上看，公共资源越多的社区，其内部争夺越激烈。

第二，权力争夺战中，尽管各权力主体带有或多或少的私人恩怨，但其现实功能是对社区公共事务管理起到了重要的监督作用，是基层民主的充分体现。如每次查账风波，基本上都是在群众大会上公开进行。

第三，多中心扁平权力结构的结构性特征，决定了该结构中的所有权力中心，都不可能具有对权力资源配置的绝对控制和支配权，其最直接后果，除了促进社区民主的形式得以充分发展之外，也导致社区信任的崩溃和社区内部的分裂。在这种情况下，社区内部的多权力中心，导致的恰恰是整体的权力真空，使得社区公共事务陷入瘫痪状态。最直接的表现就是，在第一次查账风波之后，随着蒋家兴不再担任村小组组长，在其任内开展的牲畜银行滚动资金项目也随着他的离去而陷入瘫痪状态。

第四，在这一特殊的权力结构及权力争夺中，家族关系和利益联系混合在一起，这成为维系各个权力中心及权力集团的重要纽带。但是，这两种联系方式之间并不是简单的相互加强，也不是绝对的相互抵消。如"左派"内部的联系，主要是以亲戚家族关系为主，而"右派"内部的联系则是以利益联系为主，并且"左派"和"右派"之间的亲戚家族关系甚至比"左派"内部还要密切。由此可见，导致各权力中心结盟或对抗的纽带，并不一定是简单的亲戚家族联系，而最终取决于各权力主体之间的利益同盟关系。

权力流动的特征和规律，本质上取决于社区权力结构的特征。如果说牛背屯每次查账风波就是一次权力流动的过程，那么从上述案例中可知，在一个扁平形的多中心权力结构中，权力流动的方向并不是固定的，而是由各个权力中心所控制的权力资源的多少决定。在此，权力资源的属性，不仅仅包括各权力主体本身所拥有的客观外部资源，还包括社区内部的社会资本。这是因为，在一个相对封闭的社区以及该社区内的权力结构网络中，任何一个权力主体的理性选择都是尽可能获得其他权力主体的支持，从而获得同一条件下最多的权力资源。

因此，在历次查账风波中，无论是"左派"针对"右派"，还是"右派"针对"左派"，也无论查账的理由如何，最终决定社区权力流向的因素，除了各权力主体本身的权力资源存量之外，就是大多数农户的意见。如针对蒋家兴的查账，尽管大多数农户认为蒋家兴为人正直，但既然吴大国他们说蒋家兴存在经济问题，则主流民意肯定是会支持吴大国他们，因为即使是冤枉了蒋家兴，大多数人也认为查总比没查好。同样，在第二次查账风波中，无论郑志明和胡贵友他们是否真的有经济问题，大多数农户认为，要查，就要清查到底。为此，在各个权力主体的权力资源存量相当的情况下，获得尽可能多的其他权力主体的支持，成为决定社区内部权力流动方向的最重要因素。

在由以原子化形式存在的农户组成的多中心扁平权力结构中，权力流动的方向主要取决于权力争夺者所获得的其他权力主体的支持广度和强度。而其他权力主体对权力争夺中的权力中心支持与否，通过案例分析可知，其主要标准还是各个权力主体本身的利益是否达到最大化。如针对牛背屯频繁发生的查账风波，其实无论被查者是谁，普通农户从其自身的短期利益考虑，不管认为是否合理，都会支持，因为社区公共资源的公平合理使用涉及每一个人的切身利益。而现实中，普通权力主体参与社区权力争夺导致权力流动的发生，主要表现在各权力主体的广泛参与。如果将社区内的群众大会看作各权力主体参与权力争夺的平台，那么在群众大会中，各权力主体的民主参与，则是社区权力流动的最直接手段。

4.7　小结与讨论

在前一章中，笔者从制度的角度重点讨论了参与式发展干预中的制度结构及其属性，本章着重从权力的角度，讨论了参与式发展干预中的权力结构及其特征。本章首先从理论综述和实证分析相结合的角度，提出"权力资源说"的观点，认为权力本质上是权力主体对各种资源的拥有和控制，权力的大小，取决于权力主体所拥有和控制的权力资源的数量和质量。在发展干预中，权力并不是静态存在的，而是处于不断的流动之中，权力流动过程在本质上决定了权力结构的基本属性，但首先受到发展干预中的各种制度规范的影响。在结构性存在的社会中，权力决定制度，权力结构的基本属性决定制度结构的基本属性，但制度同时也反作用于权力，制度变迁的过程同样对权力结构的变迁产成重要的推动作用。

促进各权力主体的充分参与，是发展干预的重要目标，同时也是发展干预的重要手段，在本质上体现为各权力主体之间的多中心权力结构特征。多中心权力结构特征，为各权力主体提供了参与发展干预过程的空间，并表现为多中心治理模式中的多中心制度结构，又在制度层面反过来确保了各权力主体的参与空间。这就意味着，参与式发展干预所强调的参与和赋权，与各权力主体之间的多中心权力结构，事实上在制度层面完成了相互之间的对话，多中心权力结构的结构性特征决定了各权力主体在发展干预中的参与，而这种参与同时在制度层面又维持了多中心权力结构的形成。

胜利乡参与式发展干预总体上包括四大权力主体，分别是乡政府、课题组、村组干部和普通农户，并表现出"双中心权力结构"的特征。课题组和乡政府分别作为外生性权力中心和内生性权力中心，总体上主导了发展干预中的权力资源配置。村组干部和普通农户尽管在发展干预中具有较大的参与空间，但在发展干预的决策过程中，并不能改变其依附从属地位。在双中心权力结构中，权力流动总体上呈现出"由外向内、由上到下、由机构到个人"的结构性特征，但由于权力的资源本质和不可避免的权力博弈，双中心权力结构在发展干预实践中同样面临单中心化或无中心化的双重趋势。

在胜利乡社区层面的小项目执行过程中，各权力主体之间同样呈现出多中心权力结构的特征，但与整个参与式项目层面是以乡政府和课题组两大权力中心为主的"双中心权力结构"不同，小项目在社区内部的执行过程中，乡政府和课题组主要是作为外生性权力主体发生作用，并不直接参与社区内部的项目管理和执行。在这种情况下，社区内部小项目执行过程中，普通农户和村组干部成为主要的权力主体，在社区分化程度不断加大，但在总体异质性程度并没有大到形成垄断性权力中心的情况下，社区内部同样呈现出多中心权力结构的特征。与此同时，在乡政府和课题组两大外生性权力中心的干预下，社区内部小项目的执行过程同样形成了以促进各权力中心充分参与为核心的正式或非正式制度，这在一定程度上又在制度层面实现了外部力量对权力中心参与空间的挤压和非权力中心参与空间的扩大。因此，社区内部权力结构大多数呈现"多中心扁平权力结构"的特征，整个权力结构呈现出立体网状格局，从而和项目层面平面状的"多中心权力结构"形成对比。

但社区内部多中心扁平权力结构的特征，并不意味着各权力中心的充分参与就一定能保证所有小项目取得预期效果。滚动资金项目在羊山村、牛背屯和新村屯三个村寨的实施效果的比较研究，以及对牛背屯社区发展中存在的问题的分析表明，参与式发展干预中的一系列正式制度和非正式制度，并不是实现成功的发展干预的最重要保证。各权力主体在发展干预中对权力资源的争夺和博弈，才是发展干预的实质，而影响权力争夺和博弈结果的根本因素，并不是小项目执行中的各种制度规范，而是参与权力争夺的各权力主体所拥有和控制的权力资源的数量，即权力的大小。发展干预中决定各权力主体真正参与空间的主要因素，不是规范发展干预的各种制度安排，而是权力主体所拥有的权力大小。而多中心扁平权力结构在这种理想与现实的博弈中，逐渐出现了向平面结构的多中心权力结构甚至单中心权力结构转型的趋势。

第五章 权力的话语表达

> 参与式研究是以批判为方向的，因为它向社会成员提供了社会改造的实际手段，而社会改造的一个先决条件，就是理解和批判发挥实际功能的各种话语形式。换言之，对社会权力结构的批判和改造，便要求对权力话语本身进行批判和改造。
>
> ——丹尼斯·K.姆贝

前面的章节从建构的角度阐述了权力的资源本质，总结归纳了胜利乡参与式发展干预中的多中心制度结构和多中心权力结构的特征，分析了制度和权力之间的相互关系及权力流动的特征。但对于权力主体之间的权力关系到底是如何表达的，各权力主体所拥有权力的现实表现形式，权力主体之间权力流动的载体等，并没有进行详细分析。从权力资源说出发，权力的本质是对各种权力资源的拥有和控制，因此可以认为拥有权力资源的权力主体必定拥有一定的权力，但在现实的权力结构中，权力主体所拥有的权力并不是静止不变的，而是处于不断的流动之中，从而形成权力结构的动态均衡或失衡，权力流动的路径体现出了各权力主体之间的权力关系。

因此，从权力资源说的基本立场出发，权力的表达即通过何种手段或方式去获取或维护权力资源，其中最常见的形式是暴力手段。但在大多数时候，暴力是极端的权力表达形式，非暴力或非直接暴力手段才是权力表达的常见形式。福柯在《规训与惩罚》中将权力阐述为，权力无处不在，权力深藏于每个人的日常话语表达中。话语就是一种最常见的权力的非暴力表达手段，不同权力主体形态各异的话语表达成为维护各自权力利益的基本手段。在胜利乡参与式发展干预中，权力的话语表达，同样是最常见也是最重要的表达形式，话语形态成为映射各权力主体之间权力结构和权力关系的首要特征。为此，本章将重点对嵌入各权力主体之间权力关系的各种话语表达方式进行分析，详细阐述胜利乡参与式发展干预过程中各权力主体之间是如何通过不同的话语形态，体现出相互之间的权力关系，并实现权力流动和权力结构的动态均衡或失衡的。

5.1　话语与权力的理论综述

5.1.1　话语的概念

在众多对"话语"的研究中通常都认同的一个观点是，作为学术名词的"话语"概念，最早出现在语言学的研究中。在语言学意义上的话语，一方面被看作超出通俗句子的语言结构，表现为语言和文本两种形式，另一方面则被看成是一种"语言的应用"，是一个建立独特的词语语境、位置语境和文化语境的语言过程（吴猛，2004）。从 20 世纪 60 年代开始，"话语"概念逐渐突破语言学本身的研究领域而扩展到更广泛的社会科学领域，如哲学、社会学、人类学、历史学。尽管这些学科中的话语概念表面上仍然具有语言学中"语言的应用"这一基本含义，但是在具体内涵和外延上已经不是局限在对语言本身的探究，而是逐渐作为一种研究载体，反映出更深层次的社会问题、社会现象和社会发展的规律。因此，从广义上讲，通常可以将"话语"理解为在特定社会环境中所采用的讲话的方式，或者可以认为是在社会交换的习惯性场合中的言语（奈杰尔·拉波特等，2005）。与话语概念最为相似的哲学词语是维特根斯坦所说的"语言游戏"（维特根斯坦，1996）。作为具有能动性的社会行动者，其力图在规范的社会关系和行为中通过特定的语言表达方式传递语言的内涵，以约定俗成的方式去匹配日常社会互动。

随着"话语"概念逐渐在语言学领域之外的其他社会科学中被广泛应用，话语概念的内涵和外延逐渐扩展，同时以"话语分析"为主的分析方法，也逐渐成为一种研究社会、文化、制度、权力等重要社会现象和社会问题的重要工具。其中又主要包含两种观点。其一，认为话语本身就是社会现象的重要组成部分；其二，认为不同社会行动者在不同环境下的话语结构及其特征本身，反映了社会问题的本来面目。在这种话语的转向过程中，话语的内涵和外延也急剧扩大，逐渐从最开始的言语结构向更广阔的范畴扩大，其中符号学的作用非常巨大。在某种意义上，话语成为囊括几乎所有有形的和无形的符号形态的概念集合，如语词、形象、广告、摄影、大众文化、民风民俗、电视、时装、运动事件、亲属关系、神化，以及制度体制、物质形态等几乎所有有形的和无形的能够反映和体现出社会现象和社会发生过程的，都可以被纳入话语的范畴。也正是因为如此，在现代学术意义上，严格的、具有唯一性的话语概念已经很难界定。正如福柯所讲的，话语是以某种方式组成一种框架，从而对服务于某些利益群体而不是其他利益群体的事件进行理解和做出解释。而现代社会中无论是学术层面还是非学术层面的话语概念及其若干表现形式，本质上都反映了特定利益群体的利益取向。

本研究中的话语概念，其一，指的是参与式发展干预过程中各个权力主体在特定环境下的言语表述方式，也就是话语的第一层次的含义；其二，还包括体现并规范参与式发展干预过程中的各种正式的、非正式的规章制度和规则体系；其三，在参与式发展干预过程中，各权力主体本身所处的文化环境及其所体现出来的社会心理及行为变化。为此，本章对发展干预中话语形态的划分，总体上包括制度性话语和行动性话语两种类型。制度性话语指的是通过各种制度规范表达出来的话语形态，可以再细分为正式制度和非正式制度两种形态，前者如小项目管理条例、乡规民约等，后者如风俗习惯等。行动性话语则是抛开文字的表达方式，

直接通过言语交锋或各种行为来表达的话语形态，如牛背屯村民
对村组干部的不信任和不合作行为等。

5.1.2　福柯思想中的权力、知识与话语

在话语的研究中，福柯是真正把话语概念从纯粹语言学领域
扩展到更广阔领域的重要学者之一。福柯通过他的知识考古学和
谱系学等独特理论体系，将权力、知识和话语三个最重要的核心
概念组合在一起。

福柯的理论体系，把知识看成是一种统治工具，并强调知识
与权力之间的关系，以此来揭示"话语的权力"与"权力的话语"
之间的关系，发现知识的政治学。福柯认为，在特定的语境和社
会环境中，知识体现了某种权力的效应，某种知识的指涉，某种
机制。借助这种机制，权力关系造就了一种知识体系，知识则扩
大和强化了这种权力的效应。围绕这种"现实－指涉"，人们建构
了各种概念，划分了各种分析领域。围绕着它，还形成了具有科
学性的技术和话语以及各种人道主义的道德主张。

因此，福柯认为，权力制造知识，知识为权力服务，权力和知
识是直接相互连带的。不相应地建构一种知识领域就不可能有权力
关系，同时任何知识都预设和构成了权力关系。福柯认为，"权力和
知识的问题，不在于确定权力如何征服知识并使它终身侍奉，或是
确定权力在知识上打下权力的烙印并把意识形态的内容和限制强加
于知识。倘若没有本身就是权力的一种形式，并以它的存在和功能
与其他形式的权力相联系的传播、记录、积累和置换的系统，那么
知识体系便无法形成。反之，假如没有知识的摘要、占有、分配和
保留，那么权力也无法发挥作用"（福柯，1997）。这也就意味着，
知识和权力是相互关联的，知识体系不可避免地与权力体制密切相
关，权力控制了知识，知识也能给人以权力。

权力体系产生不同形式的知识，这些不同形式的知识又反过
来在社会代理者中产生物质后果，而这些社会代理者有助于强化
原始的权力构成。权力和知识之间的关系不是外在的关系而是内

在的关系。权力产生知识，知识产生权力，两者密不可分。不存在任何没有相关知识领域之构造的权力关系，也不存在任何没有不同时以权力关系为先决条件并构造权力关系的知识（张云超，2005）。在福柯看来，知识是伴随权力的机制而产生的，知识的作用就是保护个体的生存，对外部世界加以理解，并通过理解活动构成现代人生存的手段，从而使得知识与权力融合在一起，并使得统治的结构获得合法性。在福柯看来，这种与知识紧密联系在一起的统治，总是具有压迫性，并体现了知识与权力之间的微妙关系，所以，在福柯的理论中，监狱、精神病院、医院、学校、各种公共机构和公共设施，包括大众传媒等，都体现了不同形式的知识，因而与权力有着紧密的关系，并引申出权力关系的网络体系。

如果说知识和权力的关系好比鸡和蛋的关系，那么在福柯看来，话语则是表现权力和知识的重要手段。在《话语的秩序》中，福柯把权力理论引入话语分析中，他认为话语的产生是依照一定数目的程序而被控制、选择、组织和再分配的。由于话语在本质上体现的是社会互动过程中各社会行动者之间的权力关系，也即反映了权力结构中各权力主体之间的权力关系，因此在特定的场合总是需要特定的话语表达形式。总之，福柯所关注的产生话语的程序，实际上是一种制度规范，这种程序在规范话语表达的同时，也在避开话语的权力和危险，控制话语的偶然事件，避开话语的物质性，从而使得现实存在的权力关系隐藏在看似虚无的话语中。

在福柯的话语理论中，外部控制是产生话语的重要程序之一，其中包括三条原则，分别是：禁止原则、分化和拒绝原则、真假的对立原则。禁止原则指的是特定的话语只有在特定的场合才能产生，在特定场合之内表达不符合该场合权力关系的话语，是一种禁忌。也就是说，并不是每一个人都有权在不分场合、不分时间的情况下乱讲话。比如在胜利乡的传统习俗中，丧葬仪式的最重要话语形式就是哭，如果这个时候有人在大笑，则其违反了特定的言语禁忌。

分化和拒绝原则，指的是在被赋予权力内涵的话语中，并不是每个人的话语都能够产生其所希望达到的社会影响，只有处于权力结构中心地位的权力主体才能做到这一点。福柯认为，这种现象体现的是话语产生中的分化和拒绝，也就是权力结构的中心与边缘之间的分化和拒绝。真假的对立原则，实际上体现了马克思唯物辩证法中所强调的用历史的和辩证的眼光去看事物的思想，在福柯看来，一个特定场合下出现的特定话语，并不存在绝对的正确，也不存在绝对的错误。而辨别真假的标准，则要看辨别者从什么角度出发，代表了什么样的权力关系。从这一点出发，对于胜利乡参与式发展干预过程的解读，如果我们不加思考地肯定参与式方法就是最好的，或者不假思索地排斥参与式方法，认为在现实中不可能实现真正的参与，则都是有失偏颇的。

在福柯看来，知识是产生话语的另一个重要因素。话语作为社会交换和交流的重要手段和形式，只有在特定的知识范围之内才能发挥积极作用，也就是说特定的环境产生特定的话语。知识和权力之间的互生关系表明，如果没有相关联的知识领域的建立，就没有权力关系，也就是说任何知识在形成的同时预设和构成了权力关系。从权力角度考虑，与权力紧密相连的知识不可能是中立和纯粹的，对某一特定的权力关系来说，与其说知识有真伪之分，不如说有合法与否的区别。福柯认为，任何知识都不是来自某一学科，而是来自笼罩它的权力关系。

在福柯看来，话语是社会生活和交换中的一个关键因素，特别是文化话语，既维系着传统认知世界的方式，也维系着正在进行认知的人们之间的权力网络关系。话语在特定条件和过程中制约着人们如何交流以及能知道什么和怎样知道。在"知识－话语－权力"的关系模式中，话语作为知识和权力之间产生关系以及发挥作用的桥梁和纽带，实际上起着维系权力结构的作用。因此，一旦口头上和行动上、集体性和强制性的话语根植于身体和思想中，那么它就成为一种独特的话语结构，个人在其中逐渐被社会化。唯一能够部分性完成的超越，是从一个话语到另一个话语，通过使某一权力关系与另一种权力关系的对立来推翻它，随着话语的发展和变化，在时间推移中接近并驾驭每一个人。但这还不是真正意义上的摆脱，因为个体依然按照特定话语分类体系获得意识，这是一个由这样或那样不平等的权力关系构成的分类体系。

5.1.3　发展干预中的话语权与话语霸权

从话语视角研究发展问题，是目前发展研究的重要方向之一，在这方面的代表性学者如 Norman Long、Escobar、Ferguson 等。这些人在研究中，通常都延续了福柯、哈贝马斯等学者关于话语理论的重要思想，尤其是福柯的"知识－话语－权力"思想，起到的作用更是巨大。现代学术意义上所讲的发展及其一整套的知识系统、行动策略和发展干预模式，在影响被干预对象的同时，也在告诉他们，只有遵循这一套模式，才是他们的正确选择。在这种思想影响下，逐渐出现了当前学术界批判甚多的所谓发展的"话语霸权"等问题，掌握了所谓现代发展理念和发展知识的人，实际上成为主导发展进程的权力中心，他们通过各种话语形式来表达这种权力关系，从而在发展、赋权、参与、民主等华丽辞藻的掩饰下，行使的依然是一种新的专制与霸权。在学术上，很多学者把这种以话语权的垄断为主要特征的新霸权形式，与殖民主义时期的传统霸权相提并论，并冠以"后殖民主义"的称谓。

发展研究逐渐从经验研究走向实证研究，根据不同学科视角逐渐分化出众多不同的分支学科，如发展经济学、发展政治学、发展社会学、发展人类学、发展伦理学等。但无论从什么视角出发，每个时期不同视角的研究总是会集中关注一些共同的焦点议题，如贫困与发展、性别与发展、增长与发展、治理与发展、伦理与发展等。与此同时，在不同学科视角的背后，总是会形成各种不同的话语形式，如参与式发展、以农民为中心的发展、综合农村发展、农事系统研究等。按照福柯的"知识－话语－权力"

模型，这些不同表达方式的话语，与本质上的现实指涉物并没有不可逾越的差异，二者的不同之处在于特殊的话语形式背后起支撑作用的是不同的知识体系以及与这些知识体系紧密相连的权力关系。从这点出发，在发展研究中最著名的话语形式，莫过于如"华盛顿共识"这样的具有统治性的表述，并且在发展实践中似乎成为一种几乎所有发展工作者共同认可和推广的普适模式，被批判学者称为新的发展话语霸权。

在参与式发展干预的各种话语中，"参与"同样是具有统治性的话语形式之一，并且随着"民主、自由、平等、博爱"等价值观逐渐被越来越多的人认可和接受，体现这种价值观的"参与"理念及与其相对应的一系列方法和工具，理所当然地成为发展研究和发展实践中的统治性话语。正如 Chambers（1997）所言，"社区成员的参与被认为是有助于提高投资的效率和效益的，并且有助于民主化进程和对弱势群体的赋权。从某种程度上说，参与就是一种新的发展范式"。

随着参与的理念逐渐在发展话语中被确立为处于统治地位，围绕"参与"的一系列话语形式也层出不穷，如"参与的核心就是赋权""参与过程要尊重乡土知识的作用""重视妇女在农村发展中的参与""关注农村发展中的儿童参与"等，以至于在某些时候达到了"无话不参与"的程度，发展干预的一切活动都围绕着参与，都是为了参与，从此参与从一种技术手段变成所有活动的目的。

因此，围绕着参与的话语霸权，逐渐出现了两种分化，一是所谓的"参与式迷失"，二是所谓的"参与式泛化"。前者用来描述发展活动似乎都是为了所有项目相关方的参与，只要大家都参与了，项目目的就达到了，参与就是一切，至于为什么要参与，参与之后又该怎么样等，似乎已经不重要了。后者则用来描述参与概念从发展研究和发展实践领域泛化到更广阔的领域，并逐渐由一个学术名词演变为一个流行词，在这个转变的背后，参与的本质已经不再重要，参与的形式也不再重要，重要的是只要冠以

"参与"的头衔和前缀，就使原本通俗的内容穿上时尚的外衣。

从上面对发展研究中话语转向问题的阐述可知，与福柯所讲的"知识－话语－权力"的关系一样，在实际发展进程中，凭借掌握的新知识对权力进行争夺，已经不再表现为各种形式的暴力冲突，而是在和平的表象下由对话语权的争夺体现出来。在发展干预中，本研究认同权力主体具有充分的理性这一前提假设，因此各权力主体总是会尽量参与干预的各个环节，通过表达各自的话语，来宣扬和维护自身的利益。话语作为重要的权力表达方式，各权力主体首先争夺的，就是话语权。"赫拉克利特有一句名言，'不听从我本人而听从我的逻各斯①'，即不因我本人拥有的各种政治权力、社会地位、经济实力、外貌等而增加我话语的力量，也不因我的话语权而剥夺、压制他人的话语权，只管听我的论证和表述就行了。而实际上，一旦'在场'言说，言说者的逻各斯就宣示了他的话语权，听从我的逻各斯必然成为听从我的权力。这种言说不在于说出了符合还是不符合事实的什么话，而是一种权力的宣示，亦即宣示了对现实的命名权、表述权和解释权，也就是行动权。"（胡春阳，2005）

因此，对于话语权的争夺，实际上体现的就是各权力主体之间的权力争夺。在胜利乡参与式发展干预中，不同权力主体总是会用各种不同形式的话语方式去阐述同一件事情，如前面阐述过的新村屯的滚动资金案例中，对于一开始从乡政府申请下来的资金的属性问题，乡政府、课题组、社区内部得到和未得到资金的两派的说法各不相同，但本质上都反映了各自的权力取向。发展

---

① "逻各斯"（logos）是早期自然哲学中伊奥尼亚派的一个哲学术语，最早由古希腊哲学家赫拉克利特将其引入哲学领域，其原意是"话语"。赫拉克利特用它专门表示"说出的道理"，并且认为正确的道理表达了真实的原则。就逻各斯是人们所认识的道理而言，它可以被理解为"理性""理由"等；就逻各斯是世界的本原而言，它又可以被理解为"原则""规律""道"等（赵敦华：《西方哲学简史》，北京大学出版社，2001）。在现代西方哲学和后现代社会理论中，德里达的"逻各斯中心论"则是对这一概念的极致运用，其中心思想是，现实社会的运行都是围绕着逻各斯，也就是围绕着话语而运转的。

干预中对于话语权的争夺，除了直接反映各权力主体之间权力关系的特征之外，也直接决定了权力的分配。

在发展研究中，对于各种发展话语的批判，如 Escobar 的《遭遇发展》(*Encountering Development: The Making and Unmaking of the Third World*)，核心内容之一就是阐述发展干预过程中，传统与现代、外来者与本地人、权力拥有者与被赋权者之间在共同的发展干预过程中，对发展的不同理解所造成的权力争夺问题，而包裹着各个权力主体之间争夺本质的，则是各方对发展中话语权的争夺。发展干预中话语权争夺的结果，是掌握了权力和现代知识的权力主体发明出各种层出不穷的话语形式，建构一整套发展干预的模式，并通过对话语权的绝对控制来推广这些发展模式。而这种通过对话语权的绝对控制来推广发展模式的方式，在抹杀和排挤了潜在的替代性发展模式的同时，也成为发展干预中话语霸权的直接体现。胜利乡的发展干预过程中，最典型的话语霸权如必须充分保证妇女在农村发展中的参与，并通过制度形式如"申报的项目必须召开村民会议讨论，参会人员必须有 40% 以上的妇女参加"这样的条文加以强制执行。在这一制度条文背后，尽管很难确定社区内广大妇女自己是否真正愿意参与社区公共事务管理，但至少反映了参与式发展干预中的话语霸权以及多中心权力结构中各权力主体之间的权力关系。

5.2 发展干预中的制度性话语

权力结构决定制度结构，制度安排又使动态的权力产生结构化的静态效果。制度是表现权力关系最正式的话语形态，同时也是胜利乡参与式发展干预的各种话语表达方式中较重要和较核心的一种。根据发展干预中实际发生作用的制度类型，制度性话语总体上可以分为正式制度和非正式制度两种话语形态。从理论和逻辑的角度考察，对发展干预中制度话语的正式和非正式的简单二分法，未免存在理论和逻辑的双重缺陷，但从便于分析的角度出发，笔者在此依然保持这种分析框架。

胜利乡参与式发展干预中的所有项目活动，都有相对应的制度规则，总体框架如图5-1所示，形成了一个多层次、多权力主体的制度体系。小项目基金管理条例是整个参与式项目中的最高制度安排，对整个项目活动进行框架性和原则性规制。村规民约则主要适用于社区层面的各个具体小项目，其权力边界通常在社区内部，主要作用主体以村组干部和村民为主，而对乡政府和课题组两大权力主体并不产生直接影响和规制作用，只是产生间接的影响。与在项目层面和社区层面都发生作用的制度性话语形态不同，在个体农户层面发生重要作用的话语形态是习俗。从制度话语的属性看，小项目基金管理条例和村规民约由于都是经过各权力主体共同制定并认可执行的制度规范，因此属于正式制度；而很多风俗习惯虽然同样对发展干预中的项目活动产生影响，但大多源于乡土社会长时间的社会行为演化，因此可看作非正式制度的话语形态。

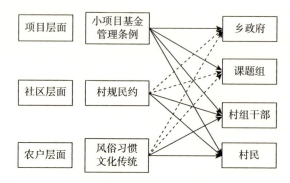

图5-1 不同层面和权力主体之间的制度性话语示意图

5.2.1 正式制度

任何话语形态通常都包括四大基本要素，即话语场合、话语风格、话语事件与话语行动，这四个方面共同作用形成完整的话语形态（奈杰尔·拉波特等，2005）。胜利乡参与式发展干预中，正式制度作为重要的话语形态之一，其主要功能是从制度层面对发展干预的过程进行规范，并通过一整套专门的话语体系表达出来。

促进各利益相关方，也即各权力主体，在发展干预过程中的尽可能参与，是参与式发展项目的重要目标之一，关于这一点在前面章节中笔者已经进行了详细阐述。而在针对这一目标的各种话语表达方式中，最常见的如口语表达"我们参与式项目和以前政府搞的项目的最大不同，就是老百姓的参与增加了"（钟乡长）等。但最正式和系统地表达这一核心主题的，则是《胜利乡第四期 IDRC 小项目实施条例》。前面关于制度结构的章节对该条例的各项制度安排及相互之间的结构性关系已经进行了详细分析，并总结了参与式项目中的多中心制度结构，在此不再重述。但从话语分析的角度考察，可以看出该条例中一系列特殊的话语表达方式，构建了一个表达和推动各方参与的话语体系。

首先在对参与式项目的总体定位和宗旨的阐述中，规定小项目的实施目的是实践和总结参与式扶贫和自然资源管理的经验，使之系统化、理论化，并推广到更广泛的区域。而对于参与式项目的主要活动，则要求主要以社区的自然资源管理活动为主，以基础设施建设和生产生活改善项目为辅。在保障各方参与的规定中，专门要求主要扶持对象为前三期项目未覆盖的村寨，要求农民在项目实施过程中能获得技术培训和能力建设活动支持，同时要求在整个项目过程中（计划、实施、监测与评价、后续管理）必须有农民的参与，有一套健全可行的管理制度和机制，要关注弱势群体。在实施条例中，关于保障和促进各方参与的话语，同样以各种不同的表达形式出现在其他具体细节的规定之中。如项目申报的要求中规定，项目申报时必须召开村民会议讨论，参会人员中必须有 40% 以上的妇女，通过 80% 以上参会人员的赞成，村民自愿集资达到项目总投资的 30%。在人员管理的规定中，项目实施小组成员、村组干部、村民都是项目的参与者、实施者，必须积极投入小项目的实施等环节。

在小项目实施条例中，通过构建一个嵌入了以"参与"为核心概念的话语体系，从而为发展干预的所有项目活动和各权力主体的行为提供了一个原则性的行动框架。条例中使用的一些专有名词如"参与""自然资源管理""小项目""妇女""监测与评估""弱势群体""推广"等，一方面体现了参与式发展干预的基本理念和原则，另一方面把发展干预过程中的不同权力主体，如乡政府、课题组、村组干部、普通村民等，与通过上述各种特殊话语形态所表达的内容联系起来。课题组作为外来干预者，在掌握发展资源从而成为最重要权力主体的情况下，通过各权力主体共同参与下形成的这一特殊的话语体系，将外来的参与式发展干预的诸多理念和原则，顺利地嵌入发展干预过程，并对其他权力主体的行为产生直接或间接的影响。

与条例中的规定相呼应，各个小项目在社区的执行过程中，同样是在社区所有村民或村民代表的参与下，制定了具体的实施和管理制度，即村规民约。表5-1为朝山村寨发展基金管理办法，表中列出了一些重要的指标性要求，如管理小组由5个经济管理员和3个群众代表监督员共同组成，实行5户联保制，年资金占用费（利息）为6%，资金占用费的80%用于村寨公益事业或进入下一轮滚动使用，20%用于与管理基金相关的行政性支出，等等。这些指标体系，共同组成一个完整的话语体系，在规范村寨发展基金的使用和管理的同时，也对所有农户的权利和义务进行规范。

表5-1　朝山村寨发展基金管理办法

1. 此款归朝山全体村民所有，人人都有管理、监督权。

2. 由群众推选合适的5个经济管理员，3个群众代表监督员，共同管好发展基金。

3. 经济管理小组必须认真地接受群众和监督员提出的意见和建议，随时给予解释和答复。

4. 发展基金按自行结合的几户实行联保制，借款时联保户都要知道，并签订协议书和担保责任书，1户拖账，5户有责。

5. 借款期限1年，资金占用费按年6%计算。

6. 在收取的资金占用费中，80%用于公益事业和下期滚动使用，20%用于与管理基金相关的行政支出。

7. 借款额限 1000 元以下，并要有书面申请，有合适可靠的发展项目时才能借款，否则不予批借。

8. 发放款时如经济有限，在同等条件下贫困户优先使用，但要有发展能力和担保人。

9. 凡不按时归还借款和故意拖欠者，管理小组有权收回其全部资金，并取消该户的借款资格。

10. 要一季度给群众公布一次账目的收支发放情况。

朝山全体村民，组长

2006 年 8 月 5 日

资料来源：由课题组提供。

任何话语形态并不是孤立存在的，而是包括其独特的话语场合、表达形式、指涉内容和相应的行动。以上述正式制度为代表的胜利乡参与式发展干预中的各种正式制度，作为发展干预中最重要且最正式的话语表达形态，无论其具体指涉内容的层次和内容差异多大，从话语形态的角度考察，在本质上并没有任何区别。它们都是通过一整套围绕着"参与"这一核心原则而出现的若干独特的话语体系，并区别于所干预社区和群体的已有话语体系。在这些独特的话语体系背后，体现的则是发展干预中的权力结构的特征。无论是小项目实施条例，还是朝山发展基金管理办法，从制度制定的过程来看，都是在多权力主体共同参与并认可的情况下形成的，理论上代表了所有权力主体的利益，并且从整个话语体系所表达的核心内涵来看，在指涉内容上形成了多方共同参与和共同治理的多中心权力结构。

5.2.2　非正式制度

与正式制度不同，这里所分析的非正式制度主要指的是在发展干预过程中同样起重要影响作用的风俗习惯和文化传统。发展干预过程中，以"参与"为核心原则的外来话语体系与被干预社区和群体中已有的话语体系，不可避免地发生碰撞和融合。权力本质上的排他性，使得权力主体之间事实上很难对有限资源做到真正的和谐共享和共同参与，这也成为发展干预中两种话语体系碰撞和融合的焦点。如果说上面阐述的正式制度是作为强调"参与"的外来话语体系的代表，那么非正式制度则代表了社区传统的话语体系。

案例 5 - 1　吃饭的故事

笔者在与胜利乡原人大主席罗主席①访谈时，他谈得最多的就是对课题组工作作风的钦佩和尊敬。

课题组在第一期项目开始时，每周5天都在实地工作，其中大部分时间要到各个项目点开展实地调研。当时课题组有非常严格的纪律，不能在老百姓家里吃饭，即使吃了饭也得给钱。这一传统在整个十几年项目过程中都得到了很好的传承和坚持。但是由于参与式项目给农户带来了切切实实的发展，农民对课题组成员充满感激，所以每次课题组成员到村寨，总是会被农民强烈要求留下来吃饭，为此课题组成员总是要费很多精力进行解释。这与当地政府干部"走到哪，玩到哪，吃到哪，专吃好的，吃完就拍拍屁股走人"的作风形成鲜明对比，再加上当地传统的十分热情好客的风俗习惯，为此总是给课题组的实地工作带来许多意想不到的"麻烦"。

有一次，课题组成员正好到罗主席所在的朝山调研，接近中午吃饭时候，工作还没有完成，罗主席就私下吩咐家人杀了一只鸭子，准备了一些酒菜，要请课题组吃饭。但是饭菜准备好之后，课题组成员坚决不吃，要回乡政府的驻地。为此，罗主席和当时的课题组负责人说了好长时间仍没有说服课题组成员留下，最后只能说："就算是老朋友请你们吃一顿饭，不吃就太不给老朋友面子，那以后咱们就不能愉快地

---

① 罗主席在第一期参与式项目运作的时候担任胜利乡人大主席，并同时作为乡政府的协调员，参与当年的项目运作。在第二期项目运作时，罗主席退休，但依然受聘于课题组，做一些协调和管理工作。

合作了。"最后没办法，课题组成员才答应留下来吃饭，但事后还是找了一个理由给罗主席进行了相应的物资补偿。

在上述案例中，课题组成员坚持"不在农户家里吃饭，即使吃了，也要进行金钱或物质补偿"的原则，除了杜绝"拉关系"，保持课题组的公正立场，获得大多数农户的认可和支持，从而能更好地开展项目活动和实现干预效果之外，它同样是整个参与式发展干预话语体系中的一部分，一方面反映了课题组的工作方式和价值观，另一方面成为实现参与式发展干预预期目标的重要手段之一。而留住外来客人在家里吃饭，作为当地的传统风俗习惯，在现实生活中，除了表示对外来者的尊敬和朋友之间联络感情之外，同时也作为一种特殊的话语形态，意味着"很多老百姓的想法是，你不吃他的饭，他总是不放心（课题组）是不是会最后把项目放在他们那里，如果吃了，至少表示获得项目的可能性大一点"（罗主席），其中所隐含的利益则是"吃饭"这种特殊的话语表达形态的重要内容之一。

在发展干预中发挥影响的非正式制度，远远超出案例 5-1 中所列内容，这些源于乡土社会的风俗习惯和文化传统，代表了被干预社区和农户的基本价值观和行为方式，同时当他们面临外来干预或刺激时，首先是基于自身的风俗习惯和文化传统做出反馈。发展干预作为一个非常重要的外来刺激，与被干预社区和农户首先发生的便是代表了两种不同价值观和行为方式的话语表达形态之间的碰撞。而从干预的角度看，这种碰撞本身就是发展干预的重要手段和内容之一，其始终强调的"参与""赋权""弱势群体"等发展理念和原则，在两种话语表达形态的碰撞中体现出来。从权力的角度看，在内外两种话语的碰撞中，则可以看出非常清晰的权力关系，在课题组坚决"不吃饭"与农户坚决要"请吃饭"的对拉过程中，反映了课题组作为掌握资源的权力中心与农户作为被干预者、处于权力边缘的"中心-外围"的权力关系，同时也反映了内生性权力主体在面对外来权力主体所带来的干预时的能动性反馈和修正。

5.3　发展干预中的行动性话语

发展干预中的话语表达形态，除了上述两种不同的制度性话语之外，行动性话语同样非常重要。与各种正式的或非正式的制度规范、乡规民约、风俗习惯和文化传统等对人的行为产生规制作用的制度性话语形态不同，这里的行动性话语，主要指发展干预过程中权力主体之间的言语交锋、行为反馈等。如前面在关于牛背屯查账风波的描述中，对于村组干部可能存在的经济问题，不同村民的表达方式各不相同，有的只是私下里讨论，有的则直接召开群众大会要求查账。两种不同的话语表达方式，其共同点是针对同一个问题，但最后的结果并不一定相同，其差异并不仅仅在于话语表达的方式或形态，而在于背后的权力结构。私下里讨论的，多以社区内部权力结构中的边缘权力主体为主，而直接通过召开群众大会查账的，则多以社区内部权力结构的一个或多个权力中心为主。嵌入不同话语表达形态中的权力关系，则通过各种不同的话语形态生动地表现出来。

案例 5 - 2　牛背屯集体资金的使用纷争

2007 年 3 月，农大 CBNRM（以社区为基础的自然资源管理）课程选择了牛背屯作为课程实习地点之一。实习结束后，为了表示对村民的感谢，在实习最后一天农大师生与牛背屯村民举行的联欢会上，特地留下了 1000 元钱，作为对牛背屯村级发展资金的补充。由于当时牛背屯刚经历了一轮查账风波，组长郑志明和会计胡贵友已经被村民集体罢免，因此时任胜利乡行政村副主任的胡岗冈，成为当时牛背屯唯一的"官"，他便代表全村收下了这笔钱，并代为保管。考虑到之前几任组长和会计都是由于村级账务问题而被村民罢官的，所有村民对集体资金的使用问题极为关心，因此胡岗冈声明等新的组长选出来之后，就把这笔钱转交给新的组长入账。

在如何使用这1000元钱的问题上，当时村里最亟须解决的是自来水问题，但是考虑到1000元钱根本无法解决问题，因此胡岗冈当时就提议可以考虑用这笔钱让全村妇女出去旅游一次，也是对所有妇女辛苦一年的奖励。

但在第二天早上，村里一位阿姨很早就跑到胡岗冈家里，说要借300元钱送礼①。由于当时胡岗冈到地里干活去了，只有其媳妇蒋秋叶在家。蒋听到要借300元钱，就说："我家除了准备给孩子上学报名的钱，没有那么多现金。"但是这个阿姨说："昨天农大老师不是给了1000元吗？不是在你们家保管吗？我是来借公款的。"蒋当场就拒绝了，说："这个钱是集体的，不是我私人的，不能借，也没有权利借，这个钱干什么用还得开群众会议商量呢。"但这个阿姨并不买账，说："公款人人都有份，我借钱用一下，三五天就还，还不行吗？难道你想自己占着吗？"蒋最终还是以她没有权利借公款为由，没有借给她，但还是从自己私人的钱里借了300元给那位阿姨，并且那位阿姨走的时候保证5天后就还。但是，直到2个月之后，这个钱才被她要回来。"后来她还说我借的是公款，又不是你家的，不还了。"（蒋秋叶）

就在那位阿姨借钱之后没几天，明小二以妇女小组组长的名义，组织村里的妇女去龙宫②旅游，并打算请专门的摄像师把过程拍下来，刻成光盘，让大家平常在家看。由于村里有自己的舞蹈队，所以她希望舞蹈队的都去，这样就能拍摄跳舞的场景了。在旅游经费上，明小二希望能用这1000元钱，这样每个人就可以少出一点。但是作为妇女舞蹈队的另一个核

---

① 由于当时正好村里一位老人过世，按照当地习俗，大家都要送礼，如果是亲戚，则送得更多。而在礼物形式上，随着社会变迁，已经变为直接送现金。由于借钱的阿姨正好是办丧事人家的近亲，因此其需要不菲的礼钱。
② 贵州省一个旅游景点，当地各个村寨的妇女经常集体组织去那里旅游。

心成员的蒋秋叶并不同意明小二的意见，认为"农大老师给的1000元钱，并不是叫我们拿去旅游的，并且旅游完了也是收获不大，还不如拿来干点公益事业，并且这个钱怎么用，也要大家开会讨论才行，并不能几个人说了算"。

蒋秋叶的态度受到一部分妇女的责难，骂她是"老公当了芝麻大个官，她就摆官夫人架子了"。与此同时，由于蒋在牛背屯妇女中是很有影响力的核心人物之一，因此她的态度影响了一部分和她走得近的妇女，没有去龙宫旅游。为此，明小二希望把这个钱用来旅游的计划就算是泡汤了。也正是因为蒋秋叶等几个舞蹈队成员没有参加旅游，在旅游时拍摄跳舞场景的计划也没能实现，为此，明小二等参加旅游的舞蹈队成员都非常生气，认为这是蒋不配合的结果。

这次纠纷，使得本来就缺乏信任的村民关系更加紧张。在此背景下，参加旅游的妇女在旅游回来之后，提出要把1000元钱平分，"她们既不相信胡岗冈不会挪用或贪污公款，也气愤我挡了她们用这笔钱"（蒋秋叶），有的人说："还不如大家分了，总比被人贪污了好。"因此，在部分妇女和村民的强烈要求下，胡岗冈最后没办法，只能同意把这笔钱平分，他不想因为这笔钱而遭来一部分人的谴责，尽管他有心把这个资金用在村公益事业上。为此，全组村民还特意召开了一个群众大会，讨论这1000元钱的分配方案。最后的分配结果是，扣除农大师生来的那天搞活动时花费的200元，还剩下800元，当天去参加活动的人按照每人5元的标准均分，同时，凡是那天参与表演的再另外得5元。

在案例5-2中，围绕1000元钱的分配问题所出现的纷争，反映了牛背屯社区内部信任的"崩溃"以及社区内多中心扁平权力结构中各权力主体之间的冲突和碰撞。在缺乏有效的权力结构制度安排和社区治理秩序的情况下，社区内部的多中心扁平权力结构，必然导致社区内的无中心化治理状况。抛开个人价值观而站在客观中立的角度看这 1000 元钱的分配方式，如果从社区整体发展的角度考虑，即从集体利益最大化的角度考虑，可能并不一定是最佳的，但是从无中心治理结构的现状看，此分配结果可以被认为是最优的方案。无中心治理状态的现实，使社区内部各权力主体具有了更大的参与空间，成为社区充分参与和民主治理模式建立的基础。而这种结果的出现，除了受社区内部本质上的权力结构特征这一决定因素影响之外，其实际运行则是通过权力主体之间各种特殊的话语形态表达出来的。

在第二天早上那个阿姨到胡岗冈家里借钱的时候，"借钱"这一行为本身并没有任何特殊的含义，但是当她直接表明要借这 1000 元公款时，那么"借钱"这一行为就成为一种特殊的话语表达方式，意味着她对掌管 1000 元钱的胡岗冈缺乏足够的信任，同时也表明了其作为社区成员，即社区权力结构中的一个权力主体，对这 1000 元钱公款行使其所应有的处置权和知情权。显然，无论是从这笔钱集体权属的角度，还是从蒋秋叶和该阿姨本身的个人角度来看，"借钱"这一行为本身显然是不妥当的，因为它除了表现出对公款保管者的极度不信任之外，更由于借钱行为本身的负外部性特征而潜在地存在损害其他社区成员应有利益的可能，而这种负外部性最后都会集中映射到公款保管者身上，从而使其答应借公款这一行为本身将会面临着巨大的潜在风险。显然，"借钱"这种特殊的话语形态的功能，正是上述分析的权力关系和潜在风险的集中表达，而蒋秋叶面对要借公款时的回答，同样在话语层面非常巧妙地避开了可能存在的风险，她借出自己私人的钱这一行为，同样是一种有效的话语表达形态，有效地防止了"借公款"这一可能存在的行为所造成的潜在风险。

蒋秋叶阻止了借公款行为的发生，却并不代表社区内部相互之间潜在的不信任会消失。在随后发生的旅游事件和分钱事件中，社区内部的不信任进一步公开化，并通过各种"杀伤力巨大"的话语形式表达出来，如"公款人人有份，我借钱用一下，三五天就还，还不行吗？难道你想自己占着吗？""老公（指胡岗冈）当了芝麻大个官,她(指蒋秋叶)就摆官夫人架子了""还不如大家分了,总比被人贪污了好"等。在这些话语的背后,其实存在的是两种结构性冲突。其一是普通村民对任何村组干部缺乏足够信任的结构性冲突,其二是各权力主体在争夺有限资源时存在的结构性冲突。对于前者来说,即使不是胡岗冈保管这笔公款,而是其他人如吴登学、蒋家兴、郑志明、吴大国或其他普通农户,这种结构性冲突同样会存在。这种冲突的表现形式,首先便是各种话语交锋。而第二种结构性冲突的发生,则是在第一种结构性冲突的基础上产生的。可以假设,如果普通村民对任何村组干部或集体资金保管者拥有足够的信任,那么理论上并不会出现如上述案例中的冲突。但是当缺乏这种信任基础时,每个权力主体都拥有确保自己应有权利不受损失的天然动机。当蒋秋叶的观点,农业大学老师给的1000元钱,不是叫我们拿去旅游的,况且旅游完了也是什么都看不到,还不如拿来干点公益事业呢。在现实中并不能得到大多数人的赞同和支持的时候,那么留下的解决空间就只能是"还不如大家分了"。

上述案例中1000元公款的处理方式,可能并不是大多数村民的初衷,同时也并不一定是最有利于社区发展的处理方式,但其中各权力主体围绕着这笔公款而展开的以各种话语形态的交锋为代表的权力争夺,除了再一次印证权力和话语之间牢不可破的"同盟"关系,以及多中心扁平权力结构中的治理无中心化特征之外,也在客观上提供了一个各权力主体参与最大化的环境,为多中心权力结构特征下的社区治理走向真正有序的无中心治理状态提供了可能的条件。

综合考虑上述两节阐述的制度性话语形态和行动性话语形态,两者之间尽管在表现形式上都非常倾斜且交集很少,但相互之间也会发生紧密的联系。两种话语形态都是权力的表达形态,在实际的权力运作中,两者并不是单独存在的,而是同时发生。一方面,制度性话语形态对权力主体的行为产生规范作用,也就意味着制度性话语对行动性话语的规范作用;另一方面,行动性话语也会突破制度规范，或者直接发生在制度规范的边界之外，从而通过权力的运作对以后的制度框架产生影响。如牛背屯分钱案例中，正是行动性话语的推动作用，使得牛背屯所有农户最终达成一致意见，即把钱平均分了，而达成一致意见的本身，就意味着行动性话语向制度性话语的转化。

5.4　新村屯滚动资金案例中权力的话语表达与话语权的争夺

前面的阐述，始终都在说明一个观点，即无论什么话语形态，都反映了特定的权力关系，也就是权力要由静态向动态转换；使之流动起来发挥作用，需要通过话语这个桥梁来实现。但对另一个问题的阐述并不明确、深入，即项目层面和社区层面的多中心权力结构和多中心扁平权力结构中，不同特征的权力结构对权力主体的权力及话语表达会产生什么影响？如何影响不同权力主体对话语权的争夺？以下笔者通过对新村屯滚动资金的几个案例中，社区内部、乡政府以及课题组等各方面的冲突和博弈的讨论，把项目层面的多中心权力结构和社区层面的多中心扁平权力结构放在同一个案例中分析，阐述其相互之间的作用关系，权力的话语表达形态及对话语权的争夺的影响。

案例5-3　新村屯滚动资金访谈记录

时间：2007年4月11日

地点：新村屯何正福家

主要被访者：何正福、卜朝贵、李树荣

（一）

何正福：我的想法是，这个街道（村内道路）肯定要建。按我说，这19户的钱必须拿出来，另外13户呢，最起码拿出一半来，因为这个事情是他们引起的。在前面的几次群众会上，我们已经确定这个事情，这 13 户每户拿出 150 元，用来补助街道。

问：那另外 13 户不但没得钱，现在反而还要拿出这么多钱来，这是否有点不公平呢？

何正福：你说的也有道理。群众的意见就是说，这个街道没搞成，是他们造成的。他们当时不是因为没有钱，不建（沼气池）的原因，都是不愿意搞，不相信这个沼气池有用。我个人意见是，得钱的肯定要拿钱出来，另外没得钱的也多少补助一点生活费。当时上面给我们搞沼气池，我们都是给了生活费的。

（二）

李树荣：刚才你们讲的，我都在听。按照何组长讲的，组里的群众有这样的意见，如果是真的，我想另外 13 户肯定是不会答应的。既然是上面支持我们的，是农科院给的钱，现在硬把这个钱和这 13 户，与街道的事情连在一起，这个事情就说不下去了。

何正福：那当时你为什么不搞沼气池呢？

李树荣：当时能力有限。

何正福：你能力有限，那 13 户都是能力有限吗？这个事情不是在我们这一届（组长、会计）出现的，是从张开飞和卢仁碧他们那一届就出现这个事情。现在群众意见就是这么说的，我也没有办法。

问：你说的群众意见，是所有 32 户，还是 19 户的意见呢？

卜朝贵：是 19 户的意见。

问：当时这 300 元钱拿下来，乡政府是怎么说的？

何正福：就是用来修建猪圈，没有讲要滚动。还是前年杨书记开会的时候才提滚动这个事情。2002 年给钱，到了 2005 年才讲这个钱要滚动，这期间老百姓都不知道这回事。

这个事情是当时的组长会计和乡政府谈的，具体怎么谈的，我也不是很清楚。现在我作为组长，我必须听群众的意见，否则我这个组长当不下去。

卜朝贵：当时如果说这个钱是要还的，我们就不要了吗？

何正福：这个事情，使得街道没有硬化，他们（指19户）都是有意见的。当然，以我现在的身份（组长），这300元钱是应该还的，但是群众的意见我就不知道了。

（三）笔者不在场时

何正福：说句内心话，这个事情群众意见大，可想开个会（讨论），又没人参加。这个事情（群众）意见确实大，大在哪里，就是这十几户没有搞沼气池，使得街道没有搞好。

李树荣：要搞街道那是个未知数。当时只有19户得钱，13户没得钱，这是农科院的钱，所以今天人家来调查这个事情呢，人家农科院来追查这个事情，我们要实事求是地跟人家讲。

何正福：这都是假的呢，哪个不一样，说是哪个得，就是哪个得，滚什么啊。

（四）

李树荣：他们这是刁难，他们19户得了钱了，我们没有得到，他们反而还要我们拿出150元钱出来。他们这是借口，其实就是不想拿出来。农科院把钱拿下来，本来和街道，自来水是两回事，他们却硬要搅在一起。

李树荣：他们想法现在就是这样，想把这个钱自己用。刚才我就讲了，他们说如果我们这13户当时也搞了沼气池，街道就修好了。这不可能，这是两码事。我感觉县计划局当时就是骗我们的，所以我刚才听不下去，我就不说话啊。他们把这个事情搞得太复杂了。刚才你出去的时候，我们差一点就吵嘴了。何正福今天说的话我一点都听不下去，他把这些事情都搞到一起去了。他要抓钱，他代表 19 户呢，刚才他们三个都是拿到了这个钱的。这样下去，我和他们说不到一起去，我这个会计也不愿干了，没意思。

（五）

何正福：只要乡政府和农科院支持我的工作，把街道批了，牛塘批了，我就可以把这个事情做成。过几天我们开个群众大会，我再给你们一个答复。

李树荣：我觉得现在这个事情，我这个会计搞不了，我现在和你声明一下。

何正福：和我声明不如和群众声明，开会的时候跟大家说。大家同意，就重新换一个人。

李树荣：我是觉得自己能力有限，条件也有限，现在脚也受伤了。

何正福：要考虑全局的事情，如果只考虑个人，我也不想搞。我想召开一个群众会，和大家商量这个事情。我个人的想法，就是没有钱，借钱也要还。群众有他们的意见，说实话，我这一组之长，也不好搞，群众意见很多。如果和群众开会说这个事情，估计也收得起来。但是有些打工去了，只能等他们过年回来再收。没有办法，只能拖着，现在事情就是这样。

（六）

何正福：现在群众的事情不好办，和群众利益有关的事情群众就拥护，不得利的他们就反对。这个事情虽然对群众是有利的，但是只要不平衡，这个事情还是搞不了的。没得钱的人希望拿出来，得了钱的人不愿拿出来。农科院和乡政府如果不出面，这个事情永远搞不了。即使要搞，也要到年底才行，平常找不到人。只有在他们打工回来的时候，这个事情才能办了。

李树荣：能否找个人帮他们先垫钱呢？

何正福：谁愿意垫啊？亲兄弟也不愿意垫。现在能拿出这个钱的估计没几户人家。现在正是春耕大忙的时候，有钱都买肥料种子了，只有等到卖了谷子之后才能收起来。

何正福：因为农科院和乡政府来问，我是组长，我必须想办法把这个钱收上来给你们啊。

案例5-4　杨书记谈新村屯滚动资金

时间：2007年8月20日

问：新村屯滚动基金起初是以修沼气为名按每户300元的标准发放的，后来才提到滚动，是这样的吗？

杨书记：当初是因为这19户修了沼气，考虑到不能让沼气池空着，结合发展项目，我们就做了这个决定。

问：很多老百姓认为这个钱从一开始就说了不用还的，所以现在好多人对于再拿出来滚动有意见。

杨书记：他们这是扯淡，找借口。当时我跟张开飞、卢仁碧讲得清清楚楚，是要滚动使用的，现在我这里还有他们的申请书。他们当时打的是借条，这个我是可以通过法律途径解决的。因为我要有一个东西能够限制他们，否则就搞不成了。如果按我当时的思路去整，肯定没问题的，但是后来吴乡长和黄乡长他们都没管好，这个事情就出了问题。新村屯要是长期拖着不动，乡里是有权利把钱收回来放到别的村寨使用的。

案例5-5　小项目实施领导小组关于新村屯滚动资金的讨论

时间：2007年4月16日
地点：项目办公室
参与者：王书记、杨书记，魏老师、周老师、笔者杨书记：出现问题的原因在于工作出现摇摆，没人管。先是吴家学，后是黄乡长，两个人都没有管理好，一直放着，就放成这样了。我们要把滚动资金当成一个事情来做。村里制定的制度是不是合理，我们都要看。

周老师：现在时间拖得久了，要是当时出现了问题，当时就及时解决，就好多了。现在新村屯在要挟我们，不给新的项目，他们滚动资金就不动。

问：可是新村屯说是因为和路有关。

杨书记：确实有这个事情，那时候是县能源办说的，只要户户搞沼气，村里水泥路他们就帮着修好。但是当时有几户死活不愿意搞（沼气），又不可能压着他们做啊，有什么办法呢。

周老师：现在他们把滚动资金和修路扯在一起了，不给修好路，滚动资金他们就不搞了。

魏老师：牲畜银行的事情，我们要和他们讲这个道理，这个钱是帮助他们发展，不是我们的。我们要采取一些措施，前面的项目没搞明白，后面的项目就不能再批了。第一个项目钱拿下去，他们拿着钱各家各户分了，如果不改正，那就是再有新项目，以后也可能还会这样。

王书记：这个事情我们要查的，如果有贪污，我们可以移交司法机关的。

魏老师：不是贪污，他们现在就是在扯皮。

杨书记：当时我们和村里是打借条的，他们不滚起来，我们可以把钱收回，甚至可以走法律途径解决。

王书记：如果滚就好好滚，如果不滚，我们就收回来，放到别的村去。他敢占着一分钱，我们就可以采取措施。

周老师：这个事情主要是如果不解决，以后很多这种项目就没办法做了。

魏老师：那么这次培训之后，我们要专门对这几个村子多做一些工作，可以配合一些政府行为，促使他们滚动起来，政府要出面。这个钱不是个人的钱，我们要有个了解。要是不能滚，就撤回来。

　　王书记：放心，这个事情我们来安排。

　　周老师：像新村屯这样一个移民组，应该是需要我们的帮助的。

　　魏老师：新村屯这个事情，好像是新组长不了解，所以搞不了。

　　杨书记：这是鬼扯，都开了群众会的，怎么会不知道呢？

　　在上述访谈记录中，首先反映的是新村屯内部代表 19 户已经获得资金支持的何正福等，与代表另外 13 户没有获得资金支持的李树荣等之间的冲突；其次反映的是乡政府和课题组两大权力中心关于如何处理新村屯滚动资金项目的讨论。从相互之间激烈的争论和话语交锋中可以看出，不同权力主体通过不同的话语表达，反映各自的利益立场，并体现出了各权力主体在权力结构中的位置。而针对滚动资金案例中的几个关键问题的不同看法，不同权力主体在表达各自权力利益的同时，也呈现出对话语权的激烈争夺。

　　在案例 5-3 第一部分至第六部分的所有对话中，何正福、卜朝贵和李树荣面对滚动资金项目，相互之间是非常敏感的，并且在相互冲突中都采取了攻守兼具的话语战略。在面对笔者的提问时，何正福作为新村屯的组长，非常直白地说出了已获得资金农户的心里话，即首先，总体原则是维持现状不变；其次，即使迫于乡政府和课题组的压力而要重新滚动，另外 13 户也必须要答应他们的要求，即同样拿出 300 元钱参与滚动。何正福在表达上述立场时，频繁使用"根据群众意见"，或"群众意见就是这样的"之类的话语表达形态，既表达了其个人的价值立场和利益取向，同时又巧妙地借用了"群众"的概念，以表明其作为组长身份所阐述的意见并不是单纯地从个人利益出发的，而是从所有群众的共同利益出发。但是很显然，这里所指的"群众"并不是所有新村屯农户，而只是获得资金支持的 19 户。对于该案例中话语权的争夺，很显然何正福等所采用的战略是"偷换概念"的策略，或曰"以私挟公"策略。

而李树荣虽然同样是村组干部，但同时也是没有获得资金的农户，他对于何正福故意借用"群众"来表达自己意见的做法直接表示了反对。他的反击话语主要有两种，一种是搬出乡政府和课题组的整改意见，要求 19 户按照项目原来制定的规章制度来操作，而不是拖延和敷衍，因此李树荣使用的是"狐假虎威"的反击策略。第二种反击的话语方式是"以退为进"策略，即明确表态，如果按照何正福所谓的 19 户群众的意见，把滚动资金的重新启动与修路和要求另外 13 户同样拿出一部分资金联系起来，那么他就只能辞职表示抗议。

新村屯内部的多中心扁平权力结构中，何正福、李树荣、张开飞、卢仁碧等，都是社区内部代表部分农户，即代表部分权力主体利益的权力中心。任何一个权力中心在权力结构中都不具有垄断地位，同时相互之间又由于各种纽带而紧密联系在一起。在滚动资金案例中，以何正福为代表的 19 户作为权力共同体，在与由另外 13 户组成的权力共同体的冲突中，无论是在权力主体数量上，还是在他们所坚持的"理由"上，都具有明显的优势。在这种强势与弱势的博弈中，强势的一方有充分的"理由"证明他们立场的合理性，并通过各种不同的话语形态表达出来，如代表制度话语的滚动资金项目管理制度、表示非制度话语的形式多样的言语表达等，从而掌握了整个权力博弈过程的话语权。而弱势的一方，首先处于"理亏"的处境，即当时他们"没有修建沼气池，搞的村里路没修好"等，为此他们采取的应对策略首先是"示弱"，其次是争取外部权力中心的支持。弱势的一方在争取话语权上的"先天弱势"，在得到外部权力中心的支持后，反而使这种弱势本身，成为争取话语权的有力手段。可知，社区层面的多中心扁平权力结构中，权力主体之间对话语权的争夺，并不总是完全取决于各自在权力结构中的地位，同时也受到外部干预的影响。

　　课题组和乡政府的介入，既是外部权力中心介入新村屯内部争夺权力的表现，同时也是项目层面的多中心权力结构内，各权力中心博弈的过程。对于新村屯滚动资金项目的失败，乡政府从最开始的项目申请审批到后来的疏于管理等，无疑都具有不可推卸的责任，对于这一点，乡政府是承认的。而课题组同样在项目刚开始阶段存在监督缺失的问题。为此，乡政府和课题组两大权力中心，在讨论新村屯滚动资金项目时，并不存在"相互指责"或"推卸责任"的条件，而是"相互默认"对方的"失责"行为并"选择性忽视"。双方在处理新村屯项目时候的特定话语，从另一个方面也印证了上述论证。因此，在整个项目层面，乡政府和课题组作为两大权力中心，面对新村屯滚动资金项目的重新启动，并不存在争夺话语权的问题，反而是两大权力中心与社区之间存在争夺话语权的问题。

　　乡政府对新村屯滚动资金项目，总体上采取的是"威逼利诱"策略，主要有三种形式。

　　其一是"避重就轻"策略。乡政府在承认管理失职的情况下，并不承认项目之初就把滚动资金项目与沼气池建设项目捆绑在一起的事实，从而把乡政府作为组织应该承担的失职推向个人，其话语表述如由于后来吴乡长和黄乡长他们没管好。

　　其二是"讲道理"策略，也可以说是"棉花糖"策略。要求新村屯切实根据已经拟定的项目制度对项目进行整改和操作，对于不合理的制度进行修改，并承诺提供各种支持，如"如果一开始就按照我的想法去做，这个项目肯定没问题的""他们的制度存在一些问题，需要修改""只要他们按照要求整改好，我们一定优先批复他们申请的牛塘项目"。

　　其三是"威胁"策略，或者说是"大棒"策略。如"钱虽然是他们组里用，但是当时是打的借条，用得不好，乡里可以依法收回来的，我要没有一个东西制住他们怎么行""这个事情我们要严肃对待，如果真是有人贪污，要依法查办"。

　　乡政府在对新村屯滚动资金案例的处理中，其自身在权力结构中的优势地位，包括制度结构赋予的优势地位和所掌握的经济、社会和政治资源带来的权力优势地位，通过上述三种话语表达策略表现得非常明显，并由此掌握了相对社区而言的话语权。新村屯社区内部的权力双方，无论是获得资金的19户，还是没有获得资金的另外13户，面对乡政府对话语权的控制，表面上并没有任何可以与之相抗衡的资本，其行动策略在表面上只能是示弱并表示按照乡政府意愿进行整改。

课题组在处理新村屯滚动资金项目时，总体上采取的也是"威逼利诱"策略，或者说是"萝卜加大棒"策略，其同样可分为三种形式。

其一是"避重就轻"策略，即在"默认和不计较"乡政府在新村屯项目开始时的"故意违规操作"的情况下，同时也"不提及"课题组自身在该项目启动之初的监督缺失之责，从而为与乡政府共同推动该项目的正常运行，创造"和谐"的外部环境。

其二是"威胁"策略，或"大棒"策略，即明确提出，在没有把滚动资金项目搞清楚之前，他们申请的牛塘项目不能批。

其三是"萝卜"或"棉花糖"策略，要求"跟他们讲道理，说明我们的想法，我们是在帮他们"，同时通过实地调查，表示在考虑新村屯现实发展需要的基础上，"可以适当考虑大多数群众的意见，研究从小项目基金中再补充一部分资金的建议"。

与乡政府和社区内部各权力主体对于滚动资金项目失败到底是谁的责任，以及如何处理的争论不同，课题组作为整个项目多中心权力结构中最重要的权力中心，并没有简单地与其他权力主体进行对话语权的争夺，而是通过自己的一套话语体系，一方面表达了对滚动资金现状的不满，另一方面则提出了解决问题的可能途径。课题组通过创造另外一套话语表达方式，除了体现本身在权力结构中的优势地位之外，同样也实现了整体宏观上的对话语权的控制。

围绕新村屯滚动资金案例，各权力主体种类多样的话语形态，体现了其所处权力结构的特征。在整个项目层面，乡政府、课题组和农户之间形成双中心权力结构，由乡政府和课题组组成的小项目实施领导小组最终决定了权力资源的流动。尽管在小项目制度框架内强调了农户的参与，但农户在此并没有真正参与决策的空间。三者在权力结构中的中心边缘结构，通过权力中心的强势话语和权力边缘的弱势话语体现出来。乡政府和课题组的"萝卜加大棒"策略的话语表达，社区面对外部压力的"示弱"策略的话语形态，都体现了这种中心–边缘特征的权力结构。

在社区内部的多中心扁平权力结构中，何正福、卜朝贵、李树荣等权力中心相互之间的话语策略，同样反映了各自在权力结构中的位置。何正福借用"群众"的话语策略以及李树荣通过"辞职"同时达到示弱和示强目的的策略，表明在社区权力争夺中，19户获得资金支持的农户并没有能够完全垄断社区权力结构和话语权的能力，同时另外没有获得资金支持的13户农户同样没有足够的权力说服19户放弃他们的主张。在这种双方总体上势均力敌的权力争夺中，课题组和乡政府作为项目层面的两大权力中心，是打破社区权力争夺僵局和实现权力均衡的外部力量。

社区内部多中心扁平权力结构与项目层面双中心权力结构相互之间并不直接产生影响，农民作为整体在项目层面的参与及参与程度的变化，并不会直接影响项目决策的过程。即使有影响，也是间接的，如"他们现在就是在扯皮，把我们都绑架了，不答应他们的条件，他们就不开始滚动"，但这种影响往往对社区并不产生正面影响。反过来，项目层面的多中心权力结构对社区内部权力结构的影响则要大得多，直接得多。乡政府与课题组在关于新村屯滚动资金的讨论中，以乡政府采纳课题组的方案为最终意见，即通过劝说、补助等多种方式，尽可能满足新村屯各方农户的要求，从而使项目重新运作起来。在这套方案中，处于弱势地位的13户农户在社区内部权力结构中的权重得以加强，即能够掌握更多的话语权。如果乡政府更倾向于采纳强硬方案，即强制收回19户已经获得的资金，并从新村屯撤出该项目资金，那么可以预测，这将使另外 13 户在社区内部权力结构中处于更加边缘和被排斥的位置。因此，无论是在社区内部还是从项目层面，不同权力主体在不同权力结构内部的位置及其采取的相应的话语表达形态，本质上都由各自所拥有的权力决定，并结构性地固化在权力结构中，而不是由各自在权力争夺和博弈中参与程度的高低所决定。

综上所述，权力可以通过不同的话语形态表达出来，每一种话语形态的背后都隐藏着不同的权力关系。与此同时，不同的权力结构中，权力主体所表达出来的话语形态，总是反映着权力结构的基本特征。而权力主体在通过运用不同的话语形态表达相互之间的权力关系的同时，也直接影响权力流动和权力结构的变迁。处于弱势地位的权力主体，在通过不同的话语形态表述其弱势的权力地位的同时，也使这些话语本身成为促进权力流动的工具，其力量或来自权力结构之外的干预，或来自权力结构内部的互动，从而使各种不同的话语形态共同建构为维护弱者权力的"武器"。作为资源的权力，在权力主体之间通过各种不同的话语形态表达出来，其过程是由各权力主体在权力结构中的位置决定，即由各权力主体的权力大小决定，而并不与各权力主体在权力争夺和博弈中的参与程度高低有关。

5.5　小结与讨论：作为口号的参与

前一章着重讨论了发展干预中的权力及权力结构，阐述了参与式发展干预中多中心权力结构和权力流动的特征，但是并没有解决在权力结构的形成过程中，以及权力流动中，到底如何表达动态的权力这一理论问题。本章则着重从话语的角度出发，理论结合实际，讨论了话语在发展干预中作为重要的权力表达方式的问题，并把发展干预中的话语形态分成制度性话语和行动性话语两大类型。

在权力与话语的相互关系中，权力决定话语，而话语又体现权力。决定权力结构属性的核心要素是各权力主体对权力资源的拥有和控制，但这并不意味着拥有越多的权力资源就越能影响权力结构的属性，或影响权力资源的配置模式。静态的权力本身发挥作用，必须要通过各种话语形态表达出来，因此，对话语权的争夺事实上成为权力争夺的重要表现形式。在参与式发展干预中，无论是在整个参与式项目层面，还是在具体小项目的运行中，或者是在社区内部的权力争夺中，各权力主体对于发展干预的管理和决策的影响，直接的表现就是通过对话语权的争夺从而直接影响发展干预的进程。

在参与式发展干预中，权力结构主要表现出多中心的特征，"参与"成为最核心的话语形态，并且通过各种制度性和行动性话语形态表达出来。制度性话语形态的重要体现，是小项目实施条例的颁布以及各个村寨在实施小项目时指定的各种永久性的或临时性的实施和管理制度。在这些制度性话语形态中，无一例外地体现了要求各权力主体在发展干预中充分参与的特征，同时也在制度层面对各权力主体的参与空间进行了规范。这种制度性话语形态，无疑体现了参与式发展干预中各权力主体充分参与的原则，同时也成为多中心权力结构的制度性体现。

但与此同时，制度性话语所体现出来的权力关系及话语形态，在发展干预的现实中出现了偏离，各权力主体的参与程度的高低，并不能真正影响权力流动的特征，也不能真正改变权力资源的配置方式和权力结构的基本属性。这除了体现在发展干预的实际效果之中，也体现在发展干预中的各种行动性话语形态的表达上。发展干预中的参与以及围绕参与的其他一系列行为规范和要求，在权力博弈中，只是成为各权力主体参与权力博弈的工具，以"参与"为代表的众多话语表达方式，只成为发展干预中的口号。

第六章　非匀质性信息对称与
权力结构均衡

如果说参与的本质，是希望通过各权力主体在发展干预中的充分参与，实现权力资源的重新配置，从而实现充分赋权，那么充分赋权的过程必定是权力结构从动态失衡到动态均衡的过程。而权力结构动态均衡的主要影响因素，除了各权力主体拥有权力资源的多少之外，另一个便是影响权力的信息流动的多少，即信息对称程度。从参与式发展干预的所有制度安排来看，确保各权力主体充分参与的前提，正是确保发展干预过程中最大限度的信息对称。

6.1　信息对称与权力结构均衡

前面章节从理论和实践的角度，已经阐述了结构性存在的社会的权力本质，权力本质一方面表现为静态的权力结构及权力关系，另一方面表现为动态的权力结构均衡或失衡。权力均衡是在既定的权力结构中，达到使各个权力主体都认可的权力配置状态。如果把整个权力结构中的所有权力主体看作一个利益共同体，则它们具有共同的整体利益；与此同时，每个权力主体作为个体存在，又有其个体利益。面对既定的权力资源，如果权力均衡状态能达到同时满足整体利益最大化和个体利益最大化两大目标，则认为这是一种"高效的权力均衡状态"，如果既不能实现整体利益最大化，也不能实现个体利益最大化，则认为这是一种"低效的权力均衡状态"。

　　针对权力主体所争夺的权力资源的属性，会得出不同的权力均衡状态。如果所争夺的资源是非排他性资源，则各权力主体的个体利益最大化目标与整体利益最大化目标是相同的，因此有足够的理由相信最终能达成高效的权力均衡状态。如果所争夺的资源是排他性资源，则各权力主体的个体利益最大化与整体利益最大化之间是冲突的，因此，如果缺乏一个有效的在两者之间产生均衡作用的制度安排，则最终的结果是各权力主体在个体利益损失最小化的原则下充分参与排他性资源的争夺，最终形成低效的权力均衡状态。因此，如果把两种权力均衡状态看作两个极端结果的话，则现实中的权力争夺通常是处于两个极端之间，每一种权力资源分配方案，总是会满足一部分权力主体的利益最大化要求而同时损失另一部分权力主体的利益，本研究中把这种权力均衡状态称为"一般的权力均衡状态"。

　　但问题在于，无论是什么样的权力均衡状态，除了各权力主体本身的权力大小这一影响其行为决策的重要因素之外，各权力主体对各种信息的掌握也是十分重要的。也就是说，影响权力结构均衡的因素中，一是各权力主体本身的权力存量，也就是静态的权力大小；二是权力流动的结构性特征及影响权力流动的信息流动。如果把权力流动看成是一种类似市场交易的行为，那么各权力主体在权力流动过程中的行为则依赖于其所掌握和拥有的信息资源。这也就意味着在各权力主体之间存在信息不对称时，权力主体本身的权力优势地位并不能保证其在权力流动中同样占据优势地位。

　　信息对称的概念，最早出现在经济学对于市场交易行为的研究中，该研究认为交易双方信息对称的程度是影响市场运行效率的重要因素，而严重的信息不对称，将导致市场交易中的"逆向选择"和"败德行为"的发生，甚至出现市场失灵现象。在现实的市场运作中，由于信源和信宿之间不可能存在完全的信息对称，因此，信息不对称其实是市场运行中的常态。推而广之，在整个社会运行中，只要存在社会行动者以及各行动者之间的互动，无论其互动行为本身是利益导向还是非利益导向，都必然不可避免地存在信息不对称现象。

理论上，造成信息不对称现象的原因有很多，其一，不断细化的社会分工，导致各个专业领域本身的大量专业信息不可能被所有社会行动者了解。其二，信息作为重要的决策依据和资源，使不同社会行动者总是会在尽可能获得更多外部信息的同时，刻意隐瞒自身信息，从而占据决策中的优势地位。因此，信息本身的利益导向性和获取的特征，使得信息成本的投入差异非常大，从而导致现实中的非信息对称。其三，信息传递过程中的传递速度和质量，同样决定了信息的对称与否。一个通畅的信息传递系统，将保证信息从信源到信宿之间的通畅传递，这在现实中需要依赖高效的信息传递网络。此外，即使存在一个高效的信息传递网络，但缺乏规范信息传递行为的制度体系，同样会产生信息的不对称，这是因为在现实的社会竞争中，每个信源都有可能为了特定目的而传播虚假信息。

信息作为一种重要的权力资源，根据权力结构的属性和变化，同样具有不同的属性。在一个垄断性权力结构网络中，处于权力核心地位的权力中心具有对信息的垄断权，在这种情况下，权力流动是单向的，体现权力流动的信息流动同样是单向的，因而这样的权力结构处于信息完全不对称状态。权力垄断者正是通过对权力流动中的信息垄断，来影响和控制权力流动的方向和力度，并通过制定一整套的规章制度，维持信息的垄断性单向流动，从而维持垄断性权力结构的持续存在。从这一点看，专制集权统治是这种权力垄断格局的典型，权力网络中的信息流动也是从上到下的单向流动。

与信息完全不对称的垄断性权力结构不同，信息完全对称出现在理想状态的权力结构中，各个权力主体在同一时间能同时获得相同的信息，各个权力主体本身既是信源，也是信宿，权力网络中的信息通过网络本身实现高效共享。对于这种状态的权力结构，可以理解为完全对称的权力结构，任何一个权力主体所掌握的权力资源和所处的权力地位，理论上具有高度同质性。与此同时，信息的完全对称，从理论上促进权力结构中权力配置的动态均衡，并且同样会形成一套规章制度以保障信息完全对称和权力配置动态均衡的持续性存在。

事实上，上述两种理论上的信息完全对称和完全不对称状态在现实中出现的可能性很小，或者只是出现在某些特殊领域或极端场合，而通常情况下，是以信息不完全对称的形式出现的。在本研究所讨论的参与式发展干预中，各权力主体在发展干预过程中的权力争夺，同样反映了这种信息的不完全对称状态。在发展干预中，不同干预策略和干预环境下，信息的对称程度也不完全相同。

6.2　非匀质性信息对称及其特征

促进各权力主体在发展干预中的充分参与，是参与式发展干预的最重要特征。上一节已经阐述，充分参与的首要表现，是实现发展干预过程中的信息对称。在信息经济学对于信息对称问题的讨论中，通常至少需要两个行动者，即信源和信宿。针对不同的信息，不同行动者的信息对称状态不一样。在一个理想的环境中，如有一个能同时和所有信息主体无差异、实时连接的信息传递渠道，如互联网，那么可以认为这时将趋向于理想的信息完全对称状态，对于同一个信息从发布到所有信宿接受，每一个信息主体所获得的信息是一样的。但是，当这种无差异且实时连接的信息传递渠道在现实中不存在，或者即使存在但由于某种主观和客观原因而不能达到信息的无差异、实时传递时，则可以认为，不同的信息主体对于同一个信息的获取程度是有差异的。

在胜利乡参与式发展干预中，政府和课题组作为项目层面的两大权力中心，具有发布产生影响干预进程的若干重要信息的能力，因而是以信源的身份出现的，农民、村组干部和其他相关权力主体作为被干预群体，则是接受这些信息的信宿。因此，发展

参与式发展干预中的权力与制度

干预中权力主体所接收的信息的数量和质量，便成为影响参与程度和权力结构均衡的重要因素。与整个项目层面类似，在发展干预的社区层面，农民是个体权力主体，同时也是社区内部发展干预中有限的权力资源的争夺者。因此能否使所有个体农民之间形成共同行动，从而实现个体利益和集体利益的双重最大化，达成"高效的权力均衡状态"，前提条件同样是社区内部能否实现信息对称。前面几个章节中分析的羊山村、牛背屯、新村屯等几个村寨若干实地案例表明，信息对称程度越高，发展干预的效果就越好。

然而，无论参与式发展干预在理论上和实践上都强调充分参与的重要性，但由于各种主观和客观因素的存在，发展干预中很难实现理想状态的完全信息对称。其主要原因，除了参与式发展干预中的信息传递机制不能完全满足信息对称的要求之外，各权力主体在干预过程中对于权力资源的争夺本身，也使得影响权力配置的动态均衡过程中的各种信息成为各权力中心争夺和控制的或利用的重要手段。

因此，不妨假设认为，如果把参与式发展干预中理想的信息对称状态称为"匀质性信息对称"，即干预过程中各权力主体按照权力大小及在权力结构中的位置而应该获得的信息资源数量和质量的状态，称为"匀质性状态"。那么通过前面若干案例的实证分析，可以初步认为，当前胜利乡的参与式发展干预过程中，尽管各权力主体，尤其是农民获得了比传统行政主导下的发展干预模式要多得多的参与空间和高得多的信息对称程度，但并没有实现上述假设的匀质性信息对称状态，而是处在"非匀质性信息对称状态"。

如图6-1所示，如果把A点看成是信息完全不对称状态，把D点看成是信息完全对称状态。在发展干预中，这两种静态的理想状态事实上并不存在，实际的信息对称状态则处于两者之间。由于权力资源本质的排他性和权力主体之间的争夺以及相关制度安排不可避免地存在理想与现实之间的差异等各种主观或客观原因，发展干预中理想的信息对称状态，即匀质性信息对称状态，将是

240

图 6-1 中 CD 段所示的一段信息状态的集合。也就是说，如果考虑到发展干预中信息流动不可避免的遗漏和偏移等，则 C 点可以看作理论上信息对称程度最低的匀质性信息对称状态，D 点可以看作理论上信息对称程度最高的匀质性信息对称状态，而 CD 中的任何一点所代表的信息对称程度，都可以看成是匀质性信息对称状态。因此，AC 就代表了发展干预中所有非匀质性信息对称状态的集合，C 点在这里可以看成是非匀质性信息对称状态向匀质性信息对称状态转换的临界点，而 B 点为发展干预某一个阶段实际的信息对称状态，其实际位置可能是 A 点和 C 点之间的任何一点。

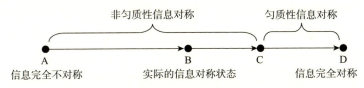

图 6-1　不同信息对称状态之间的关系示意图

在发展干预实践中，如在牛背屯的滚动资金案例与"联组承包制"山林管理两个案例中，前者的信息对称程度要明显低于后者。但即使被几乎所有农户支持的"联组承包制"中，依然存在部分农户的信息不对称现象，如笔者在对蒋家发的访谈中问及此事时，他的表述是："知道这个事情，但是知道得不多，当时这个事情怎么处理的，怎么商量的，我都不知道，只记得当时说开会，吴登学在会上就说我们要这么干，然后就让大家自己分组。"对此，可以假设，如果"联组承包制"山林管理改革和滚动资金案例一样，最后由于各方面的原因而失败，那么农户对于该项目的信息对称程度，也可能会是另外一种表述。

同样可以假设，针对牛背屯的滚动资金案例，如果当年仔猪市场价格依然维持高位，且农户自己掌握了成熟的母猪养殖技术，因此大家都从第一次仔猪销售中获利，并且没有由于村组长查账事件而出现无人负责情况，那么可以肯定地认为，牛背屯的滚动资金项目将和羊山村一样成功；那么在调查时，同样可以假定，农民对该项目的信息对称掌握程度一定会与羊山村一样高。因此，面临许多的不可预测性因素，如果一个干预行为是因为避免了这些不可预期因素的发生而成功了，而不是由于真正地实现了理想的匀质性信息对称，那么参与者很可能不会在意信息对称与否，但是如果不成功，那么可能会用上述理由或借口对不成功进行解释。

为此，针对发展干预中的信息对称状态可以得出如下命题：无论发展干预过程如何，客观上不可能实现理想状态的完全信息对称，也很难在干预实践中实现理想的匀质性信息对称状态；非匀质性信息对称，才是干预实践中信息对称状态的常态。

结合胜利乡参与式发展干预的若干案例和上文阐述的非匀质性信息对称的理论特征，可知，胜利乡参与式发展干预中所体现出的"非匀质性信息对称状态"具有以下主要特征。

如图 6-2 所示，A_1D_1、A_2D_2、A_3D_3 分别表示农民、乡政府和课题组这三个关键的权力主体在参与式发展干预中的信息对称程度轴线，其中 A、B、C、D 四点分别表示从信息完全不对称到信息完全对称的四种状态，从而可以通过立体空间的形式对不同权力主体在不同信息类型的传递过程中所呈现出的信息对称程度进行直观度量。对于这三大权力主体的信息对称程度的划分，假定在当前的主观和客观环境下，如项目制度框架给定的各权力主体的参与空间所允许的各项信息的传递半径和对称程度的限制、现有的信息传递系统的效率、各权力主体对于各种不同类型信息的兴趣偏好等，各权力主体在理论上都存在上述界定的四种信息对称状态，并且各权力主体的每一种相同的信息对称状态具有程度上的同质性，如图 6-2 所示，则可以归纳出以下几种特征。

第一，在具体的信息传递过程中，如果三大权力主体都处于信息完全对称状态，则发展干预整体上处于信息完全对称状态，如图 6-2 点 I_1 所示。在这种情况下，无论各权力主体在权力结构中的位置如何，总是能获得所有其应该获得的信息。这时，信息的完全对称将有助于各权力主体采取最理性行为，从而使整个权力结构处于均衡的运行状态。当然，在实际的项目运作中，这种理想状态并不存在，而只能与信息完全不对称的点 A 所导致的权力失衡状态进行比较，并作为整个项目运行中的两个参考点。

　　第二，在实际项目运行中，最理想的信息对称状态则是在既定项目制度框架和既定权力结构下，各权力主体同时处于匀质性信息对称状态。这时，各权力主体最大限度地获得了其应该获取的信息，如图 6 - 2 中点 I_1' 所示。在参与式发展干预中，匀质性信息对称状态并不容易达到，在多中心权力结构中，尽管各权力主体之间的权力关系并不是传统金字塔权力结构中的单向权力关系，而是具备了更多的双向和多向联系，但是依然不具备实现理想状态的匀质性信息对称的条件。

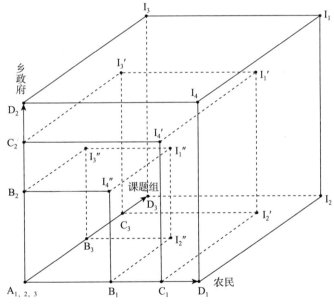

图 6 - 2　参与式项目信息对称状态分析模型

　　第三，无论是项目层面还是社区内部，实际上很难实现理想的匀质性信息对称状态，而是处于非匀质性信息对称状态。如图 6 - 2 所示，在项目层面，实际的信息对称状态点 I_1'' 在立方体 A_1C_1 $I_4'C_2I_3'I_1'I_2'C_3$ 内部的任何一个可能的位置，而具体情况则要视乡政府、课题组和农民这三大权力主体在具体项目中的角色和互动情况而定。通常情况下，点 I_1'' 所表示的非匀质性对称状态并不一定会使三大权力主体都处于同样信息对称状态，而是会使三大主体之间出现不同程度的偏差。如在小项目审批环节，从项目制度框架所规定的各权力主体的参与空间看，农民在项目审批中的参与空间理论上几乎为零，这时候，表示项目整体的信息对称状态的点 I_1'' 将向平面 $A_1C_2I_3'C_3$ 靠近，并在农民处于完全信息不对称的情况下，无限趋近于点 I_3'' 并最终与之合并。同理，在某一个项目过程中，无论是理论层面还是实践层面，当上述三大主体中的任何一个所获得的信息严重不对称时，则项目整体的信息对称状态都将向另两大主体组成的平面靠拢。

在由多个权力主体构成的权力结构中，信息具有双重性特征，既是各权力主体之间权力联系的重要纽带，又作为一种重要的权力资源而成为权力主体争夺的对象。因此，在一个既定的权力结构中，信息对称的程度，本质上同样取决于权力结构的特征及影响权力资源配置的制度规范。在单中心权力结构中，掌握和控制信息的发布和传播就是权力的象征，因此权力的垄断必然导致信息的垄断，从而形成信息的不对称。在双中心、多中心或无中心权力结构中，任何一个权力主体都没有足够的能力对信息的发布和传播进行控制，任何一个权力主体既是信源又是信宿，这使得实现信息对称状态具备了理论基础。

6.3 滚动资金案例中的非匀质性信息对称

在胜利乡的参与式发展干预中，参与式方法作为一种旨在使更多权力主体在发展干预中得到充分的参与空间的方法，虽然不可能实现匀质性信息对称的理想状态，但在很大程度上提高了发展干预中的信息对称程度。由于多中心权力结构以及各权力主体之间联系和互动的加强，权力争夺和博弈的必然结果是信息透明度的逐渐提高，而信息透明度的提高反过来又逐渐影响和改变权力结构，促进各权力主体的更大参与和信息的更加对称。

在胜利乡众多参与式发展干预案例中，不同时间在不同村寨进行的形式多样的滚动资金项目，是所有项目中非常有代表性的案例，非常明显地体现了几乎所有参与式发展干预所强调的重要理念和原则；同时，不同村寨在不同背景下所进行的滚动资金项目，无论成功与否，都提供了一个可进行全方位对比研究的平台。如羊山村、牛背屯和新村屯三个村寨，各自在不同背景下进行的相对独立的滚动资金案例，到目前为止所呈现出来的状态和各种问题，又完全不同。总体上看，羊山村运行得最成功；新村屯通过整改，已经看到了重新运转的希望；而牛背屯中尽管部分人有使其重新运转的愿望，但现实中仍然困难重重。

羊山村作为胜利乡最早进行参与式发展干预的村寨，从社区经济发展的角度考虑，和牛背屯及新村屯并没有显著的差异。但是在三个村寨内部的社会发展方面，各自呈现出不同特征，如羊山村作为一个纯布依族村寨，社区内部非常团结；牛背屯是当地乡土精英较多的社区，尽管对外团结，但是内部四分五裂；新村屯作为一个移民村寨，社区内的各种力量同样处于逐渐整合之中。总体上，尽管三个社区内部的权力结构由于农户之间的同质性较强而呈现出扁平网络结构，但是权力中心数量和各权力中心在权力结构中的位置差异，使得三个社区内部的权力争夺的激烈程度明显不同。

6.3.1　牛背屯

对于牛背屯来说，历史上长期存在着派系之争，几个权力中心如吴登学、吴大国、胡贵友、胡岗冈、郑志明、蒋家兴以及由若干个工程队组成的权力集团之间的利益争斗，都使得牛背屯内部的社区权力结构呈现出扁平结构，各个权力中心或权力集团之间的激烈竞争，使牛背屯内部的权力流动无论是速度还是频率都远远超过羊山村和新村屯。这不仅表现为社区公共事务管理的相对混乱和组委会的频繁更替，也表现为社区内部各权力主体对任何公共资源的极度不关心和相互不信任，在缺乏有效的内部沟通机制的前提下，牛背屯内部对很多公共事务管理和一些权力中心的议论基本上都处于"谣言满天飞"的状态，这其中明显的如对滚动资金项目的若干种不同的看法和理解。

> 现在我们最搞不清楚的就是当时我们到底得了多少钱，有人说一开始时农科院（笔者注：指小项目基金）给了10000多元，结果最后只得了7000多元，到底是多少钱我也不知道，我只晓得我自己得了两头小猪。也没人告诉我，我们就担心这个钱是不是不见了，如果这个不说清楚，滚动资金要再滚起来，估计很难。（明小二）

> 当时我本来没想要小猪的，后来组里的人叫我得两头，我就去领了，现在也忘记当时是不是登记了，我想应该是吧。（蒋家发）

> 后来他们（指当时负责项目的蒋家兴和吴登学等）发猪的时候，我也想去要两头，可是他们说没有我的份，前面谁也没有告诉我到底怎么回事，这算什么事呢！（牛背屯一村民）

> 他们那些人没得到猪，事后大吵大闹，当时我们一家一户做工作的时候他们哪里去了，我们开了两次会，他们都不参加，这个时候闹，我也没办法！（蒋家兴）

> 那个时候我们的工作确实做得有点匆忙，从前面申请项目到最后把猪发下去，只是开了一次会，还有很多人没来，中间还出了很多没想到的事情，也是我们的工作没做好吧。（吴登学）

一开始我们申请了 13600 元，本来是打算全寨 68 户分成 17 个组，每个组每次 800 元钱的，结果后来钱申请下来的时候，很多人又不愿要了，我们做了很多工作，最后才有 24 户得了小猪，其他的本来是放在第二轮的。（蒋家兴）

他们当时组里申请了多少钱，实际给了多少钱，组里都是清楚的，也贴了公告。至于后来具体每家每户多少钱，我当时不知道，还是后来从他们组里抄来的。（杨书记）

从上述对话中可以发现，很多农户对于滚动资金项目的了解，仅仅局限在知道有这么个事情，知道自己"得了猪"或"没得猪"，知道项目本来要滚动但没有滚起来，以及知道一些主要的滚动原则，如两年滚动一次，每次利息为 3% 等（如表 6 - 1 所示）。但对于从项目申请到项目执行和项目管理等方面的很多重要细节农户都处于半猜半问的状态。从整个滚动资金项目开始到笔者调查的整个过程中，普通农户对项目有了一些了解，但同时又存在很多疑问，而处于社区权力中心的农户如吴登学、蒋家兴、胡岗冈、蔡玉林、胡贵友、郑志明等所掌握的信息要多于普通农户，因而社区整体上处于非匀质性信息对称状态。表 6 - 2 所示是牛背屯第一轮滚动资金获得者的名单，实地调查结果显示，除了当事人本身知道自己的情况之外，几乎很少有普通农户能说出除自己之外的获得滚动资金支持的农户姓名。

表 6 - 1　牛背屯仔猪繁殖资金滚动发展管理办法

2003 年，省农科院和胜利乡"社区自然资源管理"小项目发展基金资助我牛背屯村民组 13600 元，用于发展仔猪繁殖。为保证资金的正常使用，全组村民召开群众会共同讨论小项目资金的管理方法。制定了如下的管理措施。

1. 项目资金共计 13600 元，资金实行滚动发展管理；项目参与农户 68 户，4 户农户组成 1 个小组，共 17 个小组，第一轮每个小组内 2 户参与发展项目，第二轮每个小组的另外两户参与发展项目，每户项目资金不得超过 400 元。

2. 成立项目资金管理小组。项目资金管理小组 6 人（其中妇女 3 人），设项目管理小组组长、会计，组长胡贵友，会计吴登学，成员包括明小二、周燕珍、马九妹等，项目管理小组职能包括收钱、公布账目、安排第二轮次、备常规药等。

3. 项目资金属于牛背屯全体村民所有，每轮发展项目结束后缴回村民组；但如果村民组管理得不好，乡政府要收回全部项目资金。

4. 发展项目周期为二年，项目周期从借钱之日算起。发展项目结束后，项目资金以及并付3%的年利息缴回村民组；如逾期10天不归还，必须付30%的滞纳金；猪生病导致死亡（指未下仔前）只还本，不记利息。

5. 项目管理小组必须有偿管理、有偿服务，将缴回利息的60%作为给管理小组成员的报酬。

牛背屯全体村民制定

2004 年 3 月 19 日

资料来源：由乡小项目管理委员会提供。

表 6 - 2　牛背屯母猪养殖名册

序号	姓名	养殖时间	数量（头）	金额（元）
1	冯兴祥	2004 年 3 月 3 日	2	391.50
2	胡贵友	2004 年 3 月 3 日	2	427.50
3	任才民	2004 年 3 月 3 日	2	364.50
4	张小春	2004 年 3 月 3 日	2	508.50
5	蔡玉发	2004 年 3 月 3 日	2	427.50
6	明庭兰	2004 年 3 月 3 日	2	445.50
7	葛长玉	2004 年 3 月 3 日	2	445.50
8	陈文德	2004 年 3 月 3 日	2	304.00
9	蔡玉连	2004 年 3 月 3 日	2	345.00
10	王小民	2004 年 3 月 3 日	2	485.00
11	孙定法	2004 年 7 月 2 日	1	200.00
12	蒋家剑	2004 年 7 月 2 日	1	200.00
13	蔡玉林	2004 年 7 月 2 日	2	400.00
14	蒋家兴	2004 年 7 月 2 日	2	510.00
15	吴光荣	2004 年 7 月 2 日	2	520.00
16	莫顺成	2004 年 7 月 2 日	2	400.00
17	郑志明	2004 年 7 月 2 日	2	520.00
18	蒋家林	2004 年 7 月 2 日	2	400.00

序号	姓名	养殖时间	数量（头）	金额（元）
19	冯明全	2004 年 7 月 2 日	2	340.00
20	杨怀祥	2004 年 7 月 2 日	1	260.00
21	胡小刚	2004 年 7 月 2 日	2	450.00
22	吴菊生	2004 年 7 月 2 日	2	420.00
23	莫国祥	2004 年 7 月 2 日	2	410.00
24	蒋家富	2004 年 7 月 2 日	2	420.00
总计			45	9594.50

资料来源：由郑志明提供。

6.3.2　新村屯

在这里讨论的三个村寨中，新村屯的规模是最小的，但新村屯的社区历史和社区记忆，并不是这三个村寨中最简单的，这在第二章的背景介绍中，已经做了详细阐述。但是相对于牛背屯内部复杂的权力结构，新村屯是扁平权力结构，在滚动资金项目中主要表现为两个权力集团之间的争斗，分别是获得滚动资金支持的 19 户与没有获得滚动资金支持的 13 户。在新村屯滚动资金项目中，加上课题组和乡政府，也只有四个权力中心。但是，这四个权力中心之间所出现的信息不对称性，在项目前期阶段在牛背屯、新村屯、基昌这三个村寨中表现得最突出，随着后来项目的不断完善和整改，信息对称程度相对提高。而在这四个主要权力主体中，主要的信息障碍，还是出现在滚动资金的性质以及后来的项目整改方面。

> 一开始的时候，乡政府说这个钱就是给我们的补助，不用拿出来滚动的，如果当时知道要拿出来滚动，我当时就不会要了。（村民 1）

> 当时我们也不知道这个钱就是给我们的，要不我们还能

不要？（村民2）

听说当时是乡政府拿钱下来的，具体怎么回事我不是很清楚。平常开会的时候，从来没听说过这个事情，直到去年农科院跟我们开会才知道。（李树荣）

他们净是扯淡，谁敢说这个钱我当时说过就是补助呢！我这里还有他们的借条呢，是借条，不是收条！这个钱要是一直不滚动起来，乡政府是有权力收回放在别的村寨使用的。（杨书记）

在一开始给新村屯批这个项目的时候，课题组并不是很了解情况，后来等到课题组进去发现了很多问题的时候，已经晚了，所以只能整改了。（课题组成员）

事实上，新村屯滚动资金项目后来陷入僵局，首要原因就是在项目一开始的时候各个权力主体之间的信息不完全对称，这导致不同农户、课题组和乡政府对于同一事情的理解差异太大，当课题组了解更多的信息而促使新村屯按照滚动资金项目的制度规范进行完善整改时，首先遇到的问题就是村干部的抵触情绪以及获得资金支持农户的抵制。大部分获得支持的农户认为当时他们修建沼气池时投入了很大一笔资金，已经没有钱买小猪了，"这个钱当时说好了就是给我们购买小猪的，不用还的"。

然而，在前面的论述中已经阐明了导致新村屯滚动资金陷入停滞状态的根本原因，还是社区内部的权力争夺。但不可否认，即使是在权力争夺的过程中，信息的不完全对称，同样导致各权力主体之间相互猜疑、相互拆台、相互攻击。这在卢仁碧的苦恼中可以体会出来，同时在牛背屯的吴登学身上体现得更是充分。

在申请移民的时候，都是我们几个人在跑上跑下，当时村里都不知道。跑项目，总是不可避免要花费不少费用，包括给领导送点礼。当时我们几个都不富裕，但很多时候上面的领导来我们家吃饭，如果开支不多，都是我们自己掏腰包的。只有花费大的，才在集体开支中报一部分。即使这样，还是有很多人怀疑我们几个贪污，有人说你们如果不得好处，怎么会这么积极呢？到底是不是贪污，我自己最清楚，每一笔开支都有记录，只要他们想看，随时可以来我这里查账。后来，移民完成之后，我们几个就不愿再干了，寒心了，干了这么多事情，不但得不到信任，连一句好话都得不到。（卢仁碧）

6.3.3　羊山村

羊山村是三个村寨中滚动资金项目运行得最好，同时效果也是最好的村寨，到 2006 年 9 月，已经全部完成第一轮滚动，并申请了第二期小项目支持，在原有的基础上扩大规模，从养猪改为养牛。相对于牛背屯和新村屯社区内部的管理混乱和激烈的权力资源争夺，羊山村则显得相对平静而稳定，社区管理总体上井井有条。笔者实地调查显示，羊山村在最近几年内，社区公共事务管理主要由组委会负责，现任组长班怀方上任时间不长，但总体上受到村民的支持。在组委会之外，对羊山村社区公共事务管理起作用的另一个权力中心便是妇女小组，从第一期小项目实施期间成立妇女小组至今，罗二芬始终担任妇女小组组长。由全村所有家庭主妇参加的妇女小组，除了承担社区内部传统节日的操办工作之外，另一个非常重要的工作便是负责参与式项目的运行，如滚动资金项目的管理工作。在此之前，羊山村集体放牛的人员安排和日常管理工作，通常也是由以罗二芬为首的妇女小组负责，不过后来随着罗二芬精力逐渐不够以及出于培养接班人的考虑，这两项工作都逐渐向组长转移，由妇女小组和组长一起负责。

由于羊山村长期以来有效的公共事务管理和坚实的群众决策基础，社区信任的基础比牛背屯和新村屯要牢固得多，社区信任是社区团结的基础，这使得羊山村的任何公共事务决策通常都能在群众大会上达成一致意见，各种信息得以及时公布。这在客观上形成了社区管理的良性循环，并使社区内部的信息对称在成为一种手段的同时，也成为社区团结和有效治理的重要保证。原因主要有两个，其一是各权力中心之间并不存在如牛背屯那样不可调和的矛盾，而是处于动态均衡状态；其二是逐渐形成了一套社区内部各权力主体都认可的信息产生机制和传播渠道。笔者每次进入羊山村，总是能在村头的墙上看到社区管理的各种告示、合同、村务公开资料等。

与其他社区事务管理中的信息对称一样，羊山村的滚动资金管理是全透明管理方式。笔者2007年10月有幸参加了羊山村一年一度的滚动资金收回和再发放工作。在妇女小组、组长和村民代表商量好秋收后的具体滚动日期之后，由妇女小组中负责滚动资金管理的管理小组成员组织，大家在罗二芬家里坐定后，拿出历年的账本，商量回收2007年滚动资金的本金，同时再转手发给2008年使用该资金的农户等事宜。在发放新一年本金的同时，扣除这一年的利息，并将所有利息集中起来，由愿意申请发展资金的农户抽签，决定这一年的利息收入的具体使用者。整个过程的参与者包括所有妇女小组管理委员会成员、组委会成员、所有2007年使用滚动资金的农户以及2008年将使用滚动资金的农户。在新一轮调整结束之后将具体信息在村头张贴公布。表6-3是2007年使用滚动资金的农户名单。

表6-3　羊山村村寨发展基金发放名单

单位：元

姓名	第一期	第二期	金额合计	领款人签名
班小雨	500.00	750.00	1250.00	王正分
班元开	500.00	750.00	1250.00	班飞船
陈飞林	500.00	750.00	1250.00	陈飞林
班鹏	500.00	750.00	1250.00	班鹏

续表

姓名	第一期	第二期	金额合计	领款人签名
陈小华	500.00	750.00	1250.00	伍棉芬
班怀林	500.00	750.00	1250.00	王时英
班剑	500.00	750.00	1250.00	班建
班加林	500.00	750.00	1250.00	班价林
陈应辉	500.00	750.00	1250.00	陈应辉
班庆勇	500.00	750.00	1250.00	班怀芳
班小见	500.00	750.00	1250.00	班元光
班辉政	500.00	750.00	1250.00	程菲
班怀方	500.00	750.00	1250.00	班怀方
班元明	500.00	750.00	1250.00	陈东娣
陈立平	500.00	750.00	1250.00	陈立平
班元林	500.00	750.00	1250.00	罗二芬
合计	8000.00	12000.00	20000.00	

注：2006年10月初一发放滚动时间，2007年10月初一收回。
资料来源：由罗二芬提供。

羊山村滚动资金管理中的信息对称，不仅仅体现在成功有序的滚动交接环节，还体现在几乎所有村民对滚动资金项目细节的了解和对罗二芬等管理人员的高度信任上。实地调查显示，几乎所有被问的农户对滚动资金项目都给予了积极评价，特别是在信息对称方面的评价更为积极。下面这段简单的对话是笔者在2007年8月8日与羊山村班元七的访谈记录。

问：大爷，您今年得了滚动资金的钱吗？
班：没有，我去年得了。
问：您对滚动资金怎么滚动都知道吗？
班：知道呢，都是一个小组一个小组地搞，轮流得钱，4年一次，开会都说过。
问：现在是谁负责这个事情您知道吗？
班：还是组长和罗二芬她们几个，她们管得好，有什么事情都跟我们讲。

但在现实操作中，综合考虑乡政府、课题组、村组干部和农户等主要权力主体在项目中的具体特征，羊山村滚动资金项目的信息对称状态，总体上并不是理想的匀质性信息对称，在某些方面依然存在信息不畅的问题。如对于羊山村滚动资金的使用情况，很多农户并不会把这部分资金用来发展养殖，而是用来购买生产生活用品。如果按照《社区发展基金管理协议》，对于这种用处变化是需要向乡政府和课题组通报的，而事实上这种通报很少发生，而且即使乡政府和课题组通过其他途径了解了一些，但只要滚动资金每年都能正常运转，就不会追究。同样，在社区内部，通过四年的成功运转，大部分农户对资金滚动的关注度，已经没有刚开始时候那么高。在资金滚动时，很多农户如果今年既不用拿钱出来，也不得钱的话，则很少参加资金交接活动，或者不关心具体进展情况。

6.3.4　综合分析

综合上述三个村寨滚动资金项目中信息对称状况，比较各个村寨中的信息对称状态，如图6－3所示，总体上，三个村都处在信息完全不对称的极端状态和理想的匀质性信息对称状态之间，其中按照信息对称程度的高低分别为羊山村最优，新村屯其次，牛背屯最低。

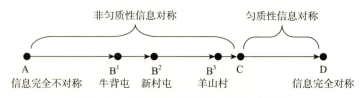

图6－3　三个村寨内部信息对称状态比较

三个村寨滚动资金项目的信息对称状态，总体上由乡政府、课题组和农民三个权力主体的信息对称状态共同构成。三个权力主体在项目运行中的信息对称程度一方面受权力主体参与空间的限制，另一方面受各个村寨中信息产生和传播机制的影响。因此，在现实操作中，三个村寨中存在非匀质性信息对称状态，但并不是每个权力主体的信息程度都呈现出共同的差异，而是体现出较大的差异性。如乡政府的信息对称状态，在三个村寨项目中的差异并不太大，课题组的信息对称状态总体上要好于乡政府。信息对称性差异最大的主要还是体现在社区内部。如图6-4所示，笔者分别用 B_1^1、B_1^2、B_1^3 表示社区内部牛背屯、新村屯和羊山村三个村寨的信息对称程度，其中 B_1^3 最靠近 C_1，这说明羊山村社区内的信息对称状况在三个村寨中是最接近理想的匀质性信息对称状态。在乡政府这个维度，B_2^1、B_2^2、B_2^3 分别表示乡政府在牛背屯、新村屯和羊山村三个村寨的滚动资金项目中的信息对称状态，B_3^1、B_3^2、B_3^3 分别表示课题组在牛背屯、新村屯和羊山村三个村寨的滚动资金项目中的信息对称状态。

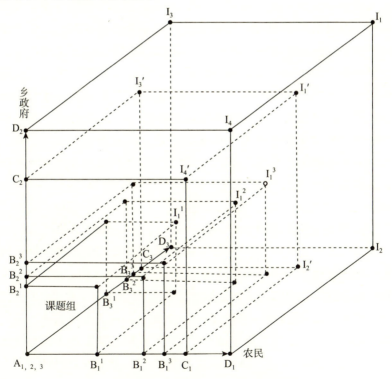

图6-4 三个村寨滚动资金项目中的信息对称状态比较

在由乡政府、课题组和农民三个权力主体共同组成的信息对称程度三维空间中，三个权力主体的信息对称程度共同构成了三个村寨滚动资金项目中的信息对称状态。从这个三维空间可知，总体上，牛背屯的信息对称程度最大，这也和三个村寨项目运行中各权力主体参与空间的大小成正比，同时也表明信息对称程度与社区权力结构均衡状况成正相关。信息对称程度越高，形成高效的权力均衡状态的可能性就越大；反之，形成低效的权力均衡状态的可能性就越大。

6.4 参与：权力均衡的技术手段

上述关于信息对称程度与权力均衡状态之间关系的阐述表明，参与式发展干预中各权力主体的参与程度与发展干预的效果密切相关。而讨论权力的均衡分配，首要的是明确影响权力分配的要素。假设权力分配在一个封闭的"场"中进行；权力主体都能进行理性思考和决策；对权力分配的规则没有任何事先规定，而是由权力主体之间的谈判达成。那么，达成权力均衡状态所需的基本条件，至少包括：①各权力主体之间的信息完全对称；②各权力主体之间相互独立而不存在依附关系，从而能独立做出决策行为。在上述两个条件都具备时，则可以认为各权力主体之间能够通过谈判实现权力均衡分配，并形成维持权力均衡状态的制度安排。

如果先不考虑外界因素的影响，假设在一个封闭的权力结构中，权力分配过程满足所有的前提假设和预设条件，则理论上达成均衡状态的条件是所有权力主体相互之间需要进行至少 1 次谈判。如果只有 2 个权力主体，则达成均衡所需的谈判次数为 1 次；如果是 3 个权力主体，则需谈判 3 次；如果是 4 个，则需 6 次……如果是 n 个，则至少需要 $n(n-1)/2$ 次谈判。如果每次谈判的交易成本可以忽略不计，则可以认为最终总是能够达成均衡状态。前面章节对于参与式发展干预中的信息对称的实证研究已经阐明，非匀质性信息对称是常态，现实操作中不可能出现绝对的信息完全对称，也很难出现理想的匀质性信息对称。因此，现实的博弈和谈判中存在不可避免的交易成本，从而不能忽视交易成本的存在。在胜利乡参与式发展干预过程中，如牛背屯在过去很多年持续不断的查账风波所产生的众多负面影响，便可看成是交易成本的现实体现。此外，农户之间频繁的查账风波所花费的大量时间、精力等以及最重要的如社区信任的崩溃等，都可以看成是交易成本的现实体现。

交易成本不可避免，但并不能因为交易成本的存在就排斥权力均衡状况的存在。事实上，当各权力主体在权力争夺过程中出现的交易成本小于所获得的权力资源时，即每一次谈判的边际收益为正时，则可以认为长远的权力均衡状态仍然可以达到。但是，当谈判所产生的交易成本大于由此而获得的权力资源时，即谈判的边际收益为负时，则可以认为长远的权力均衡状态具有不可获得性。同时，在现实中，各权力主体的理性选择之一是通过形成权力同盟来降低交易成本。当 n 很大时，不可能发生 $n(n-1)/2$ 次谈判，而是具有共同利益诉求的权力主体会形成权力集团，从而使个体权力主体之间的权力争夺成为权力集团之间的权力争夺。在新村屯的滚动资金案例中，获得滚动资金支持的 19 户与没有获得滚动资金支持的 13 户之间的争夺，就是由具有共同利益诉求的个体权力主体形成的权力集团之间的争夺。

案例 6 - 1　牛背屯的妇女小组与资金分配风波

牛背屯的妇女小组和羊山村、朝山组等的妇女小组一样，是在第二期参与式农村发展项目中组建起来的。组建妇女小组的主要目的，是希望发挥妇女在发展中的作用，并对妇女进行能力建设。妇女小组除了在项目过程中做贡献之外，还会共同学习一些实用技术。牛背屯自 1998 年妇女小组成立以来，组长一直都是明小二。在刚开始的时候，和羊山村及朝山组的妇女小组一样，牛背屯妇女小组的活动开展得风风火火，深受妇女们喜爱，也为大家提供了一个相互学习和交流的新平台。但是，据牛背屯人、课题组的项目记录及乡政府人员的回忆，牛背屯妇女小组很快就因为内部矛盾而导致实质性分裂，主要由两件事情处理不当引起。第一件事情是在牛背屯当年进行植树造林项目时，妇女小组主要负责挖坑栽树。由于当时为了鼓励大家多栽树，课题组规定每栽一棵树就补助3毛钱，因此部分妇女小组成员为了多栽树，没有按照课题组当时规定的树坑深度和大小规格标准进行，结果造成大片小树苗死亡，这件事情使得很多认真负责栽树的妇女对投机的一部分人产生不满，从而使妇女小组内部关系第一次出现了明显的裂痕。

引起妇女小组内部分裂的最重要事件，则是随后发生的"奖金风波"。2002年底，课题组召集胜利乡各村寨妇女小组，召开了一次技能大赛，结果羊山村、朝山组、牛背屯妇女小组分别获得前三名，因而各自获得了100元奖金。但是对于这100元奖金的使用和分配，三个组的方式并不相同。羊山村和朝山组在得到奖金之后，妇女小组成员每人再凑了一点钱，所有妇女小组成员打平伙（聚餐）。牛背屯的钱放在组长明小二那里，但她并没有立刻表明如何使用，也没有及时和妇女小组成员讨论如何使用，从而使部分小组成员认为她想独吞奖金。尽管事后这件事情得到澄清，但牛背屯妇女小组内部的不信任还是进一步积累。以这次事件为开端，牛背屯妇女之间开始出现明显的派系之分，主要是以几个核心人物为中心组成的小团体。这种派系之争在后来多次出现，笔者在进行实地调研期间所经历的两件事情尤具代表性。第一件是对1000元误工补贴的分配使用之争，第二件是2007年8月出现的一次跳舞风波。

在前面章节的案例中，笔者对于1000元钱的分配问题已经进行了详细的描述，在此不再赘述。而在这 1000 元钱被平分之后，加上外出旅游问题上的意见差异，妇女小组直接出现了分裂。以妇女小组为基础组成的妇女舞蹈队分裂为两部分，一部分以原妇女小组组长明小二为首，另一部分以蒋秋叶为首，两部分在各自老队员的基础上，再各自找了一部分关系好的妇女加入，从而组成两支相互独立的舞蹈队。

2007 年 8 月，胜利乡政府组织全乡进行计划生育宣传文艺演出，要求各村寨准备演出节目。由于胡岗冈家在马路边上，门口有一个大院子，通常群众大会都在他家门口院子举行，村里和乡里的领导到牛背屯办事，也通常是在胡岗冈家落脚，所以到牛背屯收集演出名单的乡干部伍光忠只去了胡岗冈家里，并没有到别的农户家去问。由于胡岗冈当时是乡演出筹备小组成员，整天都在乡政府忙着演出前的筹备工作，只有蒋秋叶在家。蒋秋叶就跟伍光忠说了她们舞蹈队的演出节目以及另外一个村的儿童表演节目，但没有提及明小二她们舞蹈队的节目。而明小二她们一直以为胡岗冈跟乡里说了她们的节目。因此，直到演出的当天，当明小二发现演出名单中没有她们的节目时，才急急忙忙地找到当时负责演出总体工作的副乡长，要求把她们的节目加上去。当时节目已经非常多，副乡长就没有同意，并问她们为什么收集演出名单的时候没有报上来，并且整个演出时间已经很长，没有多余时间临时增加节目。在协调无果的情况下，明小二找到胡岗冈，希望他能帮忙把节目放进去，为此胡找到副乡长，希望能增加这个节目作为最后一个节目。

经过再三协调后，尽管在演出的最后让明小二她们进行了正常的演出，但她们事后提起这个事情时还是觉得很气愤，认为蒋秋叶是故意不把她们的节目告诉伍光忠的。而蒋秋叶对于明小二她们的指责也很气愤，认为当时明小二她们自己已经报了名，就没有再跟伍光忠说，而儿童的节目，是因为孩子们提前就告诉她了，要她帮忙报名。当时乡政府购买了一批雨伞作为给演出人员的礼物，但是后来发现购买的数量不够，因此只是在一开始的几个节目中派发了礼物，后面就没有了。事后明小二她们觉得没有拿到雨伞的重要原因，就是没有报上名，因而没能排在前面演出，认为蒋秋叶对此是有一定责任的。

案例6-1中，牛背屯妇女小组是全村所有妇女的公共平台，也是一个权力博弈的"场"，在这个场中，参与权力争斗的权力主体并不局限于妇女，其后面凸显牛背屯整体的权力结构特征。

在妇女小组首次出现内部分裂的植树风波中，部分人为了获得更多的植树补助而没有严格按照标准挖坑栽树，从而造成第一次植树失败。该事件表明，在刚开始的时候，妇女小组作为一个组织化的权力主体，被课题组和牛背屯委托为植树的主要负责机构。从本质上讲，妇女小组成员是全村寨所有家庭妇女，因此与全村寨的总体利益具有高度同质性。但在具体的项目进展中，如果妇女小组内部不能形成有利于村寨整体利益最大化的统一行动，所造成的将是与预期有差异甚至完全相反的效果。少数人的短期个体利益最大化行为是"多快好省地植树"，并且这一行动策略很快影响其他人。在此过程中，如果把妇女小组中的每个成员看成是一个权力主体，很显然，当所有权力主体面对共同的外部资源时，多劳多得的原则使得各个权力主体之间具有共同一致的短期利益，因此似乎并不存在内部的权力争夺以及由此引起的博弈和谈判过程。在这种情况下，参与的内涵已经不再重要，通过各个权力主体的参与来实现权力均衡的目的已经意义不大。

如果把植树风波中的植树补助看成是外来的非排他性资源，因而不会引起社区内部剧烈的权力争夺，那么，后来的两次资金分配风波，则体现了社区内部共同拥有的非排他性资源分配中的权力争夺和权力结构动态均衡过程。在第一次奖金分配风波中，可以把整个过程看作两个阶段。在第一阶段中，经过所有妇女的齐心协力，大家获得了奖金，这个时候所有妇女的目标是相同的，就是通过共同努力获得奖金。这时，奖金是一个外在于妇女小组而存在的非排他性资源，因此，几乎所有妇女小组成员具有共同的参与动机。每个权力主体的行动是高度的合作行为，而不是权力争斗行为。而当妇女小组经过共同的合作行为获得了所有的奖金后，权力主体之间的合作关系也将发生变化，因此整个事件进入第二阶段，即如何分配排他性资源阶段。

在第二阶段中，所有权力主体的参与程度都将高于第一阶段，这是因为第一阶段中的所有权力主体是利益共同体，个别权力主体会存在"搭便车"行为。而在第二阶段，排他性资源的争夺特征使得这种"搭便车"行为出现的可能性大大降低，从而迫使每个权力主体必须全力参与进来，除非自动放弃对权力资源的争夺。但是，这个过程并不是一开始就呈现出激烈争夺的态势，而是存在缓冲和激化的过程。课题组在一开始派发奖金的时候，并没有特别说明奖金的用途，而是让大家自由使用和支配，因此这里就同时潜藏着危机和机会。如果妇女小组能够顺利地形成使用奖金的统一行动，那么这将使得妇女小组更加团结，否则将使得妇女小组内部产生分化。如羊山村妇女小组在获得奖金之后，经过共同协商、同意后，大家一起聚餐，不但每个人都平等地获得了这一排他性资源，而且增加了各权力主体之间的沟通和交流，实现了前面所阐述的信息对称原则。而在牛背屯妇女小组中，尽管她们也面临着和羊山村一样的处理方法，但是相互之间缺乏足够的沟通和交流而导致信息不对称，从而没能在第一时间达成所有权力主体认可的奖金使用和分配方案，最后造成内部矛盾和分裂。

牛背屯和羊山村妇女小组在处理奖金时的异同，表明各个权力主体在面对共同拥有的排他性资源时，如果要实现权力均衡状态，必然要实现已有资源的公开、公平分配。而实现这一结果的手段，除了所有权力主体共同形成一套公认的分配方案之外，最重要的就是要实现权力主体博弈过程中的信息对称。但是，在排他性资源分配过程中，如果缺乏已有的制度程序的规范，则各权力主体之间的信息对称很难达到。相对于羊山村妇女小组，牛背屯妇女小组首先缺乏的就是内部信任和共同的利益基础，如维系羊山村妇女小组良性运转的滚动资金项目和集体放牛行为。在这种情况下，牛背屯妇女小组其实是一个松散的权力主体集合，相互之间并不存在发挥功能的制度规范，现实中相互之间的关系是独立的。这时，要实现各权力主体之间的权力均衡，如果没有像羊山村妇女小组中罗二芬那样的权力中心，则首要的原则就是确保各权力主体之间的信息对称，保证每个权力主体都能充分参与。牛背屯妇女小组的奖金风波的起因是在第二阶段没有确保每一个权力主体的充分参与，造成信息严重不对称并进而导致最后的相互攻击和内部分裂。

如果说第一次奖金风波的直接原因，是妇女小组内部缺乏足够的参与而不能达到权力均衡状态，那么第二次资金分配风波的产生及发展，则是各个权力主体在相互缺乏信任和公认的制度规范的情况下，对排他性资源进行分配的必然结果。与第一次奖金分配风波不同的是，在这种结果的形成过程中，各个权力主体都充分地参与其中，并且最终形成了共同认可的资金分配规则，虽然这种分配方案既没有实现集体利益的最大化，也没有实现个体利益的最大化，但是最后坚持了公平公开的原则。

1000 元现金，在权属上既属于牛背屯的集体资产，也属于集体中的每一个人。因此，这同样是具有排他性特征的公共资源。尽管农大老师在给钱的时候希望钱能够用来解决社区内部共同关心的自来水问题，但是考虑到这些钱远远不够，而且在短期内也很难筹集到足够的资金，因此当胡岗冈表示可以把这部分资金用于支持妇女小组去旅游时，几乎所有人都表示赞成。因为这样既不会造成各权力主体之间激烈的争夺，也使得每个权力主体（农户）都平等地享受到这一公共资源的好处。但与此同时，也正是因为这 1000 元钱为集体共有，每个人从理论上都具有获取自己应得利益的动机，这是第二天早上那位阿姨到蒋秋叶家借钱的理论依据。同时，也正是因为这笔钱属于整个社区共同所有，因此蒋秋叶没有将这笔钱借给该妇女，否则最后蒋秋叶要承担私人归还这笔钱的风险。

随后妇女小组内部因是否用这部分钱去旅游而发生争论，这导致妇女小组内部公然分裂的同时，也产生了一个看似公平的资金分配方案，即平分这 1000 元钱。在这个过程中，表面上是妇女小组内部以明小二和蒋秋叶为首的两大权力中心的分裂，实则深刻地体现了牛背屯社区内部的整体分裂状态。

> 现在村里是谁都不信任谁，他们担心这个钱放在我们家会被我们私吞了，说实话，我自己还不愿意保管呢。以后你们（指课题组）要是再给我们支援什么的，我想最好不要直接拿钱下来，要不又跟这次一样大家都吵起来，我都觉得对不住你们。（蒋秋叶）

如果说第一次奖金风波中，在妇女小组内部对如何使用奖金问题的讨论中，参与不够导致的信息不对称是问题发生的首要原因，那么，第二次资金分配风波则是因为所有权力主体的参与过度，从而导致交易成本极大增加，以至于大大高于人均所能获取的资源数量。就如本节一开始时的推理一样，如果 n 个相互独立存在的权力主体通过各自两两相对的谈判过程从而最后达成权力均衡方案的话，则现实中存在的巨大交易成本将使得所有权力主体利益最大化的均衡状态难以实现。

在多中心扁平权力结构中，由于并不存在具有统治性的权力中心，因此各权力主体之间争夺和博弈的最后结果，除了产生巨大的交易成本之外，会出现两种可能。一种是通过形成一个所有权力主体都认可并且使整体利益和个体利益同时最大化的制度规范，对集体资源进行有效的管理和配置，从而达到权力均衡状态。另一种是形成所有权力主体都认可，但并不能实现整体利益和个体利益最大化的制度规范，通过这一制度规范对集体资源进行有效的管理和配置，也能达到另一种权力均衡状态。牛背屯妇女小组最后达成的平均分配这 1000 元钱的方案，就是实现了第二种情况的权力均衡，即前面章节所述的"低效的权力均衡"，社区整体利益和农户个人利益都没有增加，反而因为在不信任的基础上出现信息对称，社区整体陷入了进一步的信任崩溃和分裂。

在本章第一节中，笔者已经对权力结构均衡的类型进行了"高效的权力均衡状态""低效的权力均衡状态"和"一般的权力均衡状态"的划分。在上面的案例中，如果说羊山村妇女小组对于奖金使用的处理，客观上达到了"高效的权力均衡状态"，那么牛背屯妇女小组无论是在前一次奖金使用的处理上，还是在后一次1000元钱的分配方案上，事实上都只达到了低效的权力结构均衡状态。多中心扁平权力结构中，面对所有权力主体共有的排他性资源的分配，权力主体之间的争夺最终总是能达成一种均衡状态，不是高效的均衡，就是低效的均衡或一般均衡。

上述案例表明，高效与低效之间的差别，除了表面上能否在各权力主体之间形成均衡的权力资源分配格局外，更重要的是各权力主体之间的信任程度、信息对称程度的高低以及有效的制度规范能否形成。相互信任程度的高低，在技术层面仍然取决于信息对称程度的高低。而信息对称状态，除了受信息传播渠道和传播方式的影响外，主要取决于规范权力资源分配的制度规则。这一制度规则既可能是外生性的，也可能是内生性的，但真正起决定性作用的，还是内生性制度规范，如牛背屯对1000元钱的分配方案，就是在社区内部各权力主体充分参与的情况下形成的一致认可的制度性规则。

因此，资源分配的制度形成过程，其实也是权力结构均衡的过程，这意味着讨论权力结构均衡可以从制度形成的过程分析入手。在前面章节的分析讨论中，笔者从权力与制度的本质联系角度，已经得出了权力结构决定制度结构，制度结构影响权力结构的结论。而最终影响权力结构属性的，则是各权力主体对权力资源的控制状况。这从权力结构形成的角度，又意味着权力主体之间的博弈过程是分析权力结构均衡的另一条路径。综合上述两条研究路径，可知权力主体的博弈与制度规则的形成本质上具有同一性，两者同时发生。从这一点出发，各权力主体在权力结构均衡中的参与程度与制度规则的形成便产生了紧密的联系。上述案例分析以及本研究前面若干案例的分析，都表明无论是外生性制度规范的形成，还是社区内部的内生性制度规范的形成，在形式上都是各权力主体充分参与和博弈的直接产出。综上所述，可以得出结论，参与式发展干预中强调的各权力主体的充分参与，不能改变各权力主体本身的权力资源存量，充分的参与只是权力均衡的技术手段，并不必然导致权力均衡状态的发生。

6.5　小结与讨论

在上一章节，笔者重点探讨了发展干预中，权力是如何通过各种话语形态表达出来的以及不同话语形态的特征和相互之间的联系，本章则着重探讨了上一章所遗留的问题，即话语作为权力的表达形态，反映了权力均衡过程中各权力主体的互动形态。在前面章节关于权力和制度及其相互之间关系的系统阐述中，笔者讨论了权力的资源本质和权力决定制度的关系。而作为结构性存在的权力结构和制度结构，信息流动则成为形成结构的纽带。这也是本章讨论权力结构均衡中的信息对称问题的理论意义。

在本章的前半部分，笔者从权力结构均衡的特征及性质的角度，提出了权力均衡的三种状态，即高效的权力结构均衡、一般的权力结构均衡和低效的权力结构均衡，分别分析了权力结构均衡中的信息对称状态与权力均衡类型之间的关系。本研究认为，权力结构均衡的类型，与权力主体之间的信息对称程度并不必然地成正比关系，但权力主体之间的信息对称程度对权力结构均衡的影响虽然不是根本性的，但是至关重要的。

在此基础上，本章结合胜利乡参与式发展干预中的若干案例研究和信息对称的相关理论阐述，提出信息对称的四种状态，即完全信息对称、完全信息不对称、匀质性信息对称和非匀质性信息对称。结论认为，完全信息对称、完全信息不对称和匀质性信息对称三种状态在发展干预中都是理想状态而不可能实现，非匀质性信息对称则是发展干预中信息对称状态的常态。研究表明，信息对称程度的高低，虽然对权力结构均衡具有重要的影响，但对权力结构均衡呈现为何种类型和状态，并没有重要的影响。可以确定的是，无论何种权力均衡模式，都是各权力主体之间博弈的结果，都离不开各权力主体的参与，但各权力主体参与程度的高低，同样和权力均衡的各种类型之间没有固定或确定的联系模式。因此，研究结论表明，参与式发展干预中，尽管各权力主体的充分参与是达成权力结构均衡的重要条件，但参与程度的高低只意味着发展干预过程中信息对称程度的高低，并不能从本质上改变权力结构的属性，参与最终只是权力结构均衡的技术手段。

第七章 结论与讨论：参与及权力的终结

以标榜"参与"和"赋权"为核心的参与式发展干预，始终坚持并隐藏的预设逻辑是，无论在道义层面还是在技术层面，通过促进并确保各利益相关者（权力主体）在发展过程中的充分参与和应有权力的获得，是获得良好发展结果所必须坚持的。这意味着，参与式发展干预的首要工作，是促进各相关利益主体在发展干预中的充分参与，从而形成对发展目标群体的赋权和分权，进而达到发展的预期效果。从权力资源说的基本概念出发，通过理论阐述和对胜利乡参与式发展干预若干案例的分析表明，权力本质上具有的排他性特征，使得参与式发展干预中的赋权，无论是在理论层面还是在实践层面都很难真正实现，发展干预中参与程度的提高，尽管能影响权力结构的动态均衡，但并不能根本改变权力结构的基本属性。

7.1 作为技术手段和口号的参与

通过对胜利乡参与式发展干预的研究，可以基本得出结论，即在发展干预过程中，"参与"作为整个项目从设计到实施的基本原则，虽然在制度安排中得到了最大限度的保障，但在干预实践中，更多的是发挥了技术手段和口号的作用，虽然可以短暂地影响各权力主体在发展干预中的行为及其在权力结构中的地位，甚至可以偶然彻底改变某个权力主体在权力结构中的地位，但是很难根本性地改变权力结构的基本属性，也很难真正实现发展干预中所追求的分权治理和赋权原则。

267

　　发展干预中对各权力主体充分参与的强调以及促进各方参与的制度结构的形成，表面上确实极大地促进了参与程度的提高，尤其是农户在发展干预中的参与程度，包括参与的广度和深度。参与的广度包括农户参与发展干预过程各环节的空间越来越大，几乎包括从项目设计到项目执行和后续管理的所有环节。参与的深度指的是参与过程中农民的能动性行为增加了，并不是单纯的被动参加，而是能够对发展干预的行动产生一定的影响，尤其是在后续管理阶段。参与程度的提高，使得参与式发展干预与传统自上而下的集权干预模式相比，在表面上确实形成了较大的差异，农民参与程度的提高和项目执行过程中农民视角的多元化，一方面有效地平摊了干预行为的风险和机会成本，另一方面有效地提高了项目成功的概率。因此，从目标导向的发展干预效果来看，参与程度的提高，至少在胜利乡发展干预中取得了较好的效果和各方的认可。

　　但胜利乡的实证研究表明，参与程度的提高，并不意味着发展干预中权力结构的根本性改变，对权力资源的配置方式也很难产生真正的影响，多中心制度结构在实践中被单中心化或无中心化。同样，项目层面的双中心权力结构在某些时候同样具有被单中心化的趋势，而社区内部多中心扁平权力结构同样不会因为农民参与程度的提高或降低而改变基本结构。更多时候，参与作为纯粹的技术手段，影响和改变发展干预中的资源配置方式和权力结构，依然是各权力主体所掌握和拥有权力资源的大小及权力博弈的结果。参与尽管加快了权力结构动态均衡的步伐，但并不是根本性因素，参与程度提高所推动的权力结构动态均衡，也并不一定是高效的动态均衡，而是常以低效的动态均衡形式出现。在参与过程中，作为技术手段的参与，维系着民主程序的贯彻实施，同时各权力主体通过参与这一手段，使民主程序成为权力博弈和权力争夺的舞台，并且是更有利于权力中心的舞台。

　　对权力资源的重新配置，是任何发展干预模式的本质，参与式发展干预同样如此，只不过相对于传统的集权式干预模式而言，强调各权力主体的充分参与，一方面符合现代发展理论的逻辑，另一方面占据了道德制高点。面对稀缺的发展资源，理论和道德的力量约束显然是不够的，权力的大小才是在资源配置中获得更大利益的最根本逻辑。实证案例分析同样表明，参与的理念和方法并没有对发展干预中资源配置格局产生本质的影响，集权管理和决策在参与式方法的外罩下成为实际的运作逻辑。

参与在作为权力博弈和权力争夺的技术手段的同时，也是参与式发展干预与其他干预模式相区别的最重要的话语表达形态，并且在发展干预中逐渐演变成"只说不做"的口号。胜利乡实证研究显示，嵌在各种话语表达形态中的权力，一方面通过不同的话语形态表达出来，另一方面从本质上决定了话语的形态。在整个参与式发展干预中，课题组和乡政府是两大权力中心，始终掌握着最终的话语权。而当乡政府和课题组两大权力中心针对发展干预的某一项决策发生冲突时，同样是由最终掌握发展资源的课题组掌握最终的话语权。

为此，参与事实上成为一种重要的话语形态，对"参与"的强调成为参与式发展干预模式的核心，同时参与式发展干预对"参与"的强调和追求，事实上成为发展干预的首要目标，而发展干预的效果则次要了。权力资源的排他性本质以及农户在权力结构中的地位本质上的不变性，使得追求"参与"事实上成为单纯的外部推动，农户在很多时候是单纯的被动参与，而往往缺乏了主动参与的动力。为此，当"参与"作为参与式发展干预的标志性话语形态出现时，这也意味着"参与"成为"只说不做"这样口号的特殊话语形态。

参与式发展干预始终强调的另一发展原则是发展过程中的透明和信息对称，其逻辑是信息和话语一样，是权力的承载者，权力嵌入信息的传递过程，发展干预中信息对称的程度成为衡量发展效果的重要指标。强调发展干预中的充分参与，其首要表现就是信息对称程度的提高，这也成为参与式发展干预模式区别于集权式发展干预等其他模式的重要特征之一。因此，可以认为，理

269

论上完美的参与式发展干预，可能达到干预过程中理想的信息对称状态，本研究称之为匀质性信息对称。胜利乡的案例分析则表明，现实中理想的匀质性信息对称状态不可能实现，非匀质性信息对称状态才是参与式发展干预中的常态。本研究分析表明，相较于传统发展模式，参与式发展干预中的信息对称程度确实要高得多，这和各权力主体表面参与程度的提高是成正比的。但案例分析同样表明，信息对称程度的提高，并不代表权力结构的改变，也并不表示发展干预过程中一定能形成高效的权力结构均衡。

综上所述，参与嵌入多中心制度结构的各种制度安排和规范，如果能够被严格执行，那么在一定程度上其能影响权力配置，这是因为在多中心权力结构中，充分参与所带来的信息对称和权力动态均衡能保证共同认可的集体行动的产生。但充分参与和权力动态均衡同时也孕育着新的权力中心，权力流动带来的是权力中心的新旧更替，并不能从根本上改变权力结构的基本属性。

7.2　权力的结构化与结构的权力化

结构的视角是始终贯彻本研究的理论基础，社会是结构性存在的，权力结构是社会结构的核心，权力结构的基本属性决定了社会结构的基本属性，也决定了社会的基本运行规则，即制度结构。在结构性存在的社会中，每个社会行动者都是社会结构中结构性存在的一个节点，每个权力主体也是权力结构中结构性存在的一个节点。权力资源在一系列制度安排下进行配置，权力主体在一系列制度安排中进行能动性反馈。在无处不在的结构中，权力嵌入其中，并通过各种话语形态表达出来，任何社会行动者要参与权力分配，并成为权力结构中的一个权力主体，都必须首先使自己进入某一个结构，成为结构的一部分。因此，权力是结构性存在的。

在胜利乡的参与式发展干预中，乡政府、课题组、村组干部和普通农户是四大权力主体，每个权力主体中都存在各自的权力边界，权力边界取决于其在权力结构中的位置。无论是参与式项目层面的多中心权力结构，还是社区层面的多中心扁平权力结构，权力中心由于拥有更多的权力资源，在权力争夺中拥有更大的发言权和支配权，其权力边界比权力边缘者要大得多。而由权力结构的基本属性决定的制度结构，则使结构性存在的权力通过一系列的制度安排得以固化。

在结构性存在的社会中，权力被结构化的同时，各种结构同时也被权力化。社会整体是一个大的结构，由若干子结构组成，每个子结构又可以继续细分为若干更小的子结构。所有子结构的协调运转，是社会整体良性运转的基础。由于权力资源的稀缺性和排他性，各权力主体对权力的争夺和博弈将是社会结构运行的常态，可以把社会结构的良性运行状态看作权力结构的动态均衡状态，而将社会结构的不良运行状态看作权力结构的失衡状态。

权力结构的均衡和失衡，直接决定社会结构运行状态的良性与否，且不会因为权力主体的改变而改变，而是直接取决于结构本身的属性。结构的权力化，意味着任何结构本身作为一种特殊的制度安排，决定权力资源的配置。任何权力主体，只有成为某个具体结构的代表，才能拥有结构所赋予的权力，而当该权力主体退出该结构时，其原来在结构内所拥有的权力也随之消失。结构的权力化，意味着结构本身已经超出权力主体的范畴，结构赋予某个角色或职位的权力，并不会因为该角色或职位的具体占据者的改变而改变。

在胜利乡的参与式发展干预中，多中心权力结构中的四大权力主体，乡政府、课题组、村组干部和普通农户，本质上都是一种结构，乡政府作为结构的一部分，其权力中心的地位并不会因为乡党委书记或乡长的具体人选的变化而变化，同样，课题组作为权力中心，其所拥有的权力不会由于具体负责人或组成人员的变化而变化。同样，蔡依林作为牛背屯村的代理组长，并没有获得大多数村民的认同，因为村民们认同的是组长这个职位的权力和权威，而不是没有经过所有村民共同选举的蔡依林的权力或权威，在这种情况下，蔡依林尽管是名义上的代理组长，但是在农户和组长这个结构中，他并没有真正成为其中的一部分。

7.3 讨论：参与与权力的终结?

至此，前面章节已经基本阐述了本研究的基本结论，但仍然存在几个重要问题需要进一步讨论。

7.3.1 对"参与式"理论科学性的讨论

从科学主义的哲学传统出发，无论是"机械唯物论"，还是"技术统治论"，尽管各自的观点并不相同，甚至大相径庭，但对于是否具有科学性，其共同认可的标准是，必须具备三个条件，分别是规范化、专业化和体制化（沃勒斯坦，2001）。

在 Escobar（1998）看来，发展的话语体系之所以能成为"二战"后国际地缘政治经济的主导话语，正是由于发展话语的规范化、专业化和体制化。专业化意味着将已有的相关学科规范用于解构发展问题，并创造出若干可用主流学术规范解释和演绎的新概念和理论，从而成功地使各种发展问题变成能够接受特定解决方案的话语体系。体制化指的是由各种单边、多边国际机构及各种区域性发展机构组成的网络，在发展研究和发展实践中创造出各种发展的话语、技术和知识，通过干预方式，组织能够看见或看不见的事务，让权力运作变得可能，并通过发展规划这一技术手段将专业化过程和体制化过程有效结合。规范化则表示发展的理论和实践都在规范的行动框架或制度框架内实施。

如果同样用专业化、体制化和规范化三个标准来衡量"参与式"的科学性，那么结合本研究前面章节对参与及参与式的概念、内涵和外延的阐述，可以得出结论，即至少在理论层面，"参与式"是具有科学性的。形成"参与式"的专业化基础理论涉及政治学、社会学、经济学、管理学、心理学等几乎所有社会科学门类，并充分借鉴了各学科的基本理论、研究方法和工具。"参与式"的体制化，体现在参与式发展干预完整的制度结构中，各权力主体的参与，一方面依照共同认可的各种制度安排进行，另一方面在参与中通过能动性反馈完成对制度结构的调整和完善。"参与式"的规范化，体现在参与式发展干预试图使一系列干预措施和手段，在经过实践检验之后得到系统的总结和推广，从而得出统一规范的标准和行为准则。

问题是，尽管"参与式"理论是科学的，并且也在许多参与式发展干预的具体实践中获得了或多或少的成功，然而对于发展干预中理想的参与状态与现实的参与状态之间存在的差距不容忽视。在胜利乡案例中，尽管在项目层面和社区小项目实践中，在可见的制度层面上都充分强调了各方参与的重要性，并且在项目的执行过程中也尽可能实现了各方的表面参与，但从发展干预的效果来看，除了基础设施建设作为存量产出之外，参与程度的提高对被干预社区和农户的综合影响，很难说完全达到了参与式项目的预期效果，甚至引发了负面效应。

在本研究前面章节的文献综述和案例介绍部分，笔者把这种现象称为"参与失灵"。如果坚持"参与式"理论的科学性，则显然很难解释现实中出现的矛盾；如果否认"参与式"理论的科学性，那么又很难解释若干成功的参与式发展干预是怎么发生的。因此，在坚持"参与式"理论科学性的基础上，如果抛开本研究已经阐述的赋权和权力的不可分割性之间的矛盾这一重要因素，那么有必要对"参与式"方法的科学性和适应性进行反思和讨论。

7.3.2　关于"参与式本土化"与"本土化的参与式"的讨论

在讨论之前，笔者把"参与式本土化"理解为外来的"参与式"理论与方法在参与式发展干预中存在"水土不服"现象，因而需要根据被干预社区或群体所处的社会环境，进行具有针对性的调整或改良。把"本土化的参与式"理解为基于被干预社区或群体本身所依赖的经济、政治、文化等社会环境，在外部力量或内部力量的作用下产生的"土生土长"的"参与式"理论或方法。

作为一整套基于西方民主自由价值观创设的发展干预理论和方法，参与式理论与方法的"理想"运作环境，尤其是制度环境和文化环境，和中国当前的制度环境和文化环境相差较大。在胜利乡参与式发展干预中，参与式理论和方法表现出来的"水土不服"和制度及文化的冲突非常明显，如乡政府希望"快刀斩乱麻"，直接决定在哪个村寨开展什么干预活动，而课题组则基于参与式理论和方法，要求充分发挥农民的能动性和考虑农民的需求后再做决定；农民觉得"总是参与，太麻烦，什么事情讨论来讨论去，最后还是村干部和上面说了算，其实只要不贪污，干什么我们都支持"（牛背屯一村民），当然他们更愿意开展一些与基础设施建设相关的民生工程，如修桥、修路、修水等，但课题组认为基础设施建设一方面不能体现项目的要求，另一方面这些问题不是小项目所能解决的，而是需要政府公共财政来解决，小项目的主要作用是"开启民智、开发民力、引导自我管理和自我发展"等，因而更倾向于开展类似牲畜银行这样的项目活动。

在这些矛盾中，课题组很多时候既是参与式理论与方法的"传道者和卫道者"，又是实践的坚定推动者。而乡政府和农民则基于各自的立场和社会背景，在对外来发展资源"张开双手欢迎"的同时，对于使用这些发展资源所必须"附带"遵守的参与式理论和方法，则持"半推半就"的态度。其应对策略是"能接受的立即接受，不能接受的尽量变相改变，实在不行就尽量敷衍"（许有才）。

围绕参与而形成的各方博弈，实际上存在三个方面的潜在可能。其一，以课题组为代表的参与式理论与方法的推动者，把发展干预中的参与程度作为衡量项目实施效果的最重要指标之一，导致对参与的过于强调和实际的项目需要之间产生冲突。其二，在发展干预中，过于重视参与式方法的使用，甚至是生搬硬套，把所有可能的方法全部用一遍，而缺乏针对实际需要进行的筛选和调整，容易犯"教条主义"的错误。其三，参与式理论和方法与被干预社区和农民之间，存在明显或潜在的文化价值观等根本性冲突，社区和农民为了获得发展资源而采取了暂时妥协的策略，但这种做法始终不能实现真正理想状态的参与式发展干预。

梳理以上三种可能性，可以发现，本研究所指涉的主体分别为：①以课题组为代表的参与式理论和方法的倡导者和执行者；②被干预社区和农民；③参与式理论与方法本身。如果说参与失灵现象的出现，是上述三方面因素同时作用的结果，那么无论针对三者中的哪种可能，最终的解决路径，超不出以下几种方案：①加强倡导者和执行者对参与式理论和方法的理解；②改变被干预社区或群体对参与式理论和方法的认识；③根据实际情况完善和改变参与式理论和方法；④根据实际情况与参与式理论的核心理念和精神创设新的参与式方法。

对具体认识和理解的改造，或对参与式理论和方法的本土化改造，是上述解决方案的两种思路。前者既包括提高参与式发展干预中所有参与者对参与式理论和方法的理解和认识，还包括在理解和认识的基础上，围绕"参与"和"赋权"的基本原则，结合实际的社会结构、制度结构、权力结构和文化价值观等，对参与式理论和方法，尤其是方法，进行创造性的改造。这就是"本土化的参与式"，如羊山村的"托牛所"案例正是如此。

创造性改造同时也是对参与式理论与方法的本土化改造。其基本原则是在强调参与式理论基本原则的基础上，对参与式方法进行适应性改造，从而使其更适合当地被干预群体的实际生产生活习惯和文化价值观念等。如羊山村滚动资金项目中，在滚动时间的问题上，根据小项目实施条例的要求和课题组刚开始的建议，资金滚动的时间被定在春节期间，其原因是大多数外出务工人员能回家，但罗二芬等则认为最好是在秋收卖稻谷之后滚动，因为这个时候大家手里有更充足的现金。

事实上，此处提出的"参与式本土化"与"本土化的参与式"，两者在概念和内涵方面存在许多重叠之处，都是强调要对引进的参与式理论和方法在发展干预中进行针对性的改进和完善，只是侧重点各有不同。"参与式本土化"的重点在于，在坚持参与式理论基本原则的基础上，对其加以适当的调整和改良，从而使其更适应中国当前社会转型期复杂的社会环境，侧重点在于调整和改良。而"本土化的参与式"的重点，则是基于中国当前复杂的社会经济和文化背景，在坚持参与式理论的核心理念和原则的基础上，发展中国自己的参与式理论与方法。

7.3.3 关于参与的可持续性问题的讨论

参与式理论和方法在胜利乡的实践中，尽管出现了许多困难和值得讨论分析的问题，但不可否认，和传统行政干预下的集权式发展干预相比，参与式发展干预模式有其自身的优势。在胜利乡13年的参与式发展干预中，参与式方法被很多项目参与者逐渐接受，课题组作为外来干预者，在此过程中显然起了非常重要的持续推动作用。然而，由于参与式发展干预中多中心权力结构及多中心治理方式，与行政主导下的单中心权力结构和单中心治理格局形成根本性的冲突，因此，对于课题组在项目结束并撤离之后，参与式理论和方法还能否在胜利乡的农村发展中持续运用的问题，包括课题组成员、乡政府官员、村寨干部和大多数农户在内的项目参与者，都持悲观态度。

在缺乏外部干预推动的情况下，参与式发展干预模式能否在农村发展中真正推广运行的问题，本质上涉及两种不同的资源配置方案之争，即集权与分权之争。基于胜利乡的案例分析，可以从两个层面对参与的可持续性问题进行讨论，分别是乡政府层面的可持续性和社区层面的可持续性。乡政府层面的可持续性，指的是乡政府作为乡土社会最重要的治理主体，在乡村治理中运用参与式的理论和方法；社区层面的可持续性，指的是社区在社区公共事务管理和决策中运用参与式理论和方法。

在乡政府层面，乡政府是国家行政体制的最基层政府，是条块分割的科层制集权式行政管理体质的最末端，同时也是乡土社会的最直接治理者。集权模式的行政管理体制与参与式发展干预所坚持的分权治理模式，存在权力结构上的本质差异，并且理论上具有不可调和性。在胜利乡参与式发展干预中，当项目进程遇到困难或问题时，课题组总是倾向于通过参与的方式来逐步解决问题，而乡政府总是表露出通过集权的方式快速高效解决问题的意愿。

事实上，面对集权和分权两种治理模式，乡政府的选择并不仅仅由国家正式行政体制的性质所决定，也不仅仅由权力本身的排他性所决定，更主要的是由体制惯性以及乡政府干部的思维及行为模式的惯性所决定。中国长期以来的权威体制以及在这种体制长期影响下所形成的对权威的无条件崇拜和慑服的心理，使得乡政府官员在面对具体问题时，一方面很难形成使用参与式方法解决问题的思维路径，另一方面集权治理模式在解决问题时的高效率以及普通农民对政府权力和权威的尊崇和慑服心态所带来的绝对服从的态度，使得以参与式方法为代表的分权治理模式很难真正有被选择或执行的机会。

尽管在胜利乡参与式发展干预中，乡政府多次强调要坚持用参与式理论和方法来治理全乡，然而现实中很难实现。从小项目实施的角度看，乡政府使用参与式方法的原因一方面来自课题组的压力，另一方面来自小项目实施条例制度安排的约束。然而即便如此，仍然存在许多"打折扣"的案例，其中影响最大的如在新村屯和基昌的滚动资金案例中，乡政府为了完成沼气池开发的指标任务，在违反小项目操作程序的情况下，把原本通过滚动资金形式使用的村寨发展基金，变成直接给沼气池的补助和奖励资金。尽管事后采取了一系列补救措施，但最终两个村寨的滚动资金项目都成为典型的失败案例。

从胜利乡案例的分析中大体上可以得出以下结论，即在集权模式的行政体制以及崇尚权力和权威的社会心理等因素共同作用的外部环境下，如果没有如课题组这样强大的外部干预力量，那么要在乡政府层面推广和维持参与式方法的长期存在和使用，无论是从理论层面还是从实践层面，都不具有可行性。

　　胜利乡的案例表明，尽管在乡政府层面很难维持参与式方法的持续性存在，但在社区层面存在这种可能性。社区内部的多中心扁平权力结构，决定了很难存在一个具有绝对垄断性的权力中心，各个权力主体之间的任何无序争夺，都只能使个体利益和集体利益同时最小化，如同牛背屯 1000 元奖金分配事件一样。权力资源的排他性以及社区多中心扁平权力结构，提供了充分参与的理论空间。现实中，集权式行政体制、崇尚权力和权威的传统文化习俗和价值观，使人们在潜意识里形成了对权力和权威的崇拜和渴望，并进而内化为对集权式治理模式的认同。但对权力的渴望，又使人们普遍地具有要求通过民主参与的方式，实现权力的公平公正配置的强烈现实诉求。社区内部的权力结构特征和人们追求权力的心理和现实诉求，是参与式方法在社区层面可持续存在的理论基础和现实基础，无论是在牛背屯查账风波案例中，还是在羊山村滚动资金和托牛所等案例中，都是如此。

　　但社区层面参与式方法的使用，同时也面临着现实的制度性挑战。乡村治理结构中，国家行政权力通过行政管理体制的条块分割和行政村的结构设置等，渗透到乡村社会的每一个角落。尽管在法律层面，农民可以通过村委会实现村民自治，但由乡党支部直接任命的村党支部对村委会的直接领导关系，使村民自治在现实中很难真正实现。其直接表现为国家权力的渗透所带来的集权式治理模式与村民自治模式的并存和矛盾，并且在客观上挤压了农民参与的空间。

　　综上所述，在集权式治理模式通过嵌入行政管理体系而居于垄断地位的情况下，乡政府层面很难存在参与式方法可持续应用的空间。而在社区层面，虽然集权式治理模式的影响同样深远，但乡村社会权力结构的变迁以及村民自治制度的存在等，使民主参与和分权治理的内在要求逐渐增强，参与式方法的可持续性应用的空间比乡政府层面要大得多。但从权力资源的非排他性特征和集权与分权治理的本质性矛盾上看，要真正在乡村治理中可持续性地应用参与式方法，同样需要满足几方面的条件。

其一，参与式方法在应用过程中需要根据实际情况进行适当的调整和改造，重要的是"神"，而不是"形"。其二，在集权式治理模式影响深远的情况下，参与式方法的应用范围很难触及行政力量控制的领域，多数局限在社区内部事务的处理上。其三，参与的过程必然意味着分权和资源的重新配置，因此，在排他性资源的分配和争夺中使用参与式方法，必须在形成排他性团体的基础上，具备个体利益最大化与集体利益最大化同时存在的条件。

7.3.4　参与是否意味着权力的终结[①]

很多参与式发展干预项目的价值立场，是"真正参与了，就一定是好的""真正参与了，就一定意味着赋权，意味着更加高效、平等、公正的发展"。如果上述假设是正确的，则可以推论出，只要在发展干预中确保各权力主体的充分参与，就能确保实现高效的权力动态均衡和预期的发展效果，少数权力中心将不能垄断权力资源配置和影响发展干预进程，任何权力主体在发展干预中都能均衡地发挥作用，充分参与意味着权力的终结，但现实是否如此呢？

参与的核心是赋权，赋权意味着对权力的分享。本研究从权力资源说和权力主体理性人假设出发，已经阐述了在权力资源稀缺的情况下，权力具有排他性基本属性，因此真正的赋权是不存在的。权力的排他性，表明权力主体所拥有的权力资源不可能来自其他权力主体的无偿让渡，而是嵌入权力流动中，是权力资源交换的结果。参与程度和信息对称程度的提高，客观上会促进权力的动态均衡，但充分参与并不意味着权力争夺的消失，也不意

---

① 此处"权力的终结"，不是一个严谨的学术概念，只是受到弗朗西斯·福山的著作《历史的终结》的启发而自我提出的一个命题（概念）。笔者所指的"权力的终结"，并不是指权力消失了，而是泛指激烈的权力斗争和权力博弈转变为理想的、和谐的权力动态均衡状态，存在一套成熟且运作高效的制度和机制，使各权力主体的权力边界非常清晰，权力流动能自动高效进行，实现权力的动态均衡状态，并且对权力失衡状态具有自动调整和诊断作用。

味着必然导致高效的权力均衡。形成高效的权力均衡状态的首要
条件，是在权力争夺过程中，个体权力主体与由所有个体权力主
体组成的整体之间，能够形成同时满足个体利益最大化与集体利
益最大化的权力均衡状态。

在具有垄断性权力中心的单中心权力结构中，除非权力中心
的分权行为能够为其带来更多的权力资源，否则权力中心并不会
因为参与程度和信息对称程度的提高而主动放弃对权力的争夺，
从而形成既满足权力利益最大化同时又满足其他个体利益最大化
的权力均衡状态。因此，如在单中心权力结构等具有垄断性权力
中心存在的权力结构中，虽然不排除形成权力均衡状态的可能性，
但对权力资源的垄断使得高效的权力均衡状态很难实现，即意味
着参与程度的提高，并不意味着权力的终结。

在没有垄断性权力中心的多中心权力结构或无中心权力结构
中，参与程度的提高，理论上将形成各权力主体都认可的权力资
源配置方案。如果该方案能同时满足个体利益最大化和集体利益
最大化，则可以形成高效的权力动态均衡，否则，只会形成一般
的或低效的权力动态均衡状态。与此同时，随着参与程度的提高
和权力冲突与博弈的持续进行，多中心权力结构或无中心权力结
构也会随着各权力主体的分化而分化，或者形成垄断性的单中心
权力结构，或者形成少数几个权力中心垄断的多中心权力结构。

综上所述，在发展干预中，权力中心凭借其权力优势和参与
这个共同认可的制度安排，通过对话语权的控制和权力资源配置
规则的影响，获得更大的权力优势，所谓"赢者通吃"。因此，虽
然在满足各种理论条件的情况下，各权力主体在发展干预中的充
分参与意味着"权力的终结"，但由于现实中并不存在理论上的理
想状态，"参与"事实上演变为维持权力垄断的技术手段和工具，
也成为权力中心和权力边缘进行不平等的权力交换的美好口号。

参考文献

埃莉诺·奥斯特罗姆等，2000，《制度激励与可持续发展》，陈幽泓等译，上海三联书店。

埃莉诺·奥斯特罗姆等，2000，《公共事物的治理之道：集体行动制度的演进》，余逊达、陈旭东译，上海三联书店。

埃斯科巴，2001，《权力与能见性：发展与第三世界的发明与管理》，卢思骋译，载许宝强、汪晖选编《发展的幻象》，中央编译出版社。

艾尔·巴比，2005，《社会研究方法》（第10版），邱泽奇译，华夏出版社。

安东尼·吉登斯，1998，《现代性与自我认同：现代晚期的自我与社会》，赵旭东、方文译，生活·读书·新知三联书店。

彼得·布劳，1988，《社会生活中的交换与权力》，孙非、张黎勤译，华夏出版社。

班努里，2001，《发展与知识的政治：现代化理论在第三世界发展中的社会角色的批判诠释》，陈耀波、刘传伟译，载许宝强、汪晖选编《发展的幻象》，中央编译出版社。

卜长莉，2003，《"差序格局"的理论诠释及现代内涵》，《社会学研究》第1期。

长顺县地方志编纂委员会编，1998，《长顺县县志》，贵州人民出版社。

长顺县统计局，2007，《领导干部手册》。

陈向明，2000，《质的研究方法与社会科学研究》，教育科学出版社。

戴维·波普诺，1999，《社会学》（第 10 版），李强等译，中国人民大学出版社。

丹尼斯·朗，2001，《权力论》，陆震纶、郑明哲译，中国社会科学出版社。

丹尼斯·K. 姆贝，2000，《组织中的传播和权力：话语、意识形态和统治》，陈德民等译，中国社会科学出版社。

道格拉斯·C. 诺斯，1994，《制度、制度变迁与经济绩效》，刘守英译，上海三联书店。

德尼·古莱，2008，《残酷的选择：发展理念与伦理价值》，高铦、高戈译，社会科学文献出版社。

杜赞奇，1994，《文化、权力与国家：1900～1942 年的华北农村》，王福明译，江苏人民出版社。

淡卫军，2008，《"过程—事件分析"之缘起、现状以及前景》，《社会科学论坛》（学术研究卷）第 6 期。

弗兰西斯·福山，1998，《历史的终结》，远方出版社。

富永健一，1988，《社会结构与社会变迁：现代化理论》，董兴华译，云南人民出版社。

范今朝，2004，《权力的空间配置与组织的制度创新——从城市发展与政区演变的互动关系论中国现当代的行政区划改革》，博士学位论文，华东师范大学。

费孝通，1998，《乡土中国　生育制度》，北京大学出版社。

风笑天，2001，《社会学研究方法》，中国人民大学出版社。

格尔哈特·伦斯基，1988，《权力与特权：社会分层的理论》，关信平等译，浙江人民出版社。

高鉴国，2002，《美国社区权力结构的研究方法》，《社会》第 8 期。

郭毅、朱扬帆、朱熹，2003，《人际关系互动与社会结构网络化——社会资本理论的建构基础》，《社会科学》第 8 期。

郭正林，2005，《农村权力结构的民主转型：动力与阻力》，《中山大学学报》（社会科学版）第 1 期。

郭正林，2001，《中国农村二元权力结构论》，《广西民族学院学报》（哲学社会科学版）第 6 期。

贺雪峰，2001，《论村级权力结构的模化——兼论与村委会选举之间的互动关系》，《社会科学战线》第 2 期。

贺雪峰，2001，《缺乏分层与缺失记忆型村庄的权力结构：关于村庄性质的一项内部考察》，《社会学研究》第 2 期。

胡春阳，2005，《传播的话语分析理论》，博士学位论文，复旦大学。

黄琦，2007，《公共危机的地方多中心治理机制及其构建》，硕士学位论文，中南大学。

纪程，2006，《话语视角下的乡村改造与回应——以山东临沭县为个案（1941～2005）》，博士学位论文，华中师范大学。

贾春增主编，2000，《外国社会学史》，中国人民大学出版社。

金太军，2004，《村庄权力结构研究综述》，《文史哲》第 1 期。

景秀艳、曾刚，2006，《从对称到非对称：内生型产业集群权力结构演化及其影响研究》，《经济问题探索》第 10 期。

柯武刚、史漫飞，2000，《制度经济学：社会秩序与公共政策》，韩朝华译，商务印书馆。

康晓光，1999，《权力的转移：转型时期中国权力格局的变迁》，浙江人民出版社。

孔飞力，1990，《中华帝国晚期的叛乱及其敌人》，中国社会科学出版社。

罗德里克·马丁，1992，《权力社会学》，丰子义等译，生活·读书·新知三联书店。

李汉林、渠敬东，2002，《制度规范行为——关于单位的研究与思考》，《社会学研究》第 5 期。

李林艳，2004，《社会空间的另一种想象：社会网络分析的结构视野》，《社会学研究》第 3 期。

李强，2004，《转型时期中国社会分层》，辽宁教育出版社。

李小云主编，2001，《参与式发展概论：理论－方法－工具》，中国农业大学出版社。

李小云主编，2005，《普通发展学》，社会科学文献出版社。

林荣日，2006，《制度变迁中的权力博弈：以转型期中国高等教育制度为研究对象》，博士学位论文，复旦大学。

林毅夫，2000，《再论制度、技术与中国农业发展》，北京大学出版社。

林毅夫，2005，《制度、技术与中国农业发展》，上海人民出版社。

刘钰、徐锦贤，2006，《对"橄榄型社会结构"一说的反思》，《学海》第6期。

卢现祥，2003，《西方新制度经济学》（修订版），中国发展出版社。

鲁品越，2003，《货币化与社会结构的变迁》，《哲学动态》第8期。

迈克尔·麦金尼斯主编，2000，《多中心治道与发展》，毛寿龙等译，上海三联书店。

迈克尔·曼，2002，《社会权力的来源》（第一卷），刘北成等译，上海人民出版社。

曼瑟尔·奥尔森，1995，《集体行动的逻辑》，陈郁等译，上海人民出版社。

曼瑟尔·奥尔森，2005，《权力与繁荣》，苏长和等译，上海人民出版社。

马克思、恩格斯，2012，《马克思恩格斯选集》（第一卷），人民出版社。

马克斯·韦伯，2000，《社会学的基本概念》，胡景北译，上海人民出版社。

米歇尔·福柯，1997，《权力的眼睛——福柯访谈录》，严锋译，上海人民出版社。

米歇尔·福柯，2003，《疯癫与文明：理性时代的疯癫史》（第2版），刘北成、杨远婴译，生活·读书·新知三联书店。

米歇尔·福柯，2003，《规训与惩罚：监狱的诞生》（第 2 版），刘北成、杨远婴译，生活·读书·新知三联书店。

马戎，2007，《"差序格局"——中国传统社会结构和中国人行为的解读》，《北京大学学报》（哲学社会科学版）第 2 期。

尼克拉斯·卢曼，2005，《权力》，瞿铁鹏译，上海人民出版社。

奈杰尔·拉波特、乔安娜·奥弗林，2005，《社会文化人类学的关键概念》，鲍雯妍、张亚辉等译，华夏出版社。

皮埃尔·布迪厄、华康德，2004，《实践与反思：反思社会学导引》，李猛、李康译，中央编译出版社。

帕森斯，1988，《现代社会的结构与过程》，梁向阳译，光明日报出版社。

青木昌彦，2001，《比较制度分析》，周黎安译，上海远东出版社。

乔纳森·波特、玛格丽特·韦斯雷尔，2006，《话语和社会心理学：超越态度与行为》，肖文明、吴新利、张擘译，中国人民大学出版社。

任俊英，2006，《典型报道的话语分析——从福柯的视点出发》，博士学位论文，复旦大学。

沙莲香，2000，《"己"的结构位置——对"己"的一种释义》，《社会学研究》第 3 期。

司考特·罗泽尔、李建光，1992，《中国经济改革中的村干部经济行为》，经济管理出版社。

宋时歌，2005，《权力转换的延迟效应》，载中国社会科学院社会学研究所编《中国社会学》（第四卷），上海人民出版社。

宋一夫、施德福，2002，《论社会结构的对称与非对称》，《北京大学学报》（哲学社会科学版）第 1 期。

宿胜军，1997，《从"保护人"到"承包人"》，硕士学位论文，北京大学。

孙立平，2000，《"过程－事件分析"与当代中国国家－农民

关系的实践形态》，载清华大学社会学系主编《清华社会学评论》
（特辑），鹭江出版社。

孙立平，1994，《改革前后中国大陆国家、民间统治精英及民
众间互动关系的演变》，《中国社会科学季刊》第 1 期。

孙立平，1996，《"关系"、社会关系与社会结构》，《社会学研
究》第 5 期。

孙立平，2006，《博弈：断裂社会的利益冲突与和谐》，社会
科学文献出版社。

孙秋、陈朋，2006，《二元政治权力结构的运行：特征、现实
基础及其变革》，《华中师范大学研究生学报》第 3 期。

涂尔干，2000，《社会分工论》，渠东译，生活·读书·新知
三联书店。

仝志辉、贺雪峰，2002，《村庄权力结构的三层分析——兼论
选举后村级权力的合法性》，《中国社会科学》第 1 期。

维特根斯坦，1996，《哲学研究》，李步楼译，商务印书馆。

威廉姆·奥斯威特，1999，《哈贝马斯》，沈亚生译，黑龙江
人民出版社。

沃勒斯坦，2001，《发展是指路明灯还是幻象?》，黄燕堃译，
载许宝强、汪晖选编《发展的幻象》，中央编译出版社。

王汉生，1994，《改革以来中国农村的工业化与农村精英构成
的变化》，《中国社会科学季刊》第 8 期。

王力雄，1998，《溶解权力：逐层递选制》，明镜出版社。

王铭铭，1997，《社区的历程》，天津人民出版社。

王铭铭，1997，《村落视野中的文化与权力：闽台三村五论》，
生活·读书·新知三联书店。

王思斌，1991，《村干部的边际地位与行为分析》，《社会学研
究》第 4 期。

王思斌主编，2003，《社会学教程》（第 2 版），北京大学出
版社。

王先明、魏本权，2006，《"近五百年来中国社会结构变迁"

国际学术讨论会综述》，《史学月刊》第 3 期。

王照东，2006，《政治文明视野中的权力问题研究》，中国社会科学出版社。

韦森，2004，《比较制度分析：一个法律、伦理、文化和语言的综合比较视角》，北京大学中国经济研究中心讲义。

魏治勋，2004，《论乡村社会权力结构合法性分析范式——对杜赞奇"权力文化网络"的批判性重构》，《求是学刊》第 6 期。

吴猛，2004，《福柯话语理论探要》，博士学位论文，复旦大学。

吴业苗，2002，《转型期乡村权力结构的分化与互动》，《社会》第 10 期。

吴毅，1998，《村治中的政治人——一个村庄村民公共参与和公共意识的分析》，《战略与管理》第 1 期。

夏光，2003，《后结构主义思潮与后现代社会理论》，社会科学文献出版社。

谢立中主编，1998，《西方社会学名著提要》，江西人民出版社。

谢岳，2000，《权力的流变：当代中国社会结构转型的政治话语》，《中共福建省委党校学报》第 2 期。

徐国普，2007，《转型期乡村权力结构的特征及其影响》，《社会主义研究》第 2 期。

许宝强，2001，《发展、知识、权力》，载许宝强、汪晖选编《发展的幻象》，中央编译出版社。

约翰·斯科特，2007，《社会网络分析法》，刘军译，重庆大学出版社。

严海兵，2006，《20 世纪 90 年代以来中国社会结构新变化的政治分析》，《江淮论坛》第 4 期。

杨大春，1998，《文本的世界：从结构主义到后结构主义》，中国社会科学出版社。

杨善华，2000，《家族政治与农村基层政治精英的选拔、角色定位和精英更替：一个分析框架》，《社会学研究》第 3 期。

杨善华、赵力涛，1996，《中国农村社会转型中社区秩序的重建：制度背景下的"农户－社区"互动结构考察》，《社会学研究》第 5 期。

叶本乾，2005，《村庄精英：村庄权力结构的中介地位》，《中国农村观察》第 1 期。

叶敬忠，2005，《参与式林业规划过程中的利益相关群体分析》，《绿色中国》第 12 期。

曾国华，2004，《宗族组织与乡村权力机构——赣南和粤东两个村镇个案的研究》，《思想战线》第 1 期。

张建君，2005，《政府权力、精英关系和乡镇企业改制——比较苏南和温州的不同实践》，《社会学研究》第 5 期。

张静，1998，《法团主义》，中国社会科学出版社。

张乃和，2004，《社会结构论纲》，《社会科学战线》第 1 期。

张其仔，2001，《新经济社会学》，中国社会科学出版社。

张云超，2005，《权力话语的另类表述——福柯权力哲学思想探究》，硕士学位论文，西南师范大学。

张正锋，2006，《权力的表达：中国近代大学教授权力制度研究》，博士学位论文，南京师范大学。

张仲礼，1991，《中国绅士：关于其在 19 世纪中国社会中作用的研究》，上海社会科学院出版社。

章红燕、苏明、叶敬忠主编，2004，《国际发展合作的理论与创新：中德财政合作林业发展项目的理念与方法》，中央编译出版社。

赵敦华，2001，《西方哲学简史》，北京大学出版社。

中国社会科学院语言研究所词典编辑室编，1997，《现代汉语词典》（修订本），商务印书馆。

周大鸣、杨小柳，2004，《社会转型与中国乡村权力结构研究——传统文化、乡镇企业和乡政村治》，《思想战线》第 1 期。

周建国，2005，《紧缩圈层结构论：一项中国人际关系的结构与功能分析》，上海三联书店。

周锡瑞，1998，《中国地方精英与支配模式》，《中国社会科学季刊》第 1 期。

周耀东，2003，《公开讲话话语中的权力》，硕士学位论文，福建师范大学。

周怡，2000，《社会结构：由"形构"到"解构"——结构功能主义、结构主义和后结构主义理论之走向》，《社会学研究》第 3 期。

周怡，2006，《寻求整合的分化：权力关系的独特作用——来自 H 村的一项经验研究》，《社会学研究》第 5 期。

周怡，2004，《解读社会：文化与结构的路径》，社会科学文献出版社。

周永坤，2005，《权力结构模式与宪政》，《中国法学》第 6 期。

朱琦，2002，《社区结构与权力分布》，《社会》第 8 期。

朱启才，2004，《权力、制度与经济增长》，经济科学出版社。

朱源，2005，《社会结构分析方法新论：以结构单位为起点》，《社会科学辑刊》第 5 期。

邹静琴，2003，《村民自治背景下的农村社区权力结构及其功能》，《社会主义研究》第 6 期。

左停、齐顾波、钟兵仿，2003，《关于农民参与式技术发展的理论与实践》，载左停、李小云、齐顾波主编《技术发展与农民参与》，中国农业出版社。

Amartya Sen. 1999. Development as Freedom. New York：Knopf.

Andrea Cornwall. 2004. "Spaces for Transformation? Reflections on Issues of Power and Difference in Participation in Development." *In Participation：form Tyranny to Transformation? Exploring New Approaches to Participation in Development*, edited by Samuel Hickey and Giles Mohan. New York：Zed Books Ltd.

Bill Cooke and Uma Kothari, eds. 2001. *Participation：The New Tyranny?*. New York：Zed Books Ltd.

Britha Mikkelsen. 1995. Methods for Development Work and Research：A Guide for Practitioners. London：Sage Publications.

Chambers, R. and J. Jiggins. 1987. "Agricultural Research for Resource-Poor Farmers." Part1: "Transfer-of -Technology and Farming Systems Research." *Agricultural Administration and Extension* 27: 35 –52.

Chambers, R. 1997. Whose Reality Counts? Putting the First Last. London: Intermediate Technology Publications.

Conway, G. R. 1985. "Agricultural Ecology and Farming Systems Research." *In Agricultural Systems Research for Developing Countries*, edited by Reminyi, J. V. , pp. 43 – 59. Canberra: Australian Center for International Agricultural Research.

David Mosse. 2005. Cultivating Development: An Ethnography of Aid Policy and Practice. London: Pluto Press.

David Simon. 2002. "Postmodernism and Development." *In The Companion to Development Studies*, edited by Vandana Desai and Robert B. Potter. Oxford : Oxford University Press.

Escobar, A. 1995. Encountering Development: The Making and Unmaking of the Third World. NJ: Princeton University Press.

Frances Cleaver. 2001. "Institutions, Agency and Limitations of Participatory Approaches to Development." *In Participation: The New Tyranny*? edited by Bill Cooke and Uma Kothari. New York: Zed Books Ltd.

Giles Mohan. 2001. " Beyond Participation: Strategies for Deeper Empowerment." *In Participation: The New Tyranny*? edited by Bill Cooke and Uma Kothari. New York: Zed Books Ltd.

Giles Mohan. 2002. "Participatory Development." *In The Companion to Development Studies*, edited by Vandana Desai and Robert B. Potter. Oxford : Oxford University Press.

Geobel, A. 1998. "Process, Perception and Power: Notes from 'Participatory' Research in a Zimbabwean Resettlement Area." *Development and Change* 29: 277 –305.

GTZ. 1991. Where There is No Participation. Eschborn: Deutsche

Gessellschaft fur Technische Zusammenarbeit.

Glyn Milliams. 2004. "Towards a Repoliticization of Participatory Development: Political Capabilities and Spaces of Empowerment." *In Participation: form Tyranny to Transformation? Exploring New Approaches to Participation in Development*, edited by Samuel Hickey and Giles Mohan. New York: Zed Books Ltd.

Janelle Plummer and John G. Taylor, eds. 2004. *Community Participation in China: Issues and Processes for Capacity Building.* UK: Earthscan.

Janelle Plummer and John G. Taylor. 2004. "Key Factors and Processes Affecting Participation." *In Community Participation in China: Issues and Processes for Capacity Building*, edited by Janelle Plummer and John G. Taylor. UK: Earthscan.

Janelle Plummer and John G. Taylor. 2004. "The Characteristics of Community and Participation in China." *In Community Participation in China: Issues and Processes for Capacity Building*, edited by Janelle Plummer and John G. Taylor. UK: Earthscan.

John G Taylor. 2004. "The Context for Community Participation in China." *In Community Participation in China: Issues and Processes for Capacity Building*, edited by Janelle Plummer and John G. Taylor. UK: Earthscan.

James D. Sidaway. 2002. "Post-Development." *In The Companion to Development Studies*, edited by Vandana Desai and Robert B. Potter. Oxford : Oxford University Press.

Julian Gonsalves et al. , eds. 2005. *Participatory Research and Development: For Sustainable Agriculture and Natural Resource Management, A Sourcebook. Volume* 1: *Understanding Participatory Research and Development.* Canada: IDRC.

Kiely, R. 1999. "The Last Refuge of the Noble Savage? A Critical Account of Post-Development." *European Journal of Development Re-*

search. 11 (1): 30 – 55.

Liu Jinlong, Wu Junqi, Yuan Juanwen and Zhou Pidong. 2004. "Enhancing Community Participation: Participatory Forestry Management in China. " *In Community Participation in China: Issues and Processes for Capacity Building*, edited by Janelle Plummer and John G. Taylor. UK: Earthscan.

Li Ou, Tim Zachemuk and Han Yong. 2004. "Participatory Irrigation Management: Promoting Community-Based Water User Associations in the Piyuan Canal Rehabilitation Project. " *In Community Participation in China: Issues and Processes for Capacity Building*, edited by Janelle Plummer and John G. Taylor. UK: Earthscan.

Marcus Power. 2002. "Theories, Strategies and Ideologies of Development. " *In The Companion to Development Studies*, edited by Vandana Desai and Robert B. Potter. Oxford : Oxford University Press.

Mosse, D. 1994. "Authority, Gender and Knowledge: Theoretical Reflections on the Practice of Participatory Rural Appraisal. " *Development and Change* 25: 497 – 526.

N. Nelson and S. Wright. 1995. "Participation and Power. " *In Power and Participatory Development: Theory and Practice*, edited by N. Nelson and S. Wright, pp. 1 – 18. London: Intermediate Technology Publications. .

Norman Long. 2001. Development Sociology-Actor Perspectives. London and New York: Routledge.

Qiu Sun. 2007. Rebuilding Common Property Management: A case study of Community-Based Nature Resource Management in Rural Guizhou, China. PhD-Thesis, Wageningen University.

Ren Xiaodong, Zhao Yaping, Su Yufang and Xu Wei . 2004. "Building Capacity within Communities, Participatory Natural Resource Management in Southwest China. " *In Community Participation in China: Issues and Processes for Capacity Building*, edited by Janelle Plummer and John G. Taylor. UK: Earthscan.

Ronnie Vernooy. 2005. " The Quality of Participation: Critical Reflections on Decision Making, Context and Goals. " *In Participatory Research and Development: For Sustainable Agriculture and Natural Resource Management, A Sourcebook. Volume* 1: *Understanding Participatory Research and Development*, edited by Julian Gonsalves et al. Canada: IDRC.

Rahnema, M. 1992. "Participation. " *In the Development Dictionary: A Guide to Knowledge as Power*, edited by W. Sache, pp. 116 – 131. London: Zed Books.

Samuel Hickey and Giles Mohan. 2004. "Towards Participation as Transformation: Critical Themes and Challenges. " *In Participation: form Tyranny to Transformation? Exploring New Approaches to Participation in Development*, edited by Samuel Hickey and Giles Mohan. New York: Zed Books Ltd.

Uma Kothari. 2001. " Power, Knowledge and Social Control in Participatory Development. " *In Participation: The New Tyranny?* edited by Bill Cooke and Uma Kothari. New York: Zed Books Ltd.

United Nations Development Programme. 1993. Human Development Report. Oxford: Oxford University Press.

Vandana Desai and Robert B. Potter, eds. 2002. *The Companion to Development Studies*. Oxford : Oxford University Press.

W. Sache et al. 1992. The Development Dictionary: A Guide to Knowledge as Power. London: Zed Books.

Zhang Lanying. 2004. " Building Government Capacity: The Collaborative Hengxian Integrated Approach to Rural Reconstruction. " *In Community Participation in China: Issues and Processes for Capacity Building*, edited by Janelle Plummer and John G. Taylor. UK: Earthscan.

图书在版编目（CIP）数据

参与式发展干预中的权力与制度／毛绵逵著. -- 北京：社会科学文献出版社，2016.6
（田野中国）
ISBN 978 - 7 - 5097 - 8934 - 6

Ⅰ.①参… Ⅱ.①毛… Ⅲ.①农村 - 社会发展 - 研究 - 中国 Ⅳ.①C912.82

中国版本图书馆 CIP 数据核字（2016）第 063485 号

·田野中国·

参与式发展干预中的权力与制度

著　　者／毛绵逵

出 版 人／谢寿光
项目统筹／童根兴
责任编辑／胡　亮

出　　版／社会科学文献出版社·社会学编辑部（010）59367159
　　　　　地址：北京市北三环中路甲 29 号院华龙大厦　邮编：100029
　　　　　网址：www. ssap. com. cn
发　　行／市场营销中心（010）59367081　59367018
印　　装／三河市尚艺印装有限公司

规　　格／开　本：787mm × 1092mm　1/16
　　　　　印　张：18.75　字　数：261 千字
版　　次／2016 年 6 月第 1 版　2016 年 6 月第 1 次印刷
书　　号／ISBN 978 - 7 - 5097 - 8934 - 6
定　　价／79.00 元

本书如有印装质量问题，请与读者服务中心（010 - 59367028）联系